PRENDRE
SON ENVOL

MELINDA GATES

PRENDRE SON ENVOL

*Les combats de l'une des femmes
les plus inspirantes au monde*

*Traduit de l'anglais (États-Unis)
par Valentine Vignault*

TÉMOIGNAGE

Titre original :
Moment of Lift : How to Empower Women and Change the World
by Melinda Gates

© Éditions Michel Lafon, 2019, pour la traduction française
118, avenue Achille-Peretti – CS 70024
92521 Neuilly-sur-Seine Cedex
www.michel-lafon.com

Introduction

Quand j'étais enfant, les lancements d'engins spatiaux étaient des moments très importants dans ma vie. J'ai grandi à Dallas, au Texas, dans une famille catholique de quatre enfants, avec une mère au foyer et un père ingénieur dans l'aérospatiale qui travaillait sur le programme Apollo.

Les jours de lancement, nous nous entassions tous dans la voiture et roulions jusqu'à la maison d'un ami de mon père – un autre ingénieur Apollo – pour assister ensemble à ce spectacle. Je ressens encore au plus profond de moi l'excitation et le suspense de ces comptes à rebours. « À zéro moins vingt secondes ; décollage dans quinze secondes ; guidage activé en interne ; douze, onze, dix, neuf ; début de la séquence d'allumage du lanceur, six, cinq, quatre, trois, deux, un, zéro. Tous les moteurs sont allumés. Décollage ! »

Ces événements me donnaient toujours le frisson – surtout le moment de l'envol, avec la mise à feu des moteurs, le tremblement de la terre et la fusée qui commençait à s'élever dans les airs. Je suis récemment tombée sur cette expression : « le moment de l'envol », dans un livre de Mark Nepo, l'un de mes auteurs préférés sur la spiritualité. Il emploie ces mots pour évoquer un moment de grâce. Quelque chose a « pris son envol, comme une écharpe soulevée par le vent », écrit-il, et son chagrin s'est tu tandis qu'un sentiment de plénitude l'envahissait.

L'image de l'envol chez Mark est pleine d'émerveillement. Et ce mot a deux sens pour moi. Il peut signifier l'admiration, mais aussi la fascination, la curiosité. J'ai de grandes réserves d'admiration, et j'en ai tout autant de curiosité. *Je veux savoir comment se produit cet envol !*

Nous avons tous *attendu* un jour dans un avion qui roulait interminablement sur la piste de décollage, *assis et guettant* avec anxiété ce moment où il prendrait son envol. Quand les enfants étaient petits et que nous étions sur le point de décoller, je leur disais : « On roule, on roule, on roule... », et à l'instant où l'avion quittait le tarmac, je m'exclamais : « On vole ! » Lorsqu'ils ont été plus grands, ils se sont joints à moi et, pendant des années, nous avons scandé ce refrain ensemble. Cependant, il arrivait parfois qu'on répète : « On roule, on roule, on roule... » plus longtemps que prévu, et je songeais alors : *Pourquoi cela prend-il tant de temps !?*

Pourquoi, en effet, est-ce parfois si long ? Et pourquoi cela se produit-il si rapidement d'autres fois ? Qu'est-ce qui nous fait basculer au-delà du point d'équilibre, lorsque les forces qui nous poussent vers le haut surpassent celles qui nous tirent vers le bas et que, soulevés de terre, nous commençons à voler ?

Cela fait vingt ans que je voyage à travers le monde pour la fondation que j'ai créée avec mon mari Bill, et je me demande : comment permettre aux êtres humains, et aux femmes notamment, de s'élever ? Car si les femmes s'élèvent, alors c'est l'humanité tout entière qui en profite.

Et comment faire s'envoler le cœur de tous, afin que tous désirent voir s'envoler les femmes ? Parfois, en effet, pour que les femmes prennent leur essor, il suffit simplement d'arrêter de les tirer vers le bas !

Lors de mes voyages, j'ai appris que des centaines de millions de femmes voulaient décider elles-mêmes si et quand elles auraient des enfants, mais qu'elles n'en avaient pas la possibilité. Ces femmes n'ont pas accès à la contraception. Et il y a beaucoup d'autres droits, beaucoup d'autres privilèges que l'on refuse aux femmes et aux filles : le droit de choisir de se marier ou non, à quel moment et avec qui. Le droit d'aller à l'école. De gagner de l'argent. De travailler à l'extérieur de la maison. Le droit de *sortir* de la maison. De dépenser son propre argent. D'élaborer son budget. De monter une entreprise. De se voir accorder un prêt. D'être propriétaire.

De divorcer. De consulter un médecin. De se présenter à une élection. De rouler à bicyclette. De conduire une voiture. D'aller à l'université. D'étudier l'informatique. De trouver des investisseurs. Tous ces droits sont refusés aux femmes dans certaines parties du monde. Parfois, c'est en vertu des lois mêmes que les femmes en sont privées ; cependant, même lorsqu'il n'y a pas d'obstacle juridique, leur liberté se trouve souvent restreinte par des préjugés culturels.

Mon parcours de militante a commencé avec la planification familiale. Ensuite, j'ai commencé à m'exprimer sur d'autres problèmes. Mais, rapidement, j'ai compris — parce que, rapidement, on m'a *expliqué* — que défendre la contraception ne suffisait pas, ni même défendre chacun des droits que je viens d'évoquer. C'étaient les *femmes* elles-mêmes que je devais défendre. Et, bien vite, j'ai compris que si nous voulons prendre notre place en tant qu'égales des hommes, ce n'est pas en nous battant pied à pied pour conquérir nos droits l'un après l'autre que cela arrivera. Non. Nous obtiendrons nos droits par vagues, à mesure que nous nous affirmerons.

Ce sont des leçons que j'ai apprises auprès des personnes extraordinaires, que je souhaite vous faire rencontrer ici. Certaines vous briseront le cœur. D'autres vous exalteront. Ces héroïnes ont construit des écoles, sauvé des vies, mis fin à des guerres ; elles ont émancipé des jeunes filles, et elles ont changé des cultures. Je pense qu'elles vous inspireront. Moi, elles m'ont inspirée.

Elles m'ont montré tout ce qui change quand les femmes s'émancipent, et je souhaite que tout le monde voie cela. Elles m'ont montré ce que les gens peuvent faire pour avoir une influence positive autour d'eux, et je souhaite que tout le monde sache cela. C'est pour cette raison que j'ai écrit ce livre : je voulais partager les histoires de ceux qui ont contribué à façonner mes combats. Je veux que l'on découvre comment aider les autres à s'épanouir. Les moteurs sont allumés ; la terre tremble ; nous prenons notre envol. Aujourd'hui plus que jamais, nous avons les connaissances, l'énergie et la vision morale nécessaires pour briser les schémas du passé. Nous avons besoin de tous les soutiens possibles à présent, des femmes comme des hommes. Personne ne devrait être mis de côté. Il faut inviter tout le monde à participer. Nous nous mobilisons pour permettre aux femmes de s'envoler ; et lorsque pour cela nous unissons nos efforts, nous sommes la force qui permet cet envol.

– 1 –

L'envol d'une grande idée

Permettez-moi de vous situer un peu le contexte. J'ai fréquenté l'Académie ursuline à Dallas, une école catholique réservée aux filles. Lors de ma dernière année de lycée, j'ai visité le campus de l'université Duke, et j'ai été émerveillée par son département d'informatique. Ce fut décisif pour moi ; je m'y suis inscrite et, cinq ans plus tard, j'ai obtenu mon diplôme en informatique et en sciences économiques, en plus d'un master de commerce. Puis on m'a proposé un poste chez IBM, où j'avais déjà travaillé plusieurs étés, mais j'ai décliné cette offre pour rejoindre une petite société d'édition de logiciels appelée « Microsoft ». J'y ai passé neuf ans à divers postes, pour finir directrice générale des produits multimédias. Aujourd'hui, je me consacre pleinement à la philanthropie, et je passe le plus clair de mon temps à chercher des moyens d'améliorer la vie des gens – en me faisant souvent du souci pour les personnes que je décevrais si je m'y prenais mal. Accessoirement, je suis aussi l'épouse de Bill Gates. Nous nous sommes mariés en 1994, le jour de l'an. Nous avons trois enfants.

Voilà pour la toile de fond. À présent, si vous le voulez bien, je vais vous raconter une histoire un peu plus longue : celle de mon cheminement vers l'émancipation des femmes, et comment, alors que je m'employais à donner des ailes aux autres, les autres aussi m'en ont donné.

À l'automne 1995, alors que Bill et moi étions mariés

11

depuis bientôt deux ans, et sur le point de partir en voyage en Chine, j'ai découvert que j'étais enceinte. Ce voyage était très important pour nous ; Bill prenait rarement des congés chez Microsoft, et nous partions en compagnie d'autres couples. Je ne voulais pas perturber ce voyage, si bien que j'ai envisagé de ne pas dire à Bill que j'étais enceinte avant notre retour. Pendant une journée et demie, je me suis dit : *Je vais garder la nouvelle pour moi.* Puis j'ai songé : *Non, il faut que je lui en parle ; et s'il arrivait quelque chose ?* Et, plus fondamentalement : *Je dois le lui dire parce que c'est aussi son bébé.*

Lorsque j'ai annoncé la nouvelle à Bill, un matin avant de partir au travail, il a eu deux réactions. D'abord enchanté par la perspective d'un bébé, il m'a dit ensuite :

— Et tu pensais ne pas me le dire ? C'est une blague ?

Ma première mauvaise idée parentale était survenue en un temps record.

Nous sommes partis en Chine, et ce fut un voyage fantastique. Ma grossesse n'a pas été un problème, à part une fois, alors que nous nous trouvions dans un vieux musée dans l'ouest du pays ; le guide avait ouvert un sarcophage ancien, et l'odeur m'a fait me précipiter à l'extérieur pour éviter le débordement de mes nausées matinales — lesquelles, je l'ai découvert alors, peuvent survenir à n'importe quel moment de la journée ! M'ayant vue me ruer dehors, l'une de mes amies a deviné : « Melinda est enceinte. »

Sur le chemin du retour aux États-Unis, Bill et moi avons quitté notre groupe d'amis pour avoir un peu de temps tous les deux. Alors que nous bavardions, j'ai choqué Bill avec cette annonce :

— Écoute, je ne vais pas continuer à travailler après la naissance. Je ne reprendrai pas mon poste.

Il était stupéfait.

— Qu'est-ce que tu veux dire ?

— Nous avons la chance de ne pas avoir un besoin absolu de mon salaire. Alors la question, c'est : comment voulons-nous élever notre famille ? Tu ne vas pas lever le pied au bureau, et je ne vois pas comment je vais pouvoir m'occuper de notre famille et assurer mes heures de travail.

Je vous livre ici le récit brut de cette conversation avec Bill pour soulever tout de suite un point important : lorsque j'ai été confrontée pour la première fois aux questions et aux difficultés liées à ce double statut de femme active et de mère, j'avais encore besoin de gagner en maturité. Mon modèle personnel de l'époque – et je ne crois pas que c'était très conscient de ma part – se résumait à cela : quand un couple avait des enfants, l'homme travaillait et la femme restait au foyer. Sincèrement, si les femmes ont envie d'être au foyer, je pense que c'est formidable. Mais cela devrait être un choix, et pas quelque chose qu'on fait à contrecœur parce qu'on ne voit pas d'autre solution. Je ne regrette pas ma décision. Si c'était à refaire, je ne changerais rien. À l'époque toutefois, je pensais que c'était là simplement le lot des femmes.

En réalité, la première fois qu'on m'a demandé si j'étais féministe, je n'ai pas su quoi répondre, parce que ce n'est pas ainsi que je me considérais. Je ne suis pas certaine d'avoir su alors ce qu'était exactement une féministe. À ce moment-là, notre fille Jenn n'avait pas encore soufflé sa première bougie.

Vingt-deux ans plus tard, me voilà devenue ardemment féministe. Pour moi, c'est très simple. Être féministe, c'est croire que *chaque femme* devrait pouvoir user de sa voix et développer son potentiel ; c'est croire que les femmes et les hommes devraient travailler main dans la main pour faire tomber les barrières et mettre fin aux préjugés qui freinent encore les femmes.

Ce n'est pas quelque chose que j'aurais pu dire avec une entière conviction il y a seulement dix ans. Cette idée ne s'est ancrée en moi qu'après de nombreuses années passées à écouter les femmes me parler des difficultés qu'elles avaient pu rencontrer. Leurs récits m'ont fait découvrir les racines de l'injustice, et m'ont appris de quoi les êtres humains ont besoin pour s'épanouir.

Mais ces réflexions me sont venues plus tard. En 1996, je voyais tout à travers le prisme des rôles de genre tels que je les connaissais, et c'est ainsi que j'ai déclaré à Bill :

— Je ne retournerai pas travailler.

Il en est resté comme deux ronds de flan. Ma présence chez Microsoft occupait une grande place dans notre vie commune. Bill a cofondé la société en 1975. Je l'ai rejointe en 1987, et j'étais alors la seule femme à avoir obtenu un MBA parmi les jeunes diplômés recrutés par l'entreprise. Nous nous sommes rencontrés peu de temps après, lors d'un événement organisé par la société. J'étais en déplacement à New York pour Microsoft, et la collègue avec qui je partageais ma chambre d'hôtel – pour réduire nos frais – m'avait invitée à la rejoindre à un dîner au pied levé. J'étais arrivée tard, et toutes les tables affichaient complet sauf une, qui avait encore deux sièges libres, l'un à côté de l'autre. C'est là que je me suis installée, et quelques minutes plus tard, Bill est arrivé et a pris la dernière place.

Nous avons discuté pendant le dîner, et j'ai senti que je ne le laissais pas indifférent, mais, après cette soirée, il ne m'a pas donné de nouvelles pendant quelque temps. Et puis un samedi après-midi, nous nous sommes de nouveau croisés, sur le parking de la société. Il a engagé la conversation et, au bout d'un moment, il m'a invitée à sortir un soir... deux semaines plus tard. J'ai éclaté de rire et j'ai répliqué :

— Ce n'est pas assez spontané pour moi. Propose-moi une date plus proche.

Et je lui ai donné mon numéro de téléphone. Deux heures plus tard, il m'a appelée et m'a invitée pour le soir même.

— Là, c'est assez spontané pour toi ? m'a-t-il demandé.

Nous avons découvert que nous avions beaucoup de choses en commun. Nous adorons tous les deux les puzzles, et plus encore la compétition. Nous avons donc fait des concours de puzzles et des jeux mathématiques. Je pense qu'il a été intrigué quand je l'ai battu à l'un d'eux et que j'ai gagné la première fois que nous avons joué au Cluedo ! Il m'a chaudement conseillé de lire *Gatsby le Magnifique*, son roman préféré, mais je l'avais déjà lu – deux fois. C'est peut-être à ce moment qu'il a su qu'il avait trouvé une partenaire à la hauteur. Une partenaire *romantique*, dirait-il. Pour ma part, je l'ai su en découvrant sa discothèque, pleine de Frank Sinatra et de Dionne Warwick. Quand nous nous sommes fiancés, quelqu'un a demandé à Bill :

– Quel effet Melinda vous fait-elle ?

Et il a répondu :

– Étrangement, elle me donne l'impression que je vais me marier.

Bill et moi partagions en outre cette conviction quant à l'importance et au pouvoir des programmes informatiques. Nous savions que la conception de logiciels pour les PC donnerait aux individus le même pouvoir informatique dont disposaient les institutions, et nous étions persuadés que cette démocratisation changerait le monde. C'est pour cela qu'il était si enthousiasmant d'être chez Microsoft, chaque jour, à concevoir nos logiciels avec passion.

Mais nos discussions au sujet du bébé ne laissaient pas de doute sur le fait que notre collaboration chez Microsoft était sur le point de prendre fin ; même quand les enfants seraient plus grands, je n'y retournerais probablement jamais. J'avais longuement pesé le pour et le contre avant d'être enceinte en discutant avec des amies et des collègues, mais dès lors que Jenn a été annoncée, j'ai pris ma décision. Bill n'a pas essayé de m'en dissuader. Il se contentait de répéter :

– *Vraiment ?!*

Alors que la naissance de Jenn approchait, il s'est mis à me questionner :

– Mais que vas-tu faire, alors ?

J'aimais tellement travailler qu'il ne pouvait m'imaginer

abandonnant cette partie de ma vie. Il s'attendait à ce que je commence quelque chose de nouveau dès que Jenn serait née.

Il n'avait pas tort. Je n'ai pas tardé à chercher une nouvelle activité créative. Lorsque j'ai quitté Microsoft, j'étais tout particulièrement passionnée par les moyens qui permettent d'impliquer les filles et les femmes dans la technologie. Il faut dire que, pour ma part, la technologie m'avait tant apporté au lycée, à l'université et après !

Mes professeurs à l'Académie ursuline nous avaient enseigné les valeurs de justice sociale et nous stimulaient énormément sur le plan scolaire, mais cette école n'avait pas vaincu le sexisme qui prédominait alors, et qui demeure encore saillant aujourd'hui. Imaginez plutôt : il y avait un lycée catholique de garçons juste à côté, le Jesuit Dallas, et nos écoles étaient considérées comme jumelles. Les filles allaient à Jesuit pour suivre des cours de calcul différentiel et de physique, tandis que les garçons venaient à Ursuline apprendre la dactylographie.

Avant que j'entame ma dernière année de lycée, Mme Bauer, ma professeure de mathématiques, a découvert les ordinateurs Apple II+ lors d'une conférence à Austin, et elle est revenue à l'école emballée :

— Il nous faut ces ordinateurs pour les filles !

— Que va-t-on bien en faire, si personne ne sait comment s'en servir ? a demandé sœur Rachel, la principale.

— Si vous les achetez, j'apprendrai, a répliqué Mme Bauer.

Et c'est ainsi que l'école a consenti un effort financier important pour acquérir ses tout premiers ordinateurs – cinq postes pour une école de six cents filles, et une imprimante thermique.

Prenant sur son temps et ses deniers personnels, Mme Bauer se rendait à l'université de North Texas pour étudier l'informatique le soir afin de nous y former ensuite le matin. Elle a finalement obtenu un master ; quant à nous, nous avons passé une année fantastique. Nous avons créé des programmes qui permettaient de résoudre des problèmes de maths, nous avons converti les nombres dans différentes bases numériques, et nous avons conçu des graphiques animés, relativement primitifs. Pour un projet notamment, j'avais programmé un visage souriant qui se promenait sur l'écran au rythme de la chanson de Disney « It's a Small World ». C'était rudimentaire – les ordinateurs n'étaient pas très développés graphiquement à l'époque –, mais je ne m'en rendais pas compte. J'étais fière de mon travail !

C'est ainsi que j'ai découvert que j'adorais les ordinateurs – grâce à la chance et au dévouement d'une enseignante formidable qui avait décrété : « Il nous faut ces ordinateurs pour les filles. » Elle a été la première défenseuse des femmes que j'ai connue dans le monde de la technologie, et les années à venir allaient me prouver combien il nous en faudrait davantage. La fac, pour moi, s'est résumée à coder entourée de garçons. Dans ma promotion d'étudiants en MBA embauchée par Microsoft, il n'y avait que des mecs. Lors de mes entretiens d'embauche chez Microsoft, je n'ai eu affaire qu'à des hommes, à une exception près. Je ne trouvais pas ça normal.

Je souhaitais que les femmes aient cette part d'opportunités qui leur revenait, et ce souhait a fondé la première action philanthropique dans laquelle je me suis impliquée, peu de temps après la naissance de Jenn. Il me semblait que la manière la plus évidente de familiariser les jeunes filles avec les ordinateurs consistait à œuvrer auprès des écoles du coin, de façon à y installer des ordinateurs. Je me suis énormément impliquée dans plusieurs écoles pour faciliter leur informatisation. Mais plus j'y passais de temps, plus je devais me rendre à l'évidence : essayer de développer l'accès aux ordinateurs en informatisant chaque école du pays l'une après l'autre allait être incroyablement onéreux.

Bill est fermement convaincu que la technologie devrait profiter à tous et, à ce moment-là, Microsoft travaillait sur un petit projet qui, par des dons d'ordinateurs à des bibliothèques, avait pour but d'offrir aux gens un accès à Internet. À la fin du projet, une réunion a été organisée pour présenter les résultats à Bill, qui m'a dit :

— Dis donc, tu devrais venir écouter ça. C'est quelque chose qui pourrait bien nous intéresser tous les deux.

Après avoir pris connaissance des chiffres, nous avons réfléchi :

— Peut-être qu'on devrait faire ça à l'échelle du pays, non ?

Notre fondation n'existait qu'à l'état embryonnaire à l'époque. Nous pensions que toutes les vies se valaient, mais nous voyions que le monde ne tournait pas ainsi, et que la pauvreté et les maladies affectaient certaines régions bien plus que d'autres. Nous souhaitions créer une fondation pour lutter contre ces injustices, mais nous n'avions personne pour la diriger. Je ne pouvais pas m'en occuper, parce que je n'étais pas en mesure de reprendre une occupation à plein temps avec de jeunes enfants. À cette époque toutefois, Patty Stonesifer, l'une des cadres les plus brillantes de Microsoft, s'apprêtait à quitter son poste. Bill et moi la respections et l'admirions tous deux, et lors de son pot de départ, nous nous sommes permis de l'approcher pour lui proposer de prendre la direction de notre projet. Elle a accepté et elle est devenue la première employée de notre fondation, à travailler dans un minuscule bureau situé au-dessus d'une pizzeria.

C'est ainsi que nous avons débuté notre action philanthropique. J'ai eu le temps de m'impliquer alors que j'étais toujours au foyer avec Jenn, qui avait déjà trois ans lorsque notre fils Rory est né.

A posteriori, je m'aperçois que j'ai été confrontée à une question déterminante durant ces années de jeunesse : « Désires-tu faire carrière, ou bien être une mère au foyer ? » Et ma réponse a été : « Oui ! » Une carrière professionnelle d'abord, puis une vie de mère au foyer, puis un mélange des deux, puis la reprise de ma carrière. J'ai eu la chance d'avoir deux vies professionnelles *et* la famille de mes rêves, parce que nous avions le privilège de ne pas avoir un besoin impératif de mon salaire. Il y avait également une autre raison à cela, dont je n'allais pas saisir pleinement l'importance avant plusieurs années : je profitais d'une petite pilule qui me permettait d'espacer mes grossesses et de choisir à quel moment les accueillir.

Je trouve assez ironique le fait qu'un peu plus tard, quand Bill et moi avons commencé à chercher des moyens de changer la donne, je n'aie jamais clairement établi le lien entre nos efforts pour aider les plus pauvres et la contraception que j'utilisais pour profiter au maximum de notre vie de famille. La planification familiale a fait partie des premières causes que nous avons soutenues, mais nous n'avions qu'une vision parcellaire de son importance, et je ne soupçonnais pas une seconde que c'était cette cause qui me ferait entrer dans la vie publique.

Bien évidemment, toutefois, je mesurais pleinement l'utilité de la contraception pour ma propre famille. Ce n'est pas un hasard si je ne suis tombée enceinte qu'après pratiquement une décennie de carrière chez Microsoft, au moment où Bill et moi avons été prêts à avoir des enfants. Ce n'est pas un hasard si Rory est né trois ans après Jenn, et si notre fille Phoebe est arrivée elle-même trois ans après Rory. C'était notre décision, à Bill et moi, de construire notre famille ainsi. Bien entendu, nous avons eu de la chance aussi, car j'ai pu tomber enceinte au moment où je le souhaitais. Mais j'ai également pu ne pas tomber enceinte quand je ne le souhaitais pas. Et c'est ce qui nous a permis d'avoir la vie et la famille que nous désirions.

En quête de grandes idées inédites

C'est en l'an 2000 que Bill et moi avons officiellement créé la fondation Bill-et-Melinda-Gates. Il s'agissait d'une fusion de la Gates Learning Foundation et de la William H. Gates Foundation. Nous lui avons donné notre nom à tous les deux parce que j'allais y jouer un rôle important – plus que Bill à l'époque, car il était toujours pleinement impliqué chez Microsoft, et le serait pendant encore huit ans. À ce moment-là, nous avions deux enfants : à quatre ans, Jenn avait fait son entrée en maternelle, et Rory venait de souffler sa première bougie, mais j'étais enthousiaste à l'idée d'assumer cette charge de travail supplémentaire. J'avais toutefois été claire sur le fait que je souhaitais travailler dans l'ombre. Je voulais étudier les problèmes, voyager pour m'informer et discuter stratégie ; pendant longtemps, j'ai choisi de ne pas endosser un rôle public au sein de la fondation. Je voyais ce que vivait Bill en tant que personnage public mondialement célèbre, et ça ne m'attirait guère. Plus fondamentalement, au-delà de ça, je n'avais pas envie de passer davantage de temps loin de mes enfants. Je souhaitais leur donner une éducation aussi normale que possible. C'était très important pour moi, et je savais que, si je renonçais à ma propre vie privée, proté-ger celle de mes enfants serait d'autant plus difficile – quand les enfants sont entrés à l'école, nous les avons inscrits sous mon nom, French, de façon à leur ménager un semblant d'anonymat. Enfin, je préférais éviter d'être sur le devant de la scène parce que je suis perfectionniste. J'ai toujours éprouvé le besoin de pouvoir répondre à toutes les questions et, à ce moment-là, je sentais que je n'en savais pas assez long pour prendre la parole au nom de la fondation. J'ai donc spécifié que je ne ferais ni discours ni interviews. Ce serait le travail de Bill, au début du moins.

Dès le départ, nous avons cherché des problèmes dont ni les gouvernements ni les marchés ne s'occupaient, et des solutions qu'ils n'avaient pas essayées. Nous souhaitions découvrir de grandes idées, qui auraient permis d'obtenir des améliorations maximales avec un investissement minimal. Notre quête a commencé en 1993, lors de notre voyage en Afrique, l'année précédant notre mariage. Nous n'avions pas encore créé de fondation alors, et nous ne savions pas du tout comment investir pour améliorer la vie des gens.

Mais nous avons assisté à des scènes qui nous ont marqués. Un jour que nous quittions une ville en voiture, je me rappelle avoir vu une femme enceinte, qui portait un autre bébé sur son dos ainsi qu'un fagot de bois sur son crâne. Manifestement, elle avait fait une longue route à pied, sans chaussures, tandis que les hommes que je voyais avaient des tongs, fumaient des cigarettes et ne trimballaient ni enfants ni fagots de bois. Tout au long de notre trajet, j'ai vu beaucoup d'autres femmes transporter de lourds fardeaux, et j'ai eu envie d'en savoir davantage sur leurs vies.

À notre retour d'Afrique, Bill et moi avons donné un petit dîner chez nous en l'honneur de Nan Keohane, qui était alors la présidente de l'université Duke. Je n'organisais presque jamais ce genre de soirée à l'époque, mais je suis bien contente que celle-ci ait eu lieu. L'un des chercheurs présents nous a raconté que de nombreux enfants mouraient de diarrhée dans les pays pauvres, et que les sels de réhydratation orale pouvaient leur sauver la vie. Quelque temps plus tard, un collègue nous a suggéré de lire le rapport annuel de la Banque mondiale de 1993 : cette année-là, le thème était « Investir dans la santé ». Ce rapport montrait qu'un grand nombre de morts pouvait être évité grâce à des interventions peu coûteuses, mais que celles-ci n'avaient pas lieu. Personne ne se sentait investi de cette mission. Puis Bill et moi avons lu un article déchirant de Nicholas Kristof dans le *New York Times*, qui décrivait comment la malaria provoquait des millions de morts infantiles dans les pays en voie de développement. Le même thème lancinant revenait dans tout ce que nous entendions et lisions : les enfants des pays pauvres mouraient de maladies qui n'étaient responsables d'aucun décès chez les enfants aux États-Unis.

Parfois, de nouvelles données et idées ne s'impriment pas en vous avant que vous les ayez croisées par l'intermédiaire de plusieurs sources, et alors les pièces du puzzle commencent à s'assembler. Tandis que Bill et moi recevions tous les jours de nouvelles informations à propos de ces enfants qui mouraient et qu'on aurait pu sauver, l'idée a germé en nous : peut-être pourrions-nous y faire quelque chose ?

Le plus déconcertant pour nous fut de constater le peu d'intérêt que cette idée a suscité. Dans ses discours, Bill se servait de l'exemple du crash aérien. Si un avion s'écrase, provoquant la mort de trois cents personnes et une tragédie dans chacune de leurs familles, tous les journaux publieront un article à ce sujet. Mais le même jour, trente mille enfants meurent, ce qui constitue également une tragédie pour leurs familles, et pourtant aucun journal ne sortira d'article là-dessus. Nous n'étions pas au courant de la mort de ces enfants, parce qu'elle survenait dans des pays pauvres, et ce qui se passe dans les pays pauvres n'intéresse guère les pays riches. Ce fut la prise de conscience la plus choquante pour moi : des millions d'enfants mouraient parce qu'ils étaient pauvres, et parce qu'ils étaient pauvres, nous n'en entendions pas parler. C'est à ce moment que nous avons entrepris un travail sur des questions sanitaires mondiales. Nous avons commencé à percevoir de quelle manière nous pourrions avoir un impact.

Sauver les vies de ces enfants fut l'objectif qui lança notre travail à l'échelle internationale, et notre premier gros investissement concerna les vaccins. Nous avions été horrifiés d'apprendre que des vaccins mis au point aux États-Unis mettaient quinze à vingt années pour arriver dans les pays en voie de développement. En outre, les maladies qui faisaient des ravages chez les enfants là-bas n'étaient pas à l'ordre du jour ici, dans les laboratoires qui cherchaient de nouveaux vaccins. C'était la première fois qu'on constatait aussi nettement ce qui arrive quand il n'y a aucune motivation économique au service des enfants pauvres : ils sont des millions à en mourir.

Ce fut une leçon cruciale pour nous, qui nous a poussés à nous joindre à des gouvernements et à d'autres organisations pour mettre en place le GAVI (l'Alliance mondiale pour les vaccins et l'immunisation). Le projet consistait à utiliser les mécanismes de marché afin d'aider à fournir des vaccins pour tous les enfants du monde. Il y avait une autre leçon à retenir : les questions de pauvreté et de maladies sont toujours liées. Ce ne sont pas des problématiques isolées.

Lors de l'un de mes premiers voyages pour le compte de la fondation, je me suis rendue au Malawi, et j'ai été bouleversée de voir tant de mères patienter dans de longues files d'attente, en pleine chaleur, pour faire vacciner leurs enfants. J'ai parlé avec elles ; elles m'ont raconté les grandes distances qu'elles avaient parcourues à pied pour venir, souvent plus de quinze ou vingt kilomètres. Elles avaient apporté de quoi manger pour la journée. Elles avaient dû venir non seulement avec l'enfant à vacciner, mais aussi avec le reste de leur progéniture. C'était une journée pénible pour ces femmes dont la vie n'était déjà pas facile. Mais c'était une expédition que nous nous efforcions de rendre plus simple et rapide, et nous incitions autant de mères que possible à l'entreprendre.

Je me rappelle cette jeune mère entourée de petits, à qui j'avais demandé :

— Est-ce que vous emmenez ces enfants ravissants se faire vacciner ?

— Et *moi* ? m'avait-elle répondu. Pourquoi faut-il que je fasse vingt kilomètres à pied par cette chaleur pour mon injection ?

Elle ne parlait pas de vaccination, mais du Depo-Provera, un contraceptif à longue durée d'action. Elle avait déjà plus d'enfants qu'elle ne pouvait en nourrir, et elle craignait d'en avoir encore d'autres. Mais la perspective de marcher toute une journée avec ses enfants jusqu'à une clinique lointaine qui risquait de ne pas avoir son contraceptif en stock était profondément frustrante pour elle. Parmi les nombreuses mères que j'ai rencontrées au cours de ces premiers voyages, celle-ci, comme tant d'autres, a changé de sujet de conversation, écartant la vaccination infantile pour me parler de planification familiale.

Je me rappelle être allée dans un village au Niger, où j'ai rendu visite à une mère du nom de Sadi Seyni, et dont les six enfants rivalisaient pour obtenir son attention tandis que nous discutions. Elle m'a répété ce que j'avais déjà entendu de la part de beaucoup d'autres :

— Ce ne serait pas juste pour moi d'avoir un autre enfant. Je n'ai déjà pas de quoi nourrir ceux que j'ai aujourd'hui !

Dans un grand quartier très défavorisé de Nairobi appelé « Korogocho », j'ai fait la connaissance de Mary, une jeune mère qui vendait des sacs à dos fabriqués à partir de chutes de denim. Elle m'a invitée chez elle, où elle cousait tout en gardant ses deux petits enfants. Elle m'a dit qu'elle utilisait des contraceptifs :

— La vie est dure.

Je lui ai demandé si son mari était favorable à sa décision. Elle m'a répondu :

— Il sait que la vie est dure, lui aussi.

De plus en plus fréquemment lors de mes voyages, quel qu'en fût l'objet, j'ai commencé à voir et à entendre le besoin de contraception. J'ai visité des endroits où toutes les mères avaient perdu un enfant, et où tout le monde connaissait une femme qui était morte en couches. Je rencontrais de plus en plus de mères qui étaient prêtes à tout pour ne pas retomber enceintes, parce qu'elles n'avaient pas les moyens de s'occuper des enfants qu'elles avaient déjà. J'ai commencé à comprendre pourquoi les femmes ramenaient sans cesse la conversation sur le sujet de la contraception, alors même que je venais pour parler d'autre chose.

Ces femmes vivaient de manière concrète ce que je lisais dans les rapports de données statistiques.

En 2012, dans les soixante-neuf pays les plus pauvres du monde, deux cent soixante millions de femmes avaient recours à la contraception. Par ailleurs, plus de deux cents millions de femmes dans ces mêmes pays désiraient également utiliser des moyens de contraception, mais n'y avaient pas accès. Cela signifie que des millions de femmes dans ces pays tombent enceintes trop précocement, trop tardivement et trop souvent par rapport à ce que leur corps peut supporter. Lorsque les femmes des pays émergents espacent leurs grossesses d'au moins trois ans, chacun de leurs bébés a presque deux fois plus de chances d'être encore en vie au bout d'un an, et 35 % de chances supplémentaires d'atteindre l'âge de cinq ans. C'est une justification suffisante pour étendre l'accès à la contraception, mais le recul de la mortalité infantile n'est qu'une raison parmi d'autres.

L'une des études de santé publique les plus étendues dans le temps remonte aux années 1970, quand dans un village du Bangladesh on a distribué des contraceptifs à la moitié des familles, et rien à l'autre moitié. Vingt ans plus tard, les mères qui avaient utilisé une contraception étaient en meilleure santé. Leurs enfants étaient mieux nourris, leurs familles plus riches. Ces femmes avaient des revenus plus élevés, et leurs enfants étaient davantage scolarisés.

Les raisons en sont simples : en ayant la possibilité de décider du moment et de l'espacement de leurs grossesses, ces femmes avaient plus de chances de poursuivre leurs études, de gagner un salaire, d'élever des enfants en bonne santé, et d'avoir le temps et l'argent nécessaires pour offrir à chacun l'alimentation, les soins et l'instruction dont ils avaient besoin pour bien grandir. Quand les enfants réalisent leur potentiel, ils ne sombrent pas dans la misère. C'est de cette façon que les familles et les pays quittent la pauvreté. D'ailleurs, en réalité, ces cinquante dernières années, aucun pays n'est sorti de la pauvreté sans avoir étendu l'accès à la contraception.

La contraception a été l'une des premières causes que notre fondation a soutenues, mais, au début, notre investissement n'était pas à la hauteur des bénéfices véritables que nous pouvions espérer. Il nous a fallu des années pour comprendre que les contraceptifs sont l'innovation la plus salvatrice jamais créée, la plus à même d'éradiquer la pauvreté et d'autonomiser les femmes. Lorsque nous avons pleinement mesuré le pouvoir de la planification familiale, nous avons compris que la contraception devait être une priorité pour nous.

Il ne s'agissait pas pour autant de signer simplement de plus gros chèques. Nous devions financer de nouveaux moyens de contraception qui avaient moins d'effets secondaires, duraient plus longtemps et coûtaient moins cher. Il fallait qu'une femme puisse l'obtenir dans son village, ou qu'elle puisse se l'administrer elle-même à domicile. Nous avions besoin d'un effort mondial qui impliquait que les gouvernements, les organismes internationaux et les laboratoires travaillent de concert avec des partenaires locaux pour apporter aux femmes les contraceptifs sur leur lieu de vie. Il fallait que beaucoup plus de voix s'élèvent en faveur des femmes qui n'étaient pas entendues. À ce moment-là, j'avais rencontré beaucoup de personnes impressionnantes qui travaillaient depuis des décennies au sein de mouvements pour la planification familiale. Je me suis entretenue avec le plus grand nombre possible pour savoir comment notre fondation pouvait les aider, et ce que je pouvais faire pour amplifier leurs voix.

Toutes les personnes que j'ai questionnées m'opposaient une sorte de silence gêné, comme si la réponse était évidente et que je ne la devinais pas. Finalement, quelques-unes m'ont dit :

— La meilleure manière de soutenir les porte-parole serait d'en devenir une vous-même. Vous devriez vous joindre à nous.

Ce n'était pas la réponse que j'attendais.

Je suis une personne plutôt dicrète ; un peu timide à certains égards. J'étais cette fille à l'école qui levait la main pour parler en classe tandis que d'autres gamines beuglaient leurs réponses depuis le dernier rang. J'aime travailler en coulisses. Je veux étudier les données, examiner les travaux, rencontrer les gens, développer une stratégie et résoudre les problèmes. À cette époque, j'avais fini par m'accoutumer aux discours et aux interviews. Mais, tout à coup, voilà que des amis, des collègues et des activistes me pressaient de devenir une défenseuse publique de la planification familiale, ce qui m'effarait un peu.

Je songeais : *Bon sang, est-ce que je vais m'engager publiquement en faveur d'une cause aussi politique que la planification familiale, alors que ma religion et beaucoup de conservateurs y sont opposés ?* Quand Patty Stonesifer était à la tête de notre fondation, elle m'avait prévenue :

— Melinda, si la fondation s'engage franchement dans cette voie, tu vas te retrouver au centre de la controverse parce que tu es catholique. Les questions vont fuser, et elles seront pour toi.

Je savais que le changement serait considérable pour moi. Mais il était clair que le monde avait encore fort à faire en matière de planification familiale. Malgré des décennies d'efforts déployés par des militants passionnés, les progrès avaient été bien maigres. La planification familiale n'était plus considérée comme un enjeu prioritaire de santé mondiale. C'était en partie parce que la question avait été très politisée aux États-Unis, mais aussi parce que l'épidémie de sida et les campagnes de vaccination avaient détourné l'attention et les fonds internationaux de la contraception. (Certes, l'épidémie de sida a conduit à un effort généralisé pour distribuer des préservatifs, mais, pour des raisons que je développerai plus tard, ce moyen de contraception n'est pas souvent d'un grand secours pour les femmes.)

Je savais qu'en prenant publiquement fait et cause pour la planification familiale, j'allais m'exposer à des critiques auxquelles je n'étais pas accoutumée ; je savais aussi que j'aurais moins de temps et d'énergie à consacrer aux autres activités de la fondation. Mais j'ai commencé à avoir le sentiment que, s'il y avait une cause qui méritait des sacrifices, c'était bien celle-là. C'était un sentiment viscéral, intime. La planification familiale nous avait été indispensable pour construire notre famille. Elle m'avait permis de travailler et d'avoir le temps de m'occuper de chacun de mes enfants. C'était un outil simple, peu coûteux, sûr et très puissant – aucune femme de mon entourage ne s'en serait passée, mais cela était refusé à des centaines de millions de femmes dans le monde. Cet accès inégal à la contraception était tout simplement injuste. Il m'était impossible de détourner les yeux alors que des femmes et des enfants mouraient faute d'un outil largement disponible qui aurait pu leur sauver la vie.

J'estimais en outre que c'était mon devoir vis-à-vis de mes enfants. J'avais l'occasion de défendre des femmes à qui l'on ne donnait pas la parole. Si je la laissais passer, quelles valeurs leur transmettrais-je ? Souhaitais-je les voir refuser des tâches difficiles à l'avenir en m'expliquant qu'ils ne faisaient que suivre mon exemple ?

Ma propre mère a également influencé mon choix, bien qu'elle ne l'ait peut-être pas su. Quand j'étais enfant, elle me disait toujours :

– Si tu ne définis pas toi-même ton programme, d'autres choisiront à ta place.

Si je ne consacrais pas mon temps à ce qui comptait pour moi, d'autres personnes allaient envahir mes journées avec ce qui comptait pour *elles*.

Pour finir, j'ai toujours gardé dans un coin de ma tête les images de ces femmes que j'avais rencontrées, et j'ai des photographies de celles qui m'ont le plus bouleversée. Quel était l'intérêt pour elles de m'ouvrir leurs cœurs et de me raconter leurs vies, si je ne les aidais pas alors que j'en avais l'occasion ?

C'est ce qui m'a décidée. J'ai résolu d'affronter mes peurs et de prendre publiquement la parole en faveur de la planification familiale.

J'ai accepté une invitation du gouvernement britannique à coparrainer un sommet sur la planification familiale à

Londres, en présence d'autant de chefs d'État, d'experts et d'activistes que nous pourrions en faire venir. Nous avons décidé de doubler les fonds engagés par la fondation pour la planification familiale, et d'en faire une priorité. Nous souhaitions renouveler l'engagement pris au niveau international afin que toutes les femmes du monde aient accès à la contraception, et puissent décider elles-mêmes d'avoir des enfants, ou pas, et au moment voulu.

Mais il fallait encore que je détermine le rôle que j'aurais, et ce que la fondation devait faire. Convoquer un sommet international, parler de contraception, signer une déclaration et rentrer chez soi ne suffirait pas. Nous devions établir des objectifs et une stratégie.

Nous avons engagé un sprint de concert avec le gouvernement britannique pour organiser ce sommet en juillet 2012, deux semaines avant que l'attention de tout le monde soit happée par l'ouverture des jeux Olympiques de Londres qui avait lieu à la fin du mois.

L'approche du sommet déclencha dans les médias une vague d'histoires qui mettaient en avant les vies sauvées par la planification familiale. La revue scientifique britannique *The Lancet* publia une étude financée par le gouvernement du Royaume-Uni et par notre fondation, qui montrait que l'accès à la contraception diviserait par trois le nombre de mères mourant en couches. Un rapport de l'ONGI Save the Children a établi que, chaque année, cinquante mille adolescentes meurent en couches, ce qui fait de la grossesse la première cause de mortalité pour elles. Ces résultats, ainsi que d'autres, ont permis d'insister sur l'urgence du problème lors de la conférence.

Le sommet a rassemblé une foule de gens, y compris de nombreux chefs d'État. Les discours se sont bien passés, et j'en ai été ravie. Mais je savais que le véritable succès se mesurerait au nombre de personnes qui prendraient position et à la somme d'argent que nous réussirions à rassembler. Et si les dirigeants nationaux ne soutenaient pas cette initiative ? Et si les gouvernements n'augmentaient pas leurs financements ? Ces inquiétudes m'avaient rendue malade pendant des mois ; elles n'étaient pas très éloignées de la crainte d'organiser une fête où personne ne vient mais, dans ce cas précis, les journalistes viendraient, eux, et ne manqueraient pas de rapporter ce fiasco.

Je ne dirais pas que je n'aurais pas dû me faire de souci. Mes craintes m'ont poussée à travailler plus dur. Et, au bout du compte, la levée de fonds et le soutien reçu ont été bien au-delà de mes espoirs les plus fous. Le Royaume-Uni a multiplié par deux son budget pour la planification familiale. Les présidents de la Tanzanie, du Rwanda, de l'Ouganda et du Burkina Faso ainsi que le vice-président du Malawi ont joué un rôle majeur pour rassembler les 2 milliards de dollars investis par les pays émergents, parmi lesquels le Sénégal, qui a doublé son investissement, ainsi que le Kenya, qui a augmenté d'un tiers son budget national dédié à la planification familiale. Ensemble, nous nous sommes engagés à rendre la contraception disponible pour cent vingt millions de femmes supplémentaires à l'issue de la décennie, avec un mouvement baptisé « FP 2020 » (Family Planning 2020). C'était de loin la plus grosse somme d'argent jamais engagée pour soutenir l'accès à la contraception.

Ce n'est qu'un début

Après la conférence, Mary Lehman (ma meilleure amie du lycée, qui avait fait le voyage avec moi à Londres) m'a retrouvée pour un dîner en compagnie de femmes d'influence qui avaient également assisté au sommet. Nous avons bu un verre de vin avec une certaine satisfaction et, pour ma part, j'étais plutôt soulagée d'en avoir terminé avec cette conférence.

Après tous ces mois d'organisation et d'inquiétude, j'avais le sentiment de pouvoir enfin me détendre.

C'est alors que toutes ces femmes m'ont dit :

— Tu te rends compte, Melinda ? La planification familiale, ce n'est qu'un début pour les femmes ! Il faut qu'on passe à la vitesse supérieure, avec un programme bien plus ambitieux !

J'étais la seule autour de la table à être assez naïve pour m'étonner — et j'étais dans tous mes états. C'était hors de question pour moi. Après le dîner, dans la voiture, j'ai répété à Mary :

— Elles plaisantent, c'est forcément une plaisanterie !

J'étais au bord des larmes. Je songeais : *Pas question. Je fais déjà ma part, et c'est plus que ce que je peux endurer. Et puis il y a déjà une tonne de travail rien que pour la planification familiale, si on veut atteindre les objectifs qu'on vient d'annoncer ; alors un programme plus ambitieux en faveur des femmes, ce n'est même pas la peine d'y penser.*

Cette exigence d'aller plus loin était particulièrement dure à entendre après la rencontre riche en émotions que j'avais faite quelques jours plus tôt, au Sénégal. J'étais assise dans une petite hutte avec un groupe de femmes qui parlaient d'excision. Elles avaient toutes subi cette pratique. Nombre d'entre elles avaient tenu leurs propres filles durant leur excision. Et tandis qu'elles me racontaient cela, ma collègue Molly Melching, qui a travaillé au Sénégal pendant des décennies et jouait les interprètes pour moi ce jour-là, m'avait dit :

— Melinda, je ne vais pas tout te traduire, parce que je ne crois pas que tu pourrais le supporter.

(Un jour, il faudra que je prenne mon courage à deux mains pour lui demander ce qu'elle n'a pas traduit.)

Ces femmes m'ont expliqué qu'elles s'étaient toutes détournées de cette pratique. Quand elles étaient plus jeunes, elles craignaient, si elles ne faisaient pas exciser leurs filles, que celles-ci ne puissent jamais se marier. Et quand, parmi ces dernières, certaines mouraient d'hémorragie, elles croyaient que c'était l'œuvre d'esprits malins. Mais elles avaient fini par considérer ces opinions comme des superstitions, et elles avaient interdit l'excision dans leur village.

Elles pensaient me raconter l'histoire d'un progrès, et c'était effectivement le cas. Mais pour comprendre dans quelle mesure il s'agissait d'un progrès, il fallait savoir combien cette pratique était cruelle, et à quel point elle était toujours très répandue. Elles me racontaient tout le chemin qu'elles avaient parcouru et, ce faisant, me révélaient aussi combien la situation était encore affreuse pour les jeunes filles de leur pays. Cette histoire m'a horrifiée, et je me suis fermée comme une huître. Le combat m'a paru sans espoir, sans fin, et bien au-delà des ressources et de l'endurance que je pouvais fournir. Je me suis dit : *Je laisse tomber.*

Je soupçonne que la plupart d'entre nous, à un moment ou un autre, déclarent : « Je laisse tomber. » Mais nous nous apercevons souvent que « laisser tomber » n'est qu'une étape douloureuse sur la voie d'un engagement plus fort. Cependant, j'étais encore embourbée dans mon « Je laisse tomber » personnel survenu au Sénégal quand, à Londres, ces femmes autour de la table m'ont dit combien il y avait encore à faire. Et c'est ainsi que j'ai prononcé pour moi-même le second « Je laisse tomber » de la semaine. J'ai jeté un œil à l'abysse qui séparait ce qu'il fallait faire de ce que j'étais capable de faire, et je me suis simplement exclamée : « Non ! »

Et même si je ne l'avais pas réellement formulée, ma décision était prise. Mais plus tard, quand j'ai commencé à baisser la garde, j'ai compris que ce « non » n'était qu'une brève révolte avant ma capitulation. Il me fallait accepter le fait que, tout comme les besoins des femmes partout dans le monde, les mutilations de ces fillettes au Sénégal se trouvaient au-delà de ce à quoi je pouvais remédier. Il me fallait accepter que mon travail consiste à faire ma part, accepter que mon cœur se brise pour toutes ces femmes que nous ne pouvons pas aider, et rester optimiste.

Avec le temps, j'en suis venue au « oui », et cela m'a permis de comprendre ce que ces femmes à Londres me disaient. La planification familiale était une première étape, mais cette première étape ne consistait pas seulement en l'obtention de moyens contraceptifs ; il s'agissait d'un pas vers l'émancipation des femmes. Car la planification familiale implique davantage que le droit de décider si et quand on veut avoir des enfants ; c'est la clé pour franchir toutes sortes d'obstacles qui freinent les femmes depuis si longtemps.

Ma grande idée inédite : miser sur les femmes

Il y a quelques années en Inde, j'ai rencontré des groupes d'entraide féminins et j'ai compris quelque chose : ces femmes se donnaient mutuellement les moyens d'agir. Je voyais des femmes qui s'aidaient entre elles pour s'élever. Et j'ai remarqué que tout commence quand les femmes se mettent à échanger.

Au fil des années, la fondation a financé des groupes d'entraide féminins aux objectifs divers : la prévention contre la propagation du sida, l'aide aux agricultrices pour l'achat de semences de meilleure qualité ou encore l'aide à l'obtention de prêts. Il existe quantité de raisons de former des groupes ; mais, quel que soit l'objectif de départ, lorsque l'on donne aux femmes l'information, les outils, le financement et le sentiment qu'elles ont du pouvoir, alors elles prennent leur envol, et elles emmènent le groupe là où elles le désirent.

En Inde, j'ai rencontré les agricultrices d'un groupe d'entraide qui avait acheté de nouvelles semences. Elles avaient davantage de cultures et obtenaient de meilleurs rendements sur leurs exploitations ; et elles m'en ont parlé de façon très intime.

— Tu sais, Melinda, avant je vivais dans une pièce séparée de la maison. Je n'avais même pas le droit d'être dans la maison avec ma belle-mère. J'avais un réduit à l'arrière où il n'y avait même pas de savon, alors je me lavais avec des cendres. Mais désormais j'ai de l'argent, alors je peux acheter du savon. Mon sari est propre, et ma belle-mère me respecte plus qu'avant. Maintenant, elle me laisse entrer dans la maison. Et comme j'ai plus d'argent, j'ai acheté un vélo à mon fils.

Vous voulez que votre belle-mère vous respecte ? Achetez un vélo à votre fils.

Pourquoi cela vous gagne-t-il son respect ? Il ne s'agit en rien d'une coutume locale. Non, c'est universel. La belle-mère respecte sa bru parce que le revenu de cette dernière a amélioré la vie de la famille. Lorsque nous, les femmes, sommes en mesure d'utiliser notre talent et notre énergie, nous commençons à nous exprimer par nous-mêmes, au nom de nos propres valeurs, et la vie de tout le monde s'en trouve améliorée.

À mesure que les femmes gagnent des droits, les familles prospèrent, tout comme les sociétés. Cette relation de cause à effet se fonde sur une vérité simple : dès lors que l'on inclut un groupe jusque-là laissé-pour-compte, tout le monde y gagne. Et lorsque l'on travaille à l'échelle mondiale pour inclure dans la société les femmes et les filles, qui représentent la moitié de la population, on œuvre au bénéfice des membres de *toutes* les communautés. L'égalité des sexes élève tout le monde.

Des taux élevés d'instruction, d'emploi et de croissance économique, et des taux faibles de grossesses adolescentes, de violences domestiques et de crimes sont autant de signes d'une société en bonne santé, qui sont corrélés à l'inclusion et à l'élévation sociale des femmes. Les droits des femmes vont de pair avec la santé et la richesse de la société. Les pays dominés par les hommes souffrent non seulement parce qu'ils n'utilisent pas le talent de leurs femmes, mais aussi parce qu'ils sont dirigés par des hommes qui éprouvent le besoin d'évincer une partie de la population. Tant qu'ils ne changeront pas de direction, tant qu'ils ne changeront pas les opinions de leurs dirigeants, ces pays ne prospéreront pas.

Il est crucial pour l'humanité de comprendre ce lien entre l'émancipation des femmes et la richesse des sociétés, ainsi que leur bonne santé. S'il est une vision que nous avons acquise dans notre travail au cours des vingt dernières années, c'est bien celle-ci : notre grande idée inédite. *Ma* grande idée inédite. Si vous désirez élever l'humanité, donnez aux femmes de l'assurance et les moyens d'agir. Donnez-leur du pouvoir. C'est l'investissement le plus complet, important et rentable que vous pouvez faire.

J'aimerais pouvoir vous raconter le moment où j'ai compris cela, mais je ne peux pas. Cette révélation a été comme un lever de soleil, lent et graduel, qui a peu à peu éclairé mon esprit. Cette prise de conscience fut en partie partagée et accélérée par d'autres, car nous sommes parvenus ensemble aux mêmes conclusions et avons pris notre essor pour opérer un changement dans le monde.

L'une de mes amies, Killian Noe, a fondé une organisation appelée « Recovery Café », qui assiste des gens sans domicile fixe souffrant d'addictions et de problèmes psychiques, et les aide à construire la vie qu'ils ont envie de vivre. Killian me pousse à explorer les choses plus en profondeur, et elle a l'habitude de poser cette question à tous ses amis : « Que connais-tu plus profondément aujourd'hui qu'autrefois ? » J'aime beaucoup cette question, parce qu'elle honore la façon dont nous apprenons et grandissons. La sagesse, ce n'est pas une accumulation de faits toujours plus grande ; c'est la compréhension plus intime de grandes vérités. Année après année, avec le soutien et la perspicacité d'amis, de partenaires et de personnes qui sont passées avant moi, je vois plus claire-ment que les causes principales de la pauvreté et des maladies sont les restrictions culturelles, financières et juridiques qui bloquent ce que les femmes peuvent faire – *et ce qu'elles pensent pouvoir faire* – pour elles-mêmes et pour leurs enfants.

C'est ainsi que la condition des femmes et des filles est devenue pour moi le levier et le lieu d'intervention au milieu de tous les obstacles qui maintiennent les gens dans la pauvreté. Les problèmes au cœur de chacun des chapitres de ce livre ont tous une perspective spécifique au genre : la santé des mères et des nouveau-nés, la planification familiale, l'instruction des filles et des femmes, le travail non rémunéré, les mariages d'enfants, les femmes dans l'agriculture, les femmes sur le lieu de travail. Chacune de ces problématiques se nourrit d'obstacles qui empêchent les femmes de progresser. Lorsque ces obstacles sont renversés et qu'apparaissent de nouvelles possibilités, non seulement cela tire les femmes hors de la pauvreté, mais encore cela peut les hisser jusqu'à l'égalité avec les hommes dans toutes les cultures et à tous les niveaux de la société. Aucun autre changement ne peut à lui seul améliorer autant l'état du monde.

Vous ne trouverez de corrélation aussi nette nulle part ailleurs dans le monde des données statistiques. Si vous vous penchez sur la pauvreté, vous trouverez des femmes sans pouvoir. Si vous explorez la prospérité, vous trouverez des femmes qui en ont et l'utilisent.

Lorsque les femmes peuvent décider si et quand elles auront des enfants, lorsqu'elles peuvent décider si, quand et avec qui elles se marieront, lorsqu'elles ont accès à des services de santé, lorsqu'elles ne font pas plus que leur part de travail non rémunéré, lorsqu'elles suivent les études de leur choix, prennent les décisions financières nécessaires, sont traitées avec respect au travail, jouissent des mêmes droits que les hommes, lorsqu'elles s'élèvent avec l'aide d'autres femmes *et d'hommes* qui les entraînent à diriger et les soutiennent quand elles briguent des postes importants... alors, elles prospèrent ; et leur famille comme leur communauté prospèrent avec elles.

Chacun de ces problèmes peut être envisagé comme un mur ou comme une porte. Je pense que je sais déjà de quelle façon nous les envisageons. Dans les cœurs et les esprits des femmes puissantes aujourd'hui, « chaque mur est une porte ».

Ensemble, abattons ces murs et franchissons ces portes.

– 2 –

Émanciper les mères

Santé maternelle et néonatale

Lors d'un voyage en Europe en 2016, j'ai fait un détour par la Suède pour dire au revoir à l'un de mes héros.

Hans Rosling, qui est décédé en 2017, était un scientifique d'avant-garde, professeur de santé internationale qui s'est fait connaître en apprenant à des experts des faits qu'ils auraient déjà dû connaître. Il est devenu célèbre grâce à ses inoubliables conférences TED (plus de vingt-cinq millions de vues, et ce n'est pas fini) ainsi que pour son ouvrage *Factfulness*[*], rédigé avec son fils et sa bru. Un livre qui nous montre que le monde va mieux que ce que nous croyons. Hans Rosling est également connu pour sa fondation Gapminder (également créée avec son fils et sa belle-fille), dont le travail original sur les données et les graphiques a aidé les gens à voir le monde tel qu'il est. En ce qui me concerne, Hans a été un maître à penser plein de sagesse, dont les récits m'ont aidée à voir la pauvreté à travers les yeux des pauvres.

J'aimerais vous raconter une histoire dont Hans m'avait fait part. Cette histoire m'a permis de mesurer l'impact de l'extrême pauvreté, et de voir le rôle central que l'émancipation des femmes peut jouer pour y mettre fin.

Avant toute chose, cependant, je dois vous dire que Hans Rosling était moins emballé par moi que je ne l'étais

---

[*] Flammarion, février 2019. (*NdT.*)

par lui, du moins au début. En 2007, avant que nous fassions connaissance, il était venu assister à un événement où j'allais prendre la parole. Il m'a avoué plus tard qu'il était plutôt sceptique. Il pensait : *Ces milliardaires américains qui distribuent leur argent à tout-va vont semer une sacrée pagaille !* (Il n'avait pas tort de s'inquiéter. J'y reviendrai plus tard.)

Je l'ai convaincu, m'a-t-il dit, parce que, dans mon discours, je n'ai pas décrit notre vie à Seattle où, tranquillement, nous étions à lire des données et à développer des théories. Au contraire, j'ai tâché de partager ce que j'avais appris grâce aux sages-femmes, aux infirmières et aux mères que j'avais rencontrées durant mes voyages en Afrique et en Asie du Sud. J'ai fait le récit d'agricultrices qui abandonnaient leurs champs pour marcher pendant des kilomètres jusqu'à une clinique et enduraient une longue attente en pleine chaleur, pour finir par s'entendre dire qu'il n'y avait plus de contraceptifs disponibles. J'ai rapporté les paroles des sages-femmes, qui avaient de faibles revenus, étaient peu formées et ne disposaient pas d'ambulances. C'est volontairement que j'ai évoqué ces rencontres sans idées préconçues ; j'essayais de me laisser porter par la curiosité et le désir d'apprendre. Il s'est avéré que Hans procédait de la même façon, qu'il avait commencé bien plus tôt que moi et de manière beaucoup plus intensive.

Alors que Hans était jeune médecin, lui et sa femme Agneta – elle-même une éminente professionnelle de santé – se sont installés au Mozambique, où Hans a pratiqué la médecine dans une région déshéritée, loin de la capitale. Il était l'un des deux seuls médecins pour une population de 300 000 personnes. Il considérait que tous étaient ses patients, même s'il ne les voyait jamais – et, majoritairement, il ne les voyait pas. Son secteur comptait 15 000 naissances par an, et plus de 3 000 décès infantiles. Chaque jour dans ce secteur où il exerçait, dix enfants mouraient. Hans traitait des cas de diarrhée, de malaria, de choléra, de pneumonie et d'accouchements difficiles. Lorsque vous êtes deux médecins pour 300 000 personnes, vous soignez tout.

Cette expérience a formé la personne qu'il était et a défini ce qu'il m'a appris. Après notre rencontre, Hans et moi ne nous sommes jamais rendus à un même événement sans passer un peu de temps ensemble, même s'il ne s'agissait que de quelques minutes dans un couloir entre deux sessions. Au cours de nos bavardages (parfois brefs, parfois plus longs), il est devenu mon professeur. Hans ne m'a pas seulement éclairée sur l'extrême pauvreté ; il m'a aussi aidée à revenir sur ce que j'avais déjà vu pour mieux l'analyser.

– La misère entraîne des maladies, disait-il. C'est là que les forces du mal se terrent. C'est là que commence Ebola. C'est là que Boko Haram cache les jeunes filles.

Il m'a fallu beaucoup de temps pour assimiler ce qu'il savait, même avec l'avantage de l'avoir comme professeur.

Près de 750 millions de personnes vivent dans une extrême pauvreté aujourd'hui, contre 1,85 milliard en 1990. D'après la Banque mondiale, les personnes vivant dans l'extrême pauvreté disposent de l'équivalent de moins de 1,90 dollar par jour. Mais ces chiffres ne permettent pas de saisir leur désespoir. Ce que l'extrême pauvreté signifie réellement, c'est que peu importe la rudesse de votre travail ; vous êtes piégé quoi qu'il arrive. Vous ne pouvez pas vous en sortir. Vos efforts n'ont pratiquement aucun effet sur votre situation. Vous avez été abandonné par ceux qui pouvaient vous tirer vers le haut. C'est ce que Hans m'a aidée à comprendre.

Il me disait toujours :

– Melinda, il faut que tu t'occupes des laissés-pour-compte.

Nous nous sommes donc efforcés ensemble de voir la vie avec le regard de ces personnes auxquelles nous espérions être utiles. Je lui ai raconté mon premier voyage pour la fondation, et avec quel respect pour ces gens j'en étais revenue, car je savais que leur réalité quotidienne m'aurait brisée.

J'avais visité les taudis d'une grande ville, et ce ne sont

pas les petits enfants qui s'approchaient de la voiture pour mendier qui m'avaient choquée. Ça, je m'y attendais. Ce qui m'avait choquée, c'était de voir ces petits enfants se débrouiller seuls. Je n'aurais pas dû être surprise ; c'est la conséquence évidente des mères pauvres qui n'ont pas d'autre choix que d'aller travailler. C'est une question de survie, en ville. Mais à qui confient-elles leur bébé ? J'ai vu des enfants se promener avec des nourrissons. J'ai vu, courant dans la rue avec ses amis, un enfant de cinq ans porter un bébé qui ne tenait pas encore sa tête droite. J'ai vu des gamins jouer à côté de fils électriques sur un toit, et courir près d'eaux usées qui ruisselaient le long de la rue. J'ai vu des enfants s'amuser non loin de casseroles d'eau bouillante, où les marchands cuisaient la nourriture qu'ils vendaient. Le danger faisait partie intégrante du quotidien de ces enfants, de leur réalité. Il ne pouvait pas être modifié par des choix plus judicieux de la part de leurs mères – ces mères n'avaient pas de meilleure option envisageable. Elles devaient travailler, et elles faisaient de leur mieux, comme quiconque dans leur situation, pour élever leurs enfants. J'avais énormément d'estime pour elles, pour leur capacité à faire sans relâche ce qu'elles devaient pour nourrir leurs enfants. De nombreuses fois, j'ai raconté à Hans ce à quoi j'avais assisté, et je crois que c'est ce qui l'a poussé à me raconter ce que lui avait vu. L'histoire qu'il a partagée avec moi quelques mois avant sa mort était, selon lui, celle qui définissait au mieux l'essence même de la pauvreté.

Au début des années 1980, alors que Hans était médecin au Mozambique, une épidémie de choléra eut lieu dans le secteur où il travaillait. Chaque jour, il partait avec sa petite équipe dans leur Jeep médicale pour aller à la rencontre des gens atteints par le choléra, plutôt que d'attendre leur venue à la clinique.

Un soir, ils sont arrivés dans un village isolé alors que le soleil se couchait. Il y avait là une cinquantaine de maisons en torchis. Les habitants avaient des champs de manioc et quelques pommiers-cajou, mais pas d'ânes, ni de vaches ou de chevaux — et aucun moyen de transport pour emporter leurs produits au marché.

À l'arrivée de l'équipe de Hans, une foule s'est approchée pour regarder à l'intérieur de la Jeep et a commencé à répéter :

— *Doutor Comprido, Doutor Comprido !*

Ce qui en portugais signifie : « Docteur Grand, Docteur Grand ! » C'est ainsi qu'on a toujours appelé Hans ; jamais de « Docteur Rosling » ni de « Docteur Hans », seulement « Docteur Grand ». La plupart des villageois ne l'avaient encore jamais vu, mais ils avaient entendu parler de lui. Et voilà que Docteur Grand venait leur rendre visite. Alors qu'il sortait de la voiture, l'un des notables du village lui a demandé :

— *Fala português ?* [« Parles-tu portugais ? »]

— *Poco, poco.* [« Un peu. »]

— *Bem vindo, Doutor Comprido.* [« Bienvenue, Docteur Grand. »]

Alors Hans lui a demandé :

— Comment me connais-tu ?

— Oh, tu es très connu dans ce village.

— Mais je ne suis jamais venu avant.

— Non, tu n'es jamais venu. C'est pour ça que nous sommes contents de ta visite. Nous sommes très contents.

Les autres ont renchéri :

— Le Docteur Grand est le bienvenu ! Bienvenue !

De plus en plus de gens se sont joints à la foule. Rapidement, ils ont été une cinquantaine à dévisager le Docteur Grand en souriant.

— Pourtant, très peu de gens de ce village sont venus à mon hôpital, a dit Hans.

— Non, nous n'y allons que très rarement.

— Alors comment me connaissez-vous ?

— Oh, on vous respecte. On vous respecte énormément.

— On me respecte ? Mais c'est la première fois que je viens ici.

— Oui, c'est vrai. Et oui, très peu sont allés à votre hôpital, mais une femme s'y est rendue, et vous l'avez soignée. Alors nous vous respectons beaucoup.

— Ah ! Une femme de ce village ?

— Oui, l'une des nôtres.

— Pourquoi est-elle venue consulter ?

— Un problème avec l'accouchement.

— Et, donc, elle est venue pour être soignée ?

— Oui, et nous vous respectons beaucoup pour l'avoir soignée.

Hans a éprouvé une pointe de fierté, et s'est enquis :

— Puis-je la voir ?

— Non, ont-ils répondu en chœur. Vous ne pouvez pas.

— Pourquoi ? Où est-elle ?

— Elle est morte.

— Oh, je suis désolé.

— Oui, elle est morte pendant que vous la soigniez.

— Vous avez dit que cette femme avait eu un problème pendant l'accouchement ?

— Oui.

— Qui l'a emmenée à l'hôpital ?

— Ses frères.

— Et elle est arrivée à l'hôpital ?

— Oui.

— Et je l'ai soignée ?

— Oui.

— Et puis elle est morte ?

— Oui, elle est morte sur la table pendant que vous la soigniez.

Hans est devenu un peu nerveux. Pensaient-ils qu'il avait commis une tragique erreur ? Étaient-ils sur le point de déchaîner violemment leur chagrin sur lui ? Il a jeté un œil à la voiture pour vérifier que le chauffeur s'y trouvait, afin de pouvoir s'échapper. Il a vu qu'il était impossible de s'enfuir, aussi il s'est mis à parler lentement, d'une voix douce.

— Alors, quel était le problème de cette femme ? Je ne me souviens pas d'elle.

— Oh, vous devez sûrement vous souvenir d'elle, c'est certain, parce que le bras de l'enfant était sorti. La sage-femme a essayé de le tirer par le bras, mais c'était impossible.

(Hans m'expliqua que ce problème s'appelait une présentation transverse. Cette situation empêche la sortie de l'enfant du fait de la position de sa tête.)

À cet instant, l'épisode lui est entièrement revenu en mémoire. Le bébé était déjà mort quand ils étaient arrivés. Hans avait le choix entre réaliser une césarienne, qui présentait un grand risque d'infection dans ce cadre, ou bien effectuer une embryotomie (qui consiste à sortir l'enfant par morceaux), ce qui provoquerait une déchirure de l'utérus. Il a choisi la seconde option, l'utérus s'est déchiré et la mère a succombé à une hémorragie sur la table d'opération. Hans n'a rien pu faire.

— Oui, c'était très triste, a-t-il soupiré. Vraiment triste. J'ai essayé de la sauver en coupant le bras du bébé.

— Oui, vous avez coupé le bras.

— Oui, j'ai coupé le bras. J'ai essayé de sortir le corps par morceaux.

— Oui, vous avez essayé de sortir le corps par morceaux. C'est ce que vous avez expliqué aux frères.

— Je suis vraiment, vraiment désolé qu'elle soit morte.

— Oui, nous aussi. Nous avons beaucoup de peine, c'était une bonne personne.

Hans a échangé quelques politesses avec eux, et quand il n'y a plus eu grand-chose à dire, comme il était curieux et courageux, il leur a encore demandé :

— Mais pourquoi me respectez-vous alors que je n'ai pas sauvé la vie de cette femme ?

— Oh, nous savions que c'était délicat. Nous savons qu'en

général les femmes meurent quand le bras du bébé sort. Nous savions que c'était difficile.

— Mais pourquoi me respecter ?

— À cause de ce que vous avez fait après.

— C'est-à-dire ?

— Vous êtes sorti dans la cour. Vous avez empêché la voiture de vaccination de partir. Vous avez couru pour la rattraper, vous l'avez fait revenir, vous avez retiré les cartons de la voiture et vous avez fait en sorte que la femme de notre village soit enveloppée dans un drap blanc. Vous avez fourni le drap, et vous en avez même trouvé un autre plus petit pour les morceaux du bébé. Ensuite, vous avez pris les dispositions pour que le corps de cette femme soit installé dans la Jeep, et vous avez fait descendre une des personnes de votre équipe pour que ses frères aient la place d'aller avec elle. Après cette tragédie, elle est rentrée chez nous le jour même, le soleil brillait encore. Nous avons organisé les funérailles ce soir-là, et toute sa famille était là, tout le monde. Nous ne nous sommes jamais attendus à ce que quiconque nous montre autant de respect, à nous, de pauvres agriculteurs perdus dans la forêt. Vous êtes extrêmement respecté pour ce que vous faites. Merci beaucoup. Vous serez à jamais dans nos souvenirs.

Hans a fait une pause dans l'histoire et il m'a dit :

— Ce n'est pas moi qui ai fait ça. C'est Mama Rosa.

Mama Rosa était une nonne catholique qui travaillait avec Hans. Elle l'avait prévenu :

— Avant de faire une embryotomie, demandez la permission à la famille. Ne découpez pas un bébé avant d'avoir eu leur permission. Après, ils ne vous demanderont qu'une chose : ce sera de récupérer la dépouille de l'enfant. Et vous devrez répondre : « Oui, vous l'aurez, et on vous donnera un linceul pour lui. » C'est comme ça. Ils ne veulent que personne d'autre n'ait les morceaux de leur bébé. Ils veulent voir tous les morceaux.

Hans m'a donc expliqué :

– Quand cette femme est morte, je me suis mis à pleurer ; Mama Rosa a passé son bras autour de mes épaules et m'a dit : « Cette femme venait d'un village très reculé. Nous devons la ramener chez elle. Personne de ce village ne reviendra à l'hôpital avant une dizaine d'années.

» – Mais comment faire ?

» – Dépêchez-vous de sortir pour arrêter la voiture de vaccination. Courez, et arrêtez-la ! »

Et Hans s'est exécuté.

– Mama Rosa savait ce que vivaient les gens. Je n'aurais jamais pensé à faire cela. Souvent, dans la vie, ce sont les hommes plus âgés qui sont félicités pour le travail que font les jeunes et les femmes. C'est injuste, mais c'est comme ça que ça marche.

Voilà ce que Hans avait vu de plus poignant dans l'extrême pauvreté. Ce n'était pas le fait de vivre avec un dollar par jour, mais celui de mettre plusieurs jours pour se rendre à l'hôpital alors qu'on était mourant. C'était le fait d'avoir du respect pour un médecin, non parce qu'il avait sauvé une vie, mais parce qu'il avait renvoyé le corps au village.

Si cette mère avait vécu dans un quartier prospère et non à l'écart, parmi des agriculteurs isolés dans une lointaine forêt du Mozambique, elle n'aurait jamais perdu son bébé. Elle n'aurait jamais perdu la vie.

C'est à cette définition de la pauvreté que je suis arrivée dans mon travail, une définition qui fonctionne aussi dans l'histoire de Hans : la pauvreté, c'est l'incapacité à protéger sa famille. La pauvreté, c'est l'incapacité à sauver son enfant là où des mères plus aisées le pourraient. Et parce que le plus fort instinct d'une mère est de protéger ses enfants, la pauvreté est la force la plus aliénante, la plus décourageante qui soit sur Terre.

Il s'ensuit que si l'on veut attaquer la pauvreté, et que si l'on veut donner aux femmes les moyens d'agir, on peut faire d'une pierre deux coups *en aidant les mères à protéger leurs enfants*. C'est de cette manière que Bill et moi avons entrepris notre travail philanthropique. Nous ne l'avons pas exprimé en ces termes à l'époque ; il nous semblait seulement que c'était la chose la plus inique au monde pour un enfant que de mourir parce que ses parents étaient pauvres.

Fin 1999, pour notre première initiative d'envergure internationale, nous nous sommes joints à des pays et à des organisations pour sauver les vies d'enfants de moins de cinq ans. Une partie considérable de cette campagne a consisté à étendre la couverture mondiale de vaccination pour un ensemble de maladies courantes, ce qui a permis de réduire de moitié la mortalité infantile depuis 1990 en passant de douze millions à six millions de décès par an.

Malheureusement, le taux de survie des nouveau-nés (c'est-à-dire les bébés âgés de moins de vingt-huit jours) n'a pas connu la même amélioration. Parmi l'ensemble des décès ayant lieu avant l'âge de cinq ans, la moitié survient lors du premier mois de vie. Et lors de ce premier mois, la majorité des décès a lieu le premier jour. Ces bébés naissent dans le plus grand dénuement ; pour beaucoup, dans des lieux extrêmement éloignés des hôpitaux. Comment sauver des millions de bébés quand leurs familles sont dispersées dans des zones isolées et suivent des traditions séculaires en matière d'accouchement ?

Nous l'ignorions. Mais si nous voulions faire le maximum de bien, il nous fallait aller là où les dommages étaient les plus sévères. Nous avons donc exploré les possibilités de sauver la vie des mères et des nouveau-nés. Le plus grand facteur commun en matière de mortalité maternelle et infantile est le manque de soignants qualifiés. Chaque année, quarante millions de femmes accouchent sans assistance. Il nous est apparu que la meilleure réponse – du moins la meilleure réponse que nous pouvons fournir aujourd'hui – est de former et de déployer davantage de professionnels de santé pour qu'ils puissent être auprès des mères au moment de la naissance, ainsi que dans les heures et les jours qui suivent.

En 2003, nous avons financé le travail de Vishwajeet Kumar, un docteur en médecine formé à l'université Johns-Hopkins, qui a lancé un programme pour la santé à Shivgarh, un village de l'Uttar Pradesh, l'un des États les plus pauvres d'Inde.

Au beau milieu de ce projet, Vishwajeet a épousé une femme nommée Aarti Singh. Experte en bio-informatique, Aarti a entrepris de mettre ses compétences en œuvre pour concevoir et évaluer des programmes à destination des mères et des nouveau-nés. Elle est devenue un membre indispensable de l'organisation, qui a été baptisée « Saksham » (« émancipation ») par les villageois.

Vishwajeet et l'équipe de Saksham ont étudié la natalité dans les régions rurales défavorisées d'Inde, et y ont observé de nombreux usages qui présentaient un grand risque pour les bébés. Ils étaient convaincus que de nombreux décès de nouveau-nés pouvaient être évités grâce à des pratiques qui ne coûtaient rien ou pas grand-chose, et pouvaient être mises en place par la communauté : l'allaitement maternel immédiat, le fait de garder le bébé au chaud ou encore de couper le cordon avec des outils stérilisés. Il s'agissait simplement de comportements à faire évoluer. Avec des donations provenant de l'Agence des États-Unis pour le développement international, de l'organisation Save the Children et de notre fondation, et en enseignant aux agents de santé communautaires les pratiques sûres à l'égard des nouveau-nés, Saksham a réduit la mortalité néonatale de moitié en l'espace de dix-huit mois.

Au moment de ma visite à Shivgarh, en 2010, il y avait encore trois millions de décès de nouveau-nés dans le monde chaque année. Pratiquement 10 % de ces décès survenaient dans l'Uttar Pradesh, qui a été qualifié d'« épicentre de la mortalité maternelle et néonatale ». Si l'on souhaitait faire baisser ces chiffres, l'Uttar Pradesh était un lieu important où travailler.

Le premier jour de ce voyage, j'ai rencontré une centaine de personnes du village pour parler des soins du nouveau-né. Il y avait beaucoup de monde, des mères assises devant et des hommes à l'arrière. Malgré tout, l'ambiance était intimiste. Nous étions assis sur des tapis disposés sous l'ombre d'un grand arbre, bien serrés pour que personne ne reste sous le soleil de plomb. Après cette rencontre, nous avons été reçus par une famille ; leur petit garçon devait avoir six ans. Gary Darmstadt, qui était alors responsable des actions pour la santé maternelle et néonatale dans notre fondation, m'a alors chuchoté :

— C'est *lui* ! C'était lui, le bébé !

J'ai regardé le petit garçon de six ans et j'ai dit :

— Quel bébé ? Ce n'est pas un bébé.

— C'est lui que Ruchi a sauvé, a-t-il expliqué.

— Oh, là, là ! C'est de ce bébé-là que tu m'avais parlé ?!

Le petit garçon était devenu une légende. Il était né dans le mois qui avait suivi le lancement du programme Saksham, alors que les agents de santé communautaires venaient juste d'être formés, que le scepticisme des villageois était grand et que tout le monde avait le regard braqué sur ce programme qui se mettait en place. Le bébé, qui était devenu cet enfant de six ans en bonne santé, était né au milieu de la nuit. La mère, dont c'était le premier enfant, était épuisée et avait perdu connaissance pendant l'accouchement.

Dès l'aube, l'agente de santé communautaire fraîchement formée fut prévenue de la naissance et se rendit immédiatement sur place. Elle s'appelait Ruchi, avait une vingtaine d'années et venait d'une famille indienne d'une caste supérieure. Quand elle arriva, elle trouva la mère toujours inconsciente, et le bébé froid. Ruchi demanda des informations, mais aucun des membres de la famille présents dans la pièce ne lui répondit. Tous étaient terrifiés.

Ruchi attisa le feu pour chauffer la pièce, puis enveloppa le bébé dans des couvertures. Elle prit sa température – parce qu'on lui avait enseigné que l'hypothermie peut entraîner la mort chez les nouveau-nés, ou bien être le signe d'une infection. La température de l'enfant était extrêmement basse, environ 34 °C. Ruchi tenta donc les méthodes conventionnelles qu'elle avait déjà pratiquées, mais rien ne fonctionnait. Le bébé devenait bleu. Il n'avait aucun tonus, et Ruchi se rendit compte qu'il allait mourir si elle n'agissait pas très vite.

Le peau-à-peau était l'une des pratiques salvatrices que Ruchi avait apprises : quand une mère porte son enfant directement contre sa peau, elle lui transfère sa chaleur corporelle. Cette technique prévient l'hypothermie ; elle favorise l'allaitement et protège des infections. C'est l'une des méthodes les plus puissantes que l'on connaisse pour sauver les bébés.

Ruchi demanda à la tante du bébé de le prendre en peau-à-peau, mais la tante refusa. Elle croyait qu'un esprit malin s'était emparé du bébé, et craignait qu'il ne prenne également son contrôle.

Ruchi était confrontée à un dilemme : prendrait-elle elle-même le bébé en peau-à-peau ? La décision n'était pas évidente à prendre ; faire quelque chose d'aussi intime avec un enfant d'une caste inférieure risquait de la ridiculiser auprès de sa propre famille. En outre, cette pratique était étrangère aux habitudes de la communauté. Si les choses se passaient mal, la famille pourrait la tenir pour responsable de la mort du bébé.

Mais lorsqu'elle vit que le bébé se refroidissait encore, elle ouvrit son sari et plaça l'enfant contre sa peau nue, la tête nichée entre ses seins. Elle couvrit leurs deux têtes d'un drap, faisant en sorte de conserver autant la chaleur que sa pudeur. Ruchi garda l'enfant contre elle pendant quelques minutes, au bout desquelles la peau du bébé sembla redevenir rose. Elle lui reprit la température, qui était un peu remontée. Toujours en peau à peau, elle attendit encore quelques minutes, contrôla de nouveau sa température. Elle avait encore augmenté. Toutes les femmes qui se trouvaient là se rapprochèrent pour voir la température du bébé remonter. Au bout de quelques minutes, celui-ci se mit à bouger ; puis il s'anima et commença à pleurer. Il allait bien. Il ne souffrait pas d'infection. Ce n'était qu'un bébé en bonne santé qui avait eu besoin d'être réchauffé dans les bras de quelqu'un.

Lorsque la mère reprit connaissance, Ruchi lui raconta ce qui s'était passé et lui indiqua comment pratiquer le peau-à-peau, avant de l'aider à donner le sein au bébé. Elle resta environ une heure encore, observant la mère et son enfant lovés l'un contre l'autre, puis elle quitta les lieux.

L'histoire se répandit comme une traînée de poudre dans les villages alentour. En l'espace d'une nuit, les femmes passèrent de : « Nous ne sommes pas convaincues par cette pratique » à : « Je veux faire ça pour mon bébé. » Ce fut un tournant décisif dans le projet. On ne fait pas évoluer des comportements à moins que les nouvelles pratiques proposées ne soient transparentes, efficaces et incitent les gens à en parler ; et la façon dont Ruchi avait ramené à la vie ce bébé qui venait de naître a fait parler tout le monde. C'était une pratique que toutes les femmes pouvaient adopter. On se mit à considérer les mères comme des sauveuses. Ce fut immensément édifiant et transformateur pour elles.

Leur tasse n'est pas vide

J'ai beaucoup appris de ce voyage à Shivgarh, et la leçon la plus frappante pour moi (celle qui nous a conduits à nous écarter à beaucoup d'égards de notre façon de travailler précédente) fut que les avancées technologiques n'étaient pas le sujet. À la fondation, nous avons toujours mis l'accent sur la recherche scientifique qui permet des avancées capitales salutaires, comme les vaccins. C'est ce que nous appelons « développement de produits », et cette branche de notre activité demeure encore notre contribution principale à ce jour. Mais le programme de Vishwajeet et d'Aarti pour les mères et leurs nouveau-nés m'a montré tout ce qui peut être accompli en partageant des pratiques simples qui sont largement connues dans le monde entier. J'ai appris plus efficacement à cette occasion qu'il faut comprendre les besoins humains afin de pouvoir fournir vraiment des services et des solutions aux gens. Et les systèmes de diffusion de ces solutions sont importants.

Ce que j'entends par « système de diffusion » ? Il s'agit de fournir des outils aux gens qui en ont besoin, par des moyens qui les encouragent à les utiliser ; voilà ce qu'est un système de diffusion. Ces systèmes sont cruciaux, et souvent complexes. Ils peuvent nécessiter de contourner des obstacles de tous ordres : la pauvreté, la distance, l'ignorance, le doute, la stigmatisation, ou encore les discriminations fondées sur le sexe ou sur la religion. Ils impliquent d'écouter les gens, de comprendre ce qu'ils souhaitent, ce qu'ils font, ce qu'ils croient, et à quels obstacles ils sont confrontés. Cela signifie qu'il faut être attentif à la façon dont les gens vivent leur vie. Cela est nécessaire si l'on dispose d'un outil ou d'un procédé qui peut sauver des vies et que l'on désire le diffuser auprès d'une population.

Avant de lancer ce programme, Saksham a engagé une équipe locale de bons étudiants qui a passé six mois à travailler avec la communauté pour appréhender les pratiques existantes et les croyances liées à la naissance. Comme me l'a dit Vishwajeet :

– Leur tasse n'est pas vide ; on ne peut pas simplement y verser nos idées. Leur tasse est pleine, il faut donc comprendre de quoi elle est remplie.

Si vous ne comprenez pas le sens et les croyances qui se trouvent derrière les pratiques d'une communauté, vous ne pourrez pas présenter votre idée dans le contexte de leurs valeurs et de leurs inquiétudes, et ils ne vous entendront pas.

Historiquement, les mères de cette communauté allaient consulter le brahmane, un membre de la caste des prêtres, pour lui demander quand elles devaient commencer à allaiter, et la réponse était :

— Il n'y a pas de montée de lait avant trois jours, donc commencez trois jours après la naissance.

Les informations erronées désarment et aliènent les gens. Les mères suivaient le conseil du brahmane et, les trois premiers jours, elles donnaient de l'eau au bébé — une eau souvent polluée. L'équipe de Vishwajeet et d'Aarti s'était préparée à cette difficulté. Avec tact, ils ont remis en question la pratique traditionnelle en établissant des parallèles avec des exemples de la nature que les villageois connaissaient bien. Ils ont cité l'exemple d'un veau et de sa mère.

— Quand on essaie de traire une vache qui ne donne rien, on fait téter le veau pour tirer le lait ; pourquoi ne pas essayer de faire la même chose, et garder le bébé contre vos seins pour faire venir le lait ?

Les villageois n'en démordaient pas :

— Non, ça ne marchera pas.

Alors, l'équipe locale est allée voir quelques personnes courageuses et influentes de la communauté, et a tâché de les convaincre. Les membres de l'équipe savaient que s'ils parvenaient à créer une atmosphère de soutien autour d'une jeune mère, celle-ci serait bien plus encline à tester une nouvelle pratique. Et quand une poignée de mères s'y est essayée, et a été capable d'allaiter immédiatement, les autres se sont exclamées :

— Attendez un peu ! On ne s'était pas rendu compte que c'était possible !

Puis les choses ont décollé, et la communauté a commencé à tester d'autres pratiques en matière de santé.

C'est un exercice délicat que d'amorcer un changement dans une culture traditionnelle. Il faut le faire très précautionneusement et avec le plus grand respect. La transparence est cruciale. Les doléances doivent être entendues et les échecs admis. Il faut laisser la population locale diriger, et insister sur les objectifs communs. Les messages doivent faire appel à l'expérience des personnes. La pratique doit fonctionner clairement et rapidement, et il est important de mettre l'accent sur la science. Si l'amour suffisait à sauver des vies, aucune mère ne se retrouverait jamais à enterrer son bébé ; nous avons aussi besoin de la science. Mais la façon dont on diffuse un fait scientifique est tout aussi importante que le fait lui-même.

Une sage-femme dans chaque village

Quand je suis retournée à la fondation après mon voyage à Shivgarh, j'ai parlé avec nos employés de ces questions de diffusion, de connaissance des cultures, et de leur importance capitale pour sauver des vies. J'ai dit que nous devions continuer à travailler pour innover scientifiquement et technologiquement, mais qu'il fallait mettre la même passion au service des systèmes de diffusion. Les deux sont indispensables.

Permettez-moi de l'illustrer à l'aide d'un exemple qui m'est personnel, et que je n'ai jamais raconté auparavant. Il s'agit de la sœur aînée de ma mère, Myra.

Ma tante Myra m'est très chère. Je l'appelais « mon autre mère » quand j'étais petite. Lorsqu'elle nous rendait visite, elle faisait des coloriages et des jeux de société avec ma sœur Susan et moi. Nous allions aussi beaucoup faire les magasins. Elle était si énergique et enjouée que, dans l'image que j'avais d'elle, jamais n'a figuré le fait qu'elle n'avait pas l'usage de ses jambes.

Dans les années 1940, alors que ma mère et Myra étaient fillettes, un jour où elles avaient joué chez leur grand-oncle, celui-ci a raconté à ma grand-mère :

— Myra était sacrément paresseuse aujourd'hui ! Elle a voulu que je la porte pour la ramener chez elle.

Cette nuit-là, Myra s'est réveillée en hurlant de douleur. Mes grands-parents l'ont emmenée à l'hôpital, et les médecins ont compris qu'elle avait la polio. Ils ont enveloppé ses jambes dans de la gaze, ont fait bouillir de l'eau et placé des bouillottes sur elle. Ils pensaient que la chaleur aiderait, mais cela n'a fait aucune différence. Trois ou quatre jours plus tard, les jambes de Myra étaient paralysées. Elle est restée à l'hôpital pendant seize mois ; mes grands-parents n'avaient le droit de lui rendre visite que le dimanche. Et en attendant, plus aucun des gamins du voisinage ne voulait jouer avec ma mère. Tout le monde était terrifié par le virus de la polio.

Dans les années 1940, le grand défi pour lutter contre la polio concernait le développement de produit, à savoir l'élaboration d'un vaccin. Sans rien à diffuser, peu importe la diffusion. Il ne s'agissait pas d'une question de privilège ni de pauvreté. La science n'avait tout simplement pas encore assez progressé. Contre la polio, il n'existait aucune protection, pour personne.

Dès lors que Jonas Salk a mis au point son vaccin en 1953, l'effort éperdu pour protéger les populations de cette maladie a été transféré du développement de produit à sa diffusion et, pour ce cas, oui, la pauvreté a compté. Les gens des pays riches ont été rapidement vaccinés. À la fin des années 1970, la polio avait été éradiquée aux États-Unis, mais elle a continué à faire des ravages dans une grande partie du monde, et notamment en Inde, qui, du fait de son vaste territoire et de sa forte population, était particulièrement désavantagée dans ce combat. En 2011, défiant la plupart des prédictions des experts, l'Inde a été certifiée comme étant débarrassée de la polio. Ce fut l'une des plus grandes réussites en matière de santé mondiale, et l'Inde y est parvenue grâce à une armée de plus de deux millions de vaccinateurs et vaccinatrices, qui a écumé le pays entier afin de rencontrer chaque enfant pour le vacciner.

En mars 2011, Bill et moi avons rencontré une jeune mère et sa famille dans un petit village du Bihar, l'un des États les plus ruraux d'Inde. C'étaient des travailleurs immigrés, désespérément pauvres, qui travaillaient dans une briqueterie. Nous avons demandé à cette mère si ses enfants avaient été vaccinés contre la polio, et elle a disparu dans sa hutte avant de revenir avec une carte d'immunisation indiquant le nom de ses enfants et la date à laquelle ils avaient reçu le vaccin. Les vaccinateurs n'étaient pas venus les voir simplement une fois ; ils étaient venus à leur rencontre à de nombreuses reprises. Nous étions très impressionnés. C'est de cette manière que l'Inde a éradiqué la polio : par une diffusion massive, héroïque, originale et ingénieuse.

Rencontrer les personnes qui apportent un soutien vital aux autres fait partie des moments forts de mon travail. Il y a quelques années, lors d'un voyage en Indonésie, j'ai fait la connaissance d'une femme qui s'appelait Ati Pujiastuti. Toute jeune, Ati s'était engagée dans un programme gouvernemental baptisé « Une sage-femme dans chaque village », et qui avait formé soixante mille sages-femmes. Ati avait terminé sa formation à tout juste dix-neuf ans, et on l'avait envoyée travailler dans un village de montagne.

Quand elle est arrivée là-bas, elle n'a pas été très bien accueillie. Les gens étaient hostiles et méfiants vis-à-vis des étrangers, et particulièrement des jeunes femmes désireuses d'améliorer les choses. J'ignore comment ou pourquoi, mais elle avait la sagesse d'une ancienne du village. Elle est allée frapper à chaque porte afin de se présenter à tout le monde. Elle était présente à tous les événements alentour. Elle achetait le journal local et le lisait à quiconque ne savait ou ne pouvait pas lire. Et quand le village a été raccordé à l'électricité, elle a raclé les fonds de tiroir pour acheter une toute petite télévision, et elle a invité tout le monde à venir la regarder avec elle.

Malgré tout, personne ne voulait de ses services, jusqu'à ce que, par le plus grand des hasards, une femme enceinte de Jakarta venue visiter le village commence à avoir des contractions sur place et demande à Ati de l'aider à accoucher. La naissance s'est bien passée, les villageois ont commencé à faire confiance à Ati et, bientôt, chaque famille a réclamé sa présence lors des accouchements. Et elle a toujours fait en sorte de venir, même au péril de sa propre vie. Un jour, elle a perdu pied en traversant une rivière, et elle a dû s'accrocher à un rocher jusqu'à ce qu'on lui vienne en aide. Une autre fois, elle a dérapé sur un sentier boueux à flanc de montagne, juste au bord d'une falaise. À plusieurs reprises, elle est tombée de son vélomoteur en roulant sur des chemins de terre. Néanmoins, elle est restée et elle a continué à accoucher les femmes. Elle savait qu'elle sauvait des vies.

Tout comme nous avons besoin de femmes sur le terrain pour apporter ces services, nous avons besoin de femmes haut placées, avec une vision et du pouvoir. Le Dr Agnes Binagwaho, ancienne ministre de la Santé au Rwanda, est l'une de ces femmes.

En 2014, Agnes et moi avons coécrit un article dans la revue scientifique médicale *The Lancet*. Nous y attirions l'attention sur les vies des nouveau-nés qui pouvaient être sauvées si le monde remédiait à une dure réalité : la plupart des femmes des pays à faible revenu accouchent à domicile, sans l'aide d'une personne qualifiée.

L'un des grands combats dans la vie d'Agnes a été de mettre un accoucheur ou une accoucheuse qualifiée aux côtés de chaque mère en plein travail.

Il y a vingt-cinq ans, personne n'aurait pu lui prédire qu'elle allait s'investir dans ce combat. En 1994, Agnes exerçait en tant que pédiatre en France quand elle a commencé à entendre des nouvelles effrayantes de son pays : les membres du groupe ethnique majoritaire, les Hutus, s'étaient mis à massacrer la minorité tutsi. Elle a suivi l'horreur de loin, tandis qu'en une centaine de jours, près d'un million de personnes étaient assassinées. La moitié de la famille de son mari a été tuée.

Agnes avait quitté le Rwanda à l'âge de trois ans, quand

son père avait emmené sa famille en France afin de suivre des études de médecine. Mais, après le génocide, elle et son mari ont décidé de retourner dans leur pays pour aider à sa reconstruction.

Ce retour fut un choc ; surtout pour un médecin qui avait exercé en Europe. Même avant le génocide, le Rwanda était l'un des pires endroits au monde où accoucher, et le conflit avait fait largement empirer la situation. Pratiquement tout le personnel soignant du pays avait soit pris la fuite, soit été assassiné, et les pays riches n'apportaient pas d'aide sanitaire. Une semaine après son arrivée, Agnes faillit refaire ses bagages. Mais elle avait le cœur brisé pour ceux qui ne pouvaient pas partir ; aussi elle resta, devint la ministre de la Santé au plus long mandat de l'histoire de son pays, et passa les deux décennies suivantes à participer à la construction d'un nouveau système de santé pour le Rwanda.

Durant son mandat, le ministère de la Santé a débuté un programme où chaque village rwandais – de trois cents à quatre cent cinquante habitants à peu près – désignait trois agents de santé communautaires, dont un exclusivement dédié à la santé maternelle.

Ce programme, avec d'autres changements, a connu un succès foudroyant. Depuis le génocide, le Rwanda a réalisé plus de progrès que presque tous les autres pays du monde en matière de sûreté des accouchements. La mortalité néonatale a baissé de 64 %, et la mortalité maternelle de 77 %. Alors que le Rwanda était considéré comme une cause perdue, une génération plus tard, son système de santé est étudié comme un modèle du genre. Agnes travaille désormais avec le Dr Paul Farmer, qui est l'un de mes héros pour avoir apporté des soins médicaux à des populations défavorisées, à Haïti d'abord, puis un peu partout dans le monde. L'ONG Partners in Health, que Paul a cofondée, a ouvert une nouvelle université des sciences de la santé au Rwanda, l'University of Global Health Equity. Agnes en est la vice-présidente et encourage les recherches sur l'efficacité des systèmes de diffusion.

Ce qui m'inspire le plus dans le travail d'Agnes au Rwanda, dans celui d'Ati en Indonésie ou dans celui de Vishwajeet et d'Aarti en Inde, c'est que tous montrent combien le fait de mettre l'accent sur la diffusion des services peut atténuer les effets de la pauvreté. Cela souligne la valeur des récits de Hans Rosling à propos de l'extrême pauvreté : lorsque l'on commence à comprendre le quotidien des plus démunis, on en retire plus que par le désir d'aider ; souvent, cette compréhension nous indique comment nous y prendre pour aider.

Lorsque des populations ne reçoivent pas les soins médicaux auxquels la plupart des gens ont accès, le problème est par définition la diffusion. La médecine, les services et l'assistance qualifiée ne les atteignent pas. C'est ça, être pauvre : vivre en marge de la société, et ne pas profiter de ce que les êtres humains savent faire les uns pour les autres. Nous devons donc imaginer une manière de leur apporter tout cela. Voilà en quoi combattre les effets de la pauvreté consiste. Ce n'est pas très glamour d'un point de vue technologique, mais c'est profondément satisfaisant sur le plan humain ; l'innovation est motivée par le sentiment que la science devrait être au service de tous, et que personne ne devrait être laissé de côté.

C'est une leçon que j'ai retenue et qui depuis m'est précieuse : la pauvreté est créée par des obstacles, que nous devons contourner ou renverser pour apporter des solutions. Mais ce n'est pas tout. À force de regarder notre travail sur le terrain, j'ai pris conscience du fait que la diffusion doit déterminer la stratégie. Les difficultés de la diffusion révèlent les causes de la pauvreté. On doit apprendre *pourquoi* les gens sont pauvres. On n'a pas à *deviner* quels sont les obstacles : on s'y heurte dès que l'on essaie d'apporter de l'aide.

Lorsqu'une mère ne peut obtenir ce dont elle a besoin pour protéger ses enfants, ce n'est pas seulement qu'elle est pauvre. C'est plus précis que cela ; elle n'a pas accès à une personne dûment formée pour l'aider à accoucher, avec des connaissances à jour et des outils de santé essentiels. Pourquoi ? Ce peut être pour toutes sortes de raisons. Cette mère n'a pas les informations. Pas l'argent. Elle vit loin de la ville. Son mari s'y oppose. Sa belle-mère est dubitative. Elle ne se croit pas autorisée à demander une telle assistance. C'est vu d'un mauvais œil dans sa culture. Quand on sait pourquoi une mère ne peut obtenir ce dont elle a besoin, on peut trouver quoi faire.

Si l'obstacle est une question de distance, d'argent, de connaissance ou de stigmatisation, nous devons proposer des outils et des informations plus proches, meilleur marché et moins stigmatisés. Pour lutter contre la pauvreté, il nous faut étudier les obstacles afin de déterminer s'ils sont culturels, sociaux, économiques, géographiques ou politiques, puis les franchir ou les contourner afin que les pauvres ne soient plus privés des avantages dont profitent les autres.

Dès lors que nous avons consacré davantage de temps à comprendre comment les gens vivaient, nous avons observé que la majorité des obstacles au progrès – et des causes de l'isolement – suivait les limites imposées aux femmes.

Dans les sociétés marquées par une grande pauvreté, les femmes sont repoussées aux marges. Elles sont laissées-pour-compte. Ce n'est pas une coïncidence. Quand une quelconque communauté exclut un groupe, et particulièrement ses femmes, elle occasionne une crise dont elle ne peut sortir qu'en réintégrant les laissés-pour-compte. Il s'agit du remède fondamental contre la pauvreté, et contre pratiquement tout fléau social : inclure les exclus, aller aux marges de la société et ramener tout le monde en son sein.

À l'époque où j'étais écolière, il y avait deux filles qui s'asseyaient au fond de la classe – des filles intelligentes, mais silencieuses et plutôt réservées. Et puis il y avait deux autres filles, très à l'aise et appréciées, qui s'asseyaient au premier rang. Ces deux-là persécutaient les deux timides du fond ; et je ne parle pas d'une pique une fois par semaine, non. C'était permanent.

Elles s'arrangeaient pour que l'instituteur ne les voie pas faire, ni ne les entende, si bien que personne n'est intervenu pour les arrêter. Et les deux fillettes effacées le sont devenues encore plus. Elles craignaient de lever les yeux et de croiser le regard de quiconque, parce qu'elles se seraient fait tyranniser de plus belle. Elles ont terriblement souffert, et la fin de la torture n'a pas arrêté la douleur. Des décennies plus tard, lors d'une réunion d'anciens de l'école, l'une des tortionnaires s'est excusée, et l'une de ses victimes a répondu :

— Il était temps que tu dises quelque chose !

Nous avons tous connu ce genre de situation. Et nous avons tous joué un rôle dans ces histoires. Ou bien nous étions les bourreaux, ou bien nous étions les victimes, ou bien nous avons été témoins et nous n'avons rien fait. Je faisais partie de ce dernier groupe. Tout ce que je viens de décrire, je l'ai vu. Et je n'ai rien fait, parce que je craignais, en brisant le silence, que les deux tortionnaires ne se retournent contre moi. Je regrette de ne pas avoir su comment prendre la parole, ni comment inciter les autres filles à parler aussi.

Quand j'étais enfant, je croyais que des cas de persécution comme celui-ci arriveraient de moins en moins souvent avec l'âge. Mais je me trompais. Les adultes aussi essaient de rejeter certaines personnes. D'ailleurs, nous devenons plus efficaces à ce petit jeu. Et la plupart d'entre nous se retrouvent dans l'un des trois mêmes groupes : ceux qui essaient d'en rejeter d'autres, ceux que l'on pousse à se sentir rejetés, et ceux qui restent sans rien faire.

N'importe qui peut être pris pour cible. Cela variera selon les gens qui ont le pouvoir d'exclure. En fonction des craintes et des préjugés d'une culture, les Juifs peuvent être traités comme des parias. Les musulmans peuvent être traités comme des parias. Les chrétiens peuvent être traités comme des parias. Les pauvres le sont systématiquement. Les malades le sont souvent. Les personnes handicapées peuvent l'être également, tout comme les membres de la communauté LGBTQ. Les immigrés le sont pratiquement toujours. Et au sein de presque toutes les sociétés, les femmes peuvent l'être – même dans leur propre foyer.

Notre plus grand défi en tant qu'êtres humains consiste à surmonter ce besoin de fabriquer des exclus. C'est la clé pour mettre fin aux plus profondes inégalités. Les gens que nous stigmatisons et rejetons sont ceux qui déclenchent en nous des sentiments que nous voulons éviter. C'est pour cette raison qu'il y a tant de personnes âgées, faibles, malades ou défavorisées aux confins de la société. Nous avons tendance à exclure ceux qui possèdent ce que nous craignons le plus de retrouver en nous ; parfois même, nous imputons fallacieusement des caractéristiques à certains groupes avant de les exclure, et ce de façon à nier l'existence de ces traits en nous-mêmes. C'est ce qui pousse les groupes dominants à rejeter les groupes d'origine ou de religion différentes.

Et, souvent, nous manquons d'honnêteté face à la situation. Si nous ne nous sentons pas exclus et que nous voyons quelqu'un dehors, nous pensons souvent : « Je ne suis pas dans son cas parce que je suis différent. » Mais ce n'est que l'orgueil qui s'exprime ici. Nous pourrions aisément être cette personne. Nous pourrions être n'importe quoi. Nous n'aimons simplement pas admettre ce que nous avons en commun avec les exclus, parce que c'est une trop grande leçon d'humilité. Cela suggère que le succès comme l'échec ne sont peut-être pas complètement mérités. Si vous savez que vous avez été avantagé, alors il vous faut faire preuve de modestie, et c'est douloureux d'abandonner un sentiment de supériorité en admettant : « Je ne vaux pas mieux que les autres. » C'est ainsi que nous préférons inventer des excuses pour justifier notre besoin d'exclure. Nous invoquons le mérite, ou la tradition, là où en réalité il ne s'agit que de protéger nos privilèges et notre orgueil.

Dans le récit de Hans, la mère qui vivait en lisière de la forêt a perdu la vie parce qu'elle était laissée-pour-compte. Elle a perdu son bébé parce qu'elle était laissée-pour-compte. Et les membres de sa famille ont gardé un souvenir ému du médecin qui a renvoyé leurs corps au village, parce qu'ils étaient des laissés-pour-compte. Ils n'avaient pas l'habitude d'être traités avec respect. C'est pour cette raison qu'ils sont à ce point cernés par la mort.

Sauver des vies commence par ramener tout le monde au sein de la société. Nos sociétés seront éclatantes de santé quand plus personne n'y sera marginalisé. Nous devons lutter énergiquement à cette fin. Nous devons continuer à travailler pour réduire la pauvreté et la maladie. Nous devons aider les exclus à résister face au pouvoir des gens qui voudraient les laisser dehors. Mais c'est aussi un travail intérieur qui nous attend ; nous devons prendre conscience de nos comportements de rejet. Nous devons ouvrir nos bras et nos cœurs aux personnes que nous avons rejetées. Cela ne suffit pas de les aider à lutter pour revenir à l'intérieur. La vraie victoire adviendra lorsque nous ne pousserons plus personne dehors.

− 3 −

Ce qu'il y a de meilleur

La planification familiale

Quelques jours après avoir rencontré Vishwajeet et Aarti et découvert leur programme de formation pour les agents de santé communautaires qui accompagnaient les accouchements à domicile, je suis allée prendre connaissance d'un programme de santé maternelle et néonatale baptisé « Sure Start », qui encourage les mères à accoucher dans des cliniques pourvues d'équipements médicaux et de personnel qualifié.

Lorsque je suis arrivée sur le site, j'ai été conviée à observer un groupe de vingt-cinq femmes enceintes qui participaient à un quiz sur les règles de base pour être en bonne santé, répondant à des questions sur la mise au sein précoce et sur les soins du nouveau-né dans sa première heure de vie. Puis j'ai rencontré un autre groupe de femmes enceintes accompagnées par les membres de leur famille, principalement des belles-mères et des belles-sœurs. Je leur ai demandé si elles avaient rencontré une quelconque résistance familiale par rapport à leur participation à ce programme. Puis j'ai interrogé les belles-mères sur les changements qu'elles avaient observés par rapport à leurs propres grossesses. Une femme d'un certain âge m'a raconté qu'elle avait donné naissance à huit enfants chez elle, mais que six étaient morts moins d'une semaine après l'accouchement. Sa belle-fille était quant à elle enceinte pour la première fois, et la vieille femme voulait qu'elle reçoive les meilleurs soins possibles.

Dans l'après-midi, j'ai pu me rendre au domicile d'une mère du nom de Meena, qui avait accouché d'un petit garçon tout juste deux semaines plus tôt. Le mari de Meena était un travailleur journalier, employé non loin de chez eux. Leurs enfants étaient tous nés à la maison à l'exception du petit dernier, qui avait poussé son premier cri dans une clinique soutenue par le programme Sure Start. Meena tenait son enfant dans ses bras tandis que nous discutions.

Je lui ai demandé si le programme l'avait aidée, et elle m'a gratifiée d'un « oui » enthousiaste. Elle estimait qu'il était plus sûr pour elle et pour le bébé d'accoucher dans une clinique, et elle avait commencé l'allaitement le jour même, ce qui l'avait encouragée à s'attacher immédiatement à son bébé. Elle avait adoré ça. Elle était très animée, très optimiste. Clairement, elle était contente du programme, ce qui m'a ravie à mon tour.

Puis je lui ai demandé :

— Souhaitez-vous avoir d'autres enfants ?

Elle m'a regardée comme si j'avais crié contre elle, puis elle a baissé les yeux et est demeurée sans rien dire pendant un moment affreusement long. J'étais inquiète d'avoir dit quelque chose de malpoli, et je me disais que l'interprète avait peut-être mal traduit quelque chose, car Meena gardait les yeux rivés au sol. Finalement, elle a relevé la tête, a planté son regard dans le mien et m'a dit :

— En vérité, non, je ne veux pas d'autres enfants. Nous sommes très pauvres. Mon mari travaille dur, mais, malgré tout, nous sommes extrêmement pauvres. Je ne sais pas comment je vais réussir à nourrir ce petit. Je n'ai pas d'espoir de l'envoyer à l'école. En fait, je n'ai absolument aucun espoir concernant son avenir.

J'étais stupéfaite. Les gens ont tendance à me donner de bonnes nouvelles, et je dois souvent poser des questions indiscrètes pour découvrir le reste. Cette femme avait le courage de me raconter toute la cruelle vérité, sans que j'aie eu à demander. Et elle n'avait pas fini :

— Le seul espoir que j'ai pour l'avenir de cet enfant, a-t-elle continué, c'est que vous le rameniez chez vous.

Puis elle a posé la main sur la tête du garçon de deux ans, appuyé contre sa jambe, et elle a ajouté :

— Lui aussi, prenez-le, s'il vous plaît.

J'étais sous le choc. En l'espace d'un instant, nous étions passées d'une joyeuse conversation au sujet d'une naissance qui s'était bien déroulée à la sombre confession d'une mère en grande souffrance ; une souffrance si terrible que la douleur d'abandonner ses enfants était moins forte que celle de les garder.

Quand une femme partage sa peine avec moi, je me sens très honorée. J'écoute attentivement, j'offre ma sympathie, puis j'essaie de pointer un aspect positif de la situation. Mais à cet instant, si j'avais tenté de dire quelque chose de joyeux à Meena, cela aurait été faux et insultant. Je lui avais posé une question et elle m'avait répondu avec sincérité ; feindre l'optimisme serait revenu à nier sa douleur. Et la douleur qu'elle décrivait était au-delà de tout ce que je pouvais imaginer ; elle avait le sentiment que le seul moyen d'aider ses enfants dans la vie était de leur trouver une autre mère.

Aussi délicatement que possible, je lui ai dit que j'avais déjà trois enfants à moi, et que les siens l'aimaient et avaient besoin d'elle. Puis je lui ai demandé :

— Connaissez-vous la planification familiale ?

— Maintenant oui, mais personne ne m'en a parlé avant, alors pour moi c'est trop tard.

Cette jeune mère avait le sentiment d'avoir tout raté, et j'étais à peu près dans le même état qu'elle. Nous l'avions amèrement déçue. J'étais si bouleversée que je ne me rappelle même pas la fin de notre entrevue.

Meena m'a hantée pendant tout le reste du voyage. Il m'a fallu un long moment pour analyser la situation dans sa globalité. Manifestement, cela avait été une bonne chose qu'elle puisse accoucher dans un établissement de santé, mais ce n'était pas suffisant. Il nous manquait une vision d'ensemble. Nous avions un programme de santé maternelle et néonatale, et nous parlions avec les futures mères de leurs besoins en matière de santé, la leur et celle de leur bébé. C'est à travers ce prisme que l'on évaluait le travail, mais celui que nous aurions dû utiliser, c'était le point de vue de Meena.

Quand je parle avec des femmes vivant dans des pays à faible revenu, je vois très peu de différences par rapport à ce que nous voulons toutes pour nous-mêmes et nos enfants. Nous souhaitons que nos enfants soient en sécurité, en bonne santé, heureux ; qu'ils se débrouillent bien à l'école, qu'ils réalisent leur potentiel, qu'ils grandissent et aient à leur tour une famille et un gagne-pain. Nous souhaitons qu'ils aiment et soient aimés en retour. Et nous désirons être nous-mêmes en bonne santé, exploiter nos propres dons et les partager avec la communauté.

La planification familiale est importante pour satisfaire tous ces besoins, quel que soit l'endroit où vit une femme. Il a fallu une femme d'un grand courage pour inscrire ce message au fer rouge dans mon esprit, et sa souffrance a marqué un tournant dans mon travail. Lorsqu'une personne isolée m'assène une vérité aussi âpre que celle-ci, je peux être certaine qu'elle parle également pour d'autres qui ne sont pas aussi frontaux. Cela me pousse à être plus attentive, et je m'aperçois alors que l'on me répétait la même chose depuis longtemps, mais pas aussi crûment. Et que, si je ne l'ai pas entendu, c'est parce que je n'écoutais pas vraiment.

Peu de temps après cette conversation avec Meena, je me suis rendue au Malawi et j'ai visité un centre de santé. Le centre disposait d'une salle de vaccination, d'une salle pour les enfants malades, d'une autre pour les patients séropositifs, et enfin d'une dernière dédiée à la planification familiale. Il y avait là une longue file d'attente de femmes qui patientaient pour une consultation, et j'ai discuté avec quelques-unes d'entre elles, pour leur demander d'où elles venaient, combien d'enfants elles avaient, à quels moyens de contraception elles avaient recours et depuis combien de temps. Ma curiosité n'avait d'égale que leur empressement à me raconter leur vie. Une femme m'a expliqué qu'elle était venue pour recevoir son injection, mais qu'elle ignorait s'il y en aurait encore en stock, et toutes les autres ont opiné. Elles m'ont raconté qu'elles parcouraient plus de quinze kilomètres à pied pour venir à la clinique sans savoir si le contraceptif injectable serait disponible à leur arrivée et que, bien souvent, il ne l'était pas. On leur proposait alors d'autres moyens de contraception. Parfois, par exemple, c'étaient des préservatifs, dont les cliniques ont tendance à être bien pourvues en raison de l'épidémie de sida. Mais les préservatifs ne sont souvent d'aucun secours pour les femmes qui s'efforcent d'éviter de tomber enceintes. Les femmes me l'ont dit et répété bien des fois :

– Si je demande à mon mari de mettre un préservatif, il me frappera. C'est comme si je l'accusais d'être infidèle et d'avoir attrapé le sida, ou que j'avouais que j'étais infidèle et que j'avais attrapé le sida.

Pour de nombreuses femmes, ils n'étaient donc d'aucune utilité, et pourtant les cliniques déclaraient être approvisionnées en contraceptifs là où elles n'avaient que des préservatifs à proposer.

Après avoir entendu la plupart des femmes me raconter la même histoire de trajet effectué pour rien, je suis entrée dans la salle de consultation et j'ai appris que, de fait, la clinique n'avait pas l'injection pour laquelle toutes étaient venues. Il ne s'agissait pas d'un désagrément mineur pour ces femmes, qu'on aurait résolu en prenant la voiture pour aller à la pharmacie d'à côté. Il n'y avait pas de pharmacie. Elles avaient marché des kilomètres, et il n'y avait aucun autre moyen de contraception qu'elles pouvaient utiliser. Parmi toutes les femmes que j'ai rencontrées ce jour-là, j'ignore combien sont tombées enceintes parce que le centre de santé était en rupture de stock.

Une grossesse non désirée peut être dévastatrice pour des femmes qui n'ont pas les moyens de nourrir les enfants qu'elles ont déjà, ou bien qui sont trop âgées, trop jeunes ou trop malades pour porter un enfant. Ma rencontre avec Meena m'a ouvert les yeux sur les femmes qui n'étaient pas informées sur les moyens de contraception. Et cette visite au Malawi m'a fait prendre conscience de ces femmes qui étaient informées et désireuses d'utiliser une contraception, mais n'y avaient pas accès.

Que les femmes désirent une contraception n'était pas une révélation pour moi. Je le savais d'expérience, et c'était l'une des choses que nous financions avec la fondation. Mais, après ces voyages, j'ai commencé à considérer la contraception comme une question centrale, comme la plus haute priorité pour les femmes.

Lorsque les femmes peuvent planifier et espacer leurs grossesses, la mortalité maternelle chute, de même que la mortalité infantile et néonatale ; les mères et leurs bébés sont en meilleure santé, les parents ont davantage de temps et d'énergie pour s'occuper de chaque enfant, et les familles sont en mesure de consacrer davantage de ressources pour l'alimentation et l'éducation de chacun. Il n'y avait pas d'intervention plus importante ; et pourtant, elle avait été plus négligée qu'aucune autre.

En 1994, la Conférence internationale sur la population et le développement qui s'est tenue au Caire a rassemblé plus de dix mille participants du monde entier. Ce fut la plus grande conférence de ce type jamais organisée, et l'occasion de l'une des premières déclarations historiques des droits des femmes et des filles. On y a vivement recommandé l'autonomisation des femmes, la définition d'objectifs pour leur santé et leur éducation, et l'on a déclaré que l'accès à des services de santé sexuelle et reproductive − planification familiale incluse – était un droit humain fondamental. Pourtant, les fonds à destination de la planification familiale ont été significativement réduits depuis cette conférence.

C'est une des raisons majeures pour lesquelles les contraceptifs étaient le problème prioritaire à mes yeux en 2010 et 2011. Et ce sujet n'avait de cesse de revenir au premier plan, où que j'aille. À Seattle en octobre 2011, Andrew Mitchell, le secrétaire d'État britannique au Développement international, assistait à un sommet sur la malaria organisé par notre fondation. Il est ensuite venu me voir avec une proposition : serions-nous intéressés pour accueillir un autre sommet l'année suivante, sur la planification familiale cette fois ? (Cette proposition, bien évidemment, est devenue le sommet de Londres que j'ai décrit dans le premier chapitre de ce livre.)

L'idée d'un sommet international sur la planification familiale m'a paru aussi effrayante qu'enthousiasmante ; c'était un projet gigantesque. Je savais que nous aurions à insister sur la définition d'objectifs, l'amélioration des données et le peaufinage de nos stratégies. Mais je savais aussi que, si nous décidions de fixer des objectifs ambitieux et de les atteindre, nous serions confrontés à un défi bien plus grand. Il nous fallait changer les termes du débat sur la planification familiale. En effet, il était devenu impossible d'avoir une discussion sensée, rationnelle et réaliste sur la contraception à cause de l'histoire tourmentée du contrôle de la fécondité. Les défenseurs de la planification familiale avaient dû garantir qu'il ne s'agissait pas de contrôle démographique. Nous ne parlons pas de coercition. L'avortement n'était pas à l'ordre du jour de ce sommet. Le but était de répondre aux besoins des femmes en matière de contraception et de leur permettre, à elles, de choisir si et quand elles voulaient avoir des enfants. Il nous fallait changer les termes du débat afin d'y inclure les femmes que je rencontrais. Nous avions besoin de faire entendre leurs voix, ces voix qui avaient été mises à l'écart.

C'est pour cette raison que, juste avant le sommet, je me

suis rendue au Niger : une société patriarcale affichant l'un des plus hauts taux de pauvreté au monde, avec une utilisation extrêmement réduite des moyens contraceptifs, une moyenne de sept enfants par femme, une législation autorisant les hommes à prendre plusieurs épouses, ainsi que des lois sur la succession donnant deux fois moins aux filles qu'aux fils, et rien aux veuves sans enfants. Selon l'ONGI Save the Children, le Niger était « le pire endroit du monde pour être mère ». J'y suis allée pour écouter ces femmes et rencontrer ces mères.

Je me suis rendue dans un petit village, situé à environ une heure et demie au nord-ouest de la capitale, et j'y ai rencontré Sadi Seyni, une mère qui cultivait du gombo (j'ai également parlé d'elle dans le premier chapitre). Sadi s'était mariée à dix-neuf ans – ce qui est plutôt vieux pour le Niger, où près de 76 % des filles de moins de dix-huit ans sont mariées. Sept mois après avoir accouché de son premier enfant, Sadi était à nouveau enceinte. Elle n'a pas été informée sur la planification familiale avant d'avoir eu son troisième enfant, quand un médecin lui a parlé de contraception dans la minuscule clinique locale. Elle a alors commencé à espacer ses grossesses. Quand je l'ai rencontrée, Sadi avait trente-six ans et six enfants.

Nous avons discuté chez elle. Elle était assise en face de moi, sur son lit, avec deux enfants à ses côtés, un autre blotti sur ses genoux, un quatrième qui se tenait debout derrière elle, tandis que les deux plus âgés étaient installés un peu plus loin. Tous les six étaient vêtus de vêtements colorés, chacun d'un motif différent, et Sadi et ses filles les plus âgées portaient un foulard sur la tête. Celui de Sadi était d'un violet intense. Le soleil se déversait à travers les fenêtres, partiellement filtré par un drap. Sadi répondait à mes questions avec une énergie qui témoignait du plaisir qu'elle prenait à l'exercice.

– Quand on n'a pas recours à la planification familiale,

tout le monde souffre dans la famille. J'avais un bébé sur le dos et un autre sur le ventre. Mon mari a dû prendre un crédit pour nos besoins de base, mais même ça, ça n'a pas suffi. L'absence de planification familiale est une souffrance totale, et je l'ai vécue.

Je lui ai demandé si elle voulait un autre enfant, et elle m'a répondu :

— Je ne prévois pas d'en avoir un autre avant que la petite dernière ait au moins quatre ans. À quatre ans, elle pourra jouer avec son petit frère ou sa petite sœur ; elle pourra le porter sur son dos. Mais, pour l'instant, si je lui donnais un petit frère, ce serait une punition pour elle.

Quand je lui ai demandé de quelle manière les femmes étaient informées au sujet des moyens de contraception, elle a dit :

— Ce qu'il y a de bien dans le fait d'être une femme ici, c'est qu'on se retrouve beaucoup pour parler. On discute ensemble quand on pile le millet sous un arbre. On discute pendant les banquets, quand un bébé vient de naître, et c'est là que je parle aux autres des contraceptifs injectables. Je leur raconte combien c'est plus facile que la pilule. Je leur explique que c'est bien pour pouvoir s'accorder un peu de répit. Pour les enfants aussi.

Quelle mère ne pourrait le concevoir ; s'accorder du répit, à soi ainsi qu'à ses enfants ?

Le lendemain, j'ai visité le Centre national pour la santé génésique à Niamey, la capitale du pays. Après la visite, cinq femmes qui étaient venues consulter nous ont rejoints pour échanger. Deux jeunes femmes nous ont raconté leur vie, puis ce fut le tour d'Adissa, une mère de quarante-deux ans dotée d'un solide franc-parler. Adissa avait été mariée à l'âge de quatorze ans ; elle avait donné naissance à dix enfants et en avait perdu quatre. À la suite de sa dixième grossesse, elle s'était rendue au centre de planification familiale pour se faire poser un dispositif intra-utérin (DIU), et n'était pas retombée enceinte depuis. Cela lui avait valu d'être consi-dérée avec suspicion par son mari et sa belle-sœur, qui lui avaient demandé pourquoi elle n'avait pas eu d'enfant depuis un moment.

— Je suis fatiguée, leur avait-elle répondu.

Quand j'ai demandé à Adissa pourquoi elle avait décidé de se faire poser un DIU, elle a réfléchi un moment avant de répondre.

— Quand j'avais deux enfants, je pouvais manger. Main-tenant, je ne peux plus.

Son mari lui donnait un peu plus de l'équivalent d'un dollar par jour pour nourrir toute la famille. J'ai demandé à Adissa si elle avait des conseils pour les plus jeunes qui étaient avec nous, et elle a dit :

— Quand vous n'avez pas de quoi nourrir vos enfants, vous ne pouvez que leur apprendre à voler.

Quelques minutes plus tard, nous nous sommes tous levés pour partir. Adissa s'est approchée du plateau de petits-fours auquel personne n'avait touché, et elle en a mis une bonne partie dans son sac avant d'essuyer une larme qui roulait sur sa joue, puis elle a quitté la pièce.

Tandis que j'assimilais tout ce que je venais d'entendre, j'ai songé que j'aurais vraiment voulu que tout le monde entende Adissa. Je voulais un débat mené par les femmes qu'on avait mises de côté : ces femmes qui voulaient des moyens de contraception, qui en avaient besoin et dont les familles souffraient parce qu'elles n'y avaient pas accès.

L'ancien débat :
celui qui laissait les femmes en dehors

Faire évoluer le débat a été bien plus difficile que ce à quoi je m'attendais, parce que c'est un sujet très ancien, fondé sur des préjugés dont on ne se débarrasse pas aisément.

Ce qu'il y a de meilleur

En octobre 1916, Margaret Sanger a ouvert la première clinique des États-Unis qui proposait des contraceptifs. Dix jours plus tard, elle a été arrêtée. Elle a payé sa caution, est retournée travailler, et a été arrêtée de nouveau. La distribution de contraceptifs était alors illégale. Tout comme il était illégal d'en prescrire, d'en faire la publicité, de diffuser des informations sur la contraception ou d'en parler.

Sanger était née en 1879, d'une mère qui totaliserait au final dix-huit grossesses et s'occuperait de onze enfants avant de succomber à la tuberculose et à un cancer du col de l'utérus à l'âge de cinquante ans. Sa mort a encouragé Sanger à devenir infirmière et à travailler dans les quartiers les plus pauvres de New York, auprès des populations immigrées qui avaient beaucoup d'enfants et aucun moyen de contraception.

Dans une histoire qu'elle a racontée lors de ses discours, Sanger fut appelée un jour à l'appartement d'une femme de vingt-huit ans, qui cherchait si désespérément à éviter une nouvelle grossesse qu'elle avait tenté d'avorter elle-même et avait failli en mourir. Comprenant qu'elle avait frôlé la mort, cette femme avait demandé au médecin comment elle pouvait éviter une nouvelle grossesse ; le médecin lui avait suggéré d'envoyer son mari dormir sur le toit.

Trois mois plus tard, la femme était de nouveau enceinte, et après une nouvelle tentative d'avortement, Sanger fut appelée de nouveau à son chevet. Cette fois, la femme succomba juste après son arrivée. Comme Sanger l'a raconté, c'est ce qui l'a poussée à abandonner son métier d'infirmière, faisant le serment « qu'[elle n'accepterait] plus aucune patiente tant qu'[elle n'aurait] pas permis aux Américaines de la classe ouvrière de savoir comment contrôler les naissances ».

Sanger était convaincue que les femmes ne seraient capables de progrès social que si elles étaient en mesure d'éviter les grossesses non désirées. Elle considérait en outre que la planification familiale était une question de liberté d'expression. Elle a donné des conférences publiques, fait pression sur les politiciens, écrit des articles, des pamphlets ; elle a même publié un journal sur la contraception, et tout cela était illégal à l'époque.

Son arrestation en 1916 l'a rendue célèbre, et durant les deux décennies qui ont suivi, plus d'un million de femmes lui ont écrit, au comble du désespoir, implorant son aide pour obtenir des contraceptifs. Une femme disait dans sa lettre : « Je ferais n'importe quoi pour aider mes deux enfants à vivre une vie décente. Je vis dans la peur permanente de tomber enceinte à nouveau. Ma mère avait donné naissance à douze enfants. »

Une autre racontait : « J'ai un problème cardiaque, et j'aimerais mieux être là pour élever mes quatre enfants, plutôt que d'en avoir d'autres et risquer de mourir. »

Une fermière du Sud témoignait : « Je dois emmener mes bébés au champ, et j'ai vu leurs petits visages cloqués par le soleil... Mon mari a dit qu'il avait l'intention de faire labourer nos filles, et je ne veux pas que d'autres enfants deviennent des esclaves. »

Sanger a publié un recueil de ces lettres, sous le titre *Motherhood in Bondage*, et elle a écrit : « Elles ont soulagé leur âme auprès de moi, une inconnue, car dans la confiance intuitive qu'elles me portent, elles savent que je pourrai peut-être leur apporter de l'aide, une aide qui leur a été refusée par leurs maris, leurs prêtres, leurs médecins ou leurs voisins. »

Lorsque j'ai lu quelques-unes de ces lettres, une chanson m'est revenue en tête, une chanson qui me remonte souvent à la mémoire lorsque je suis en plein travail, et que j'entendais en permanence à la messe où je me rendais cinq fois par semaine quand j'étais à l'école catholique. C'est un chant d'une tristesse à vous fendre le cœur, magnifique et obsédant, dont le refrain dit : « Le Seigneur entend le cri des pauvres. » Les nonnes nous avaient appris que c'était le rôle des croyants que de répondre à ce cri.

Il serait ardu de distinguer les appels à l'aide, que ces

femmes ont envoyés à Margaret Sanger, des voix de Meena, de Sadi, d'Adissa ou des nombreuses autres femmes avec qui j'ai parlé, chez elles ou dans les cliniques. Elles appartiennent à un autre lieu, à un autre temps, mais elles sont semblables dans leur lutte pour être entendues et dans la réticence de leur communauté à les écouter.

À travers les cultures, l'opposition à la contraception dénote une hostilité sous-jacente commune à l'égard des femmes. Le juge qui a condamné Margaret Sanger a déclaré que les femmes n'avaient pas « le droit de copuler avec l'assurance qu'il n'en résulterait pas de conception ».

Vraiment ? Pourquoi ?

Ce juge, qui a condamné Sanger à trente jours de prison, exprimait une vision largement répandue selon laquelle l'activité sexuelle d'une femme était immorale si elle était séparée de sa fonction procréatrice. Aux États-Unis, pour une femme, le fait de se procurer des contraceptifs pour *éviter* de procréer était un acte illégal, à cause du travail d'Anthony Comstock.

Comstock était né dans le Connecticut et avait combattu pour l'Union lors de la guerre de Sécession ; en 1873, il avait créé la Société new-yorkaise pour la suppression du vice, et œuvré pour que la loi (qui prit son nom) rende illégale, entre autres choses, l'utilisation du service postal pour expédier des informations ou des publicités pour des contraceptifs, ainsi que les contraceptifs eux-mêmes. La loi Comstock avait également créé une fonction d'agent spécial pour les services postaux des États-Unis ; ces agents étaient autorisés à posséder des menottes et une arme, et à arrêter les contrevenants. Cette fonction avait été imaginée pour Comstock lui-même, qui adorait son rôle. Il avait loué une boîte postale et envoyait des sollicitations bidons aux gens qu'il soupçonnait. Quand il recevait une réponse, il partait procéder à l'arrestation de l'expéditeur. Certaines femmes prises à son piège se sont suicidées, préférant la mort à l'infamie d'un procès public.

Comstock était un pur produit de son époque, et ses

opinions étaient amplifiées par les personnes au pouvoir. Les membres du Congrès qui ont légiféré en son sens ont déclaré lors du débat :

– Les hommes valeureux de ce pays [...] agiront avec énergie et détermination pour protéger ce qu'ils considèrent de plus précieux dans la vie : la sainteté et la pureté de leurs foyers.

La loi est passée sans difficulté, et d'autres États en ont adopté leur propre version, souvent plus stricte. À New York, il était illégal de parler de contraceptifs, même pour les médecins. Bien entendu, aucune femme ne vota pour cette loi, et aucune femme n'avait voté pour les hommes qui la firent passer. Le suffrage féminin n'adviendrait pas avant plusieurs décennies encore. La décision d'interdire les contraceptifs a été prise pour les femmes par les hommes.

Comstock était clair sur ses intentions. Il affirmait être en croisade personnelle contre « le stupre, joyeux compère de tous les autres crimes ». Après avoir assisté à une réception à la Maison Blanche, où il avait vu des femmes maquillées, aux cheveux poudrés et aux robes « décolletées », il les avait qualifiées de créatures « des plus parfaitement répugnantes pour tout amoureux de la femme pure, noble et modeste ». « Comment pouvons-nous les respecter ? avait-il ajouté. Elles déshonorent notre pays. »

Aux yeux de Comstock et à ceux de ses alliés, les femmes étaient autorisées à tenir très peu de rôles dans la vie : épouser et servir un homme, porter et élever ses enfants. Le moindre manquement à ces devoirs jetait l'opprobre sur elles, parce qu'une femme n'était pas un être humain autorisé à agir dans son propre intérêt, ni à progresser dans son instruction, ni à se réaliser professionnellement, et certainement pas à avoir du plaisir. Le plaisir d'une femme – et plus particulièrement son plaisir sexuel – était une chose terrifiante pour les gardiens de l'ordre social. Si les femmes étaient libres de partir à la conquête de leur propre plaisir, cela aurait ébranlé le cœur même du code masculin tacite : « Vous existez pour *mon* plaisir ! » Ainsi les hommes avaient-ils ressenti le besoin de contrôler la source du plaisir des femmes, si bien que Comstock et d'autres avaient fait de leur mieux pour instrumentaliser la honte, afin de maintenir les femmes parquées là où elles étaient, leur valeur provenant uniquement du service qu'elles fournissaient aux hommes et aux enfants.

Le besoin tout masculin de réguler le comportement sexuel des femmes a persisté aux États-Unis même après que la cour d'appel pour le deuxième circuit a décidé en 1936 que les médecins pouvaient légalement informer leurs patientes sur les méthodes de contraception et leur prescrire des contraceptifs. En dépit de ce progrès, de nombreuses restrictions nationales sur les contraceptifs sont restées en place ; et, en 1965, dans le cas *Griswold v. Connecticut*, quand la Cour suprême a décidé que les restrictions liées à la contraception étaient une atteinte à la vie privée conjugale, elle n'a levé ces restrictions *que pour les personnes mariées* ! Elle n'a pas mentionné les droits de celles qui ne l'étaient pas, de sorte que, dans beaucoup d'États, on a continué à refuser l'usage de contraceptifs aux femmes célibataires. Tout cela n'est pas très vieux. Les femmes septuagénaires continuent de venir me voir à l'occasion pour me le raconter :

— J'ai dû faire croire à mon médecin que j'étais mariée, sinon je n'aurais pas pu me faire prescrire de contraception.

Ce n'est qu'en 1972 que les femmes non mariées ont obtenu le droit à la contraception, lors du cas *Eisenstadt v. Baird*.

Cet aspect du débat au sujet de la planification familiale est fondé sur l'inconfort de la société vis-à-vis de la sexualité féminine, et continue pleinement d'exister aujourd'hui. Si une femme défend publiquement la contraception sur un plan sanitaire, les voix d'hommes misogynes tenteront de lui faire honte, répliquant : « Je ne vais pas subventionner la vie sexuelle de n'importe quelle femme. »

Faire honte aux femmes parce qu'elles ont une sexualité

est une tactique répandue pour couvrir les voix de celles qui veulent avoir la maîtrise de leur fécondité. Mais ce n'est pas la seule manœuvre employée pour dénigrer la parole des femmes. De nombreuses corporations ont essayé de contrôler la fécondité des femmes, par des moyens qui ne facilitent pas la discussion centrée sur la contraception aujourd'hui.

Dans les années 1970, dans le but de contrôler leur démographie, la Chine et l'Inde ont adopté des programmes de planification familiale. La Chine a conçu une politique de l'enfant unique, et l'Inde s'est tournée vers des politiques qui comprenaient notamment le recours à la stérilisation. Dans les années 1960 et 1970, le contrôle démographique était accepté par la politique étrangère américaine, qui se fondait sur les prédictions selon lesquelles la surpopulation mènerait à une famine massive, et possiblement à des migrations à grande échelle à cause du manque de nourriture.

Un peu plus tôt au cours du XXe siècle, les défenseurs du contrôle des naissances aux États-Unis avaient également plaidé leur cause, espérant pour beaucoup d'entre eux aider les pauvres à éviter des enfants non désirés. Certains de ces militants étaient des eugénistes qui souhaitaient éliminer les « inaptes », et poussaient certaines populations à avoir moins d'enfants, voire pas d'enfants du tout.

Sanger elle-même a soutenu certaines positions eugénistes. Bien évidemment, l'eugénisme est moralement écœurant, en plus d'être discrédité par la science. Aujourd'hui pourtant, ce passé est utilisé pour semer la confusion dans le débat sur la contraception. Ses opposants déforment les opinions de Sanger pour tenter de discréditer les méthodes de contraception modernes, soutenant que, puisque les contraceptifs peuvent être utilisés à des fins immorales, ils ne devraient être utilisés à *aucune* fin, fût-ce pour permettre à une mère d'attendre quelque temps avant d'avoir un nouvel enfant.

Une autre question fait depuis longtemps obstacle au déroulement d'une discussion claire et précise sur le sujet :

celle de l'avortement. Aux États-Unis et partout dans le monde, le débat émotionnel et personnel autour de l'avortement peut obscurcir les faits quant au pouvoir salvateur de la contraception.

Les contraceptifs sauvent la vie des mères et de leurs nourrissons. Ils réduisent en outre le recours à l'avortement. D'après les données les plus récentes, l'utilisation de moyens contraceptifs a évité vingt-six millions d'avortements risqués dans les pays les plus pauvres du monde en l'espace d'un an seulement.

Au lieu de reconnaître son rôle dans la réduction du taux d'avortement, certains opposants à la contraception confondent les deux. La seule idée de laisser aux femmes la maîtrise de leur fécondité est si menaçante que certains adversaires s'efforcent de déplacer le débat. Et tenter de recentrer la question de la contraception sur l'avortement est une stratégie très efficace pour saboter la discussion. Le débat sur l'avortement est si brûlant que les gens de différents avis à ce sujet n'évoqueront souvent même pas la santé des femmes. Et l'on ne peut pas discuter si les gens refusent de parler.

L'opposition vigoureuse de l'Église catholique à la contraception a elle aussi affecté les échanges sur la planification familiale. En dehors des gouvernements, l'Église est la plus grande institution pourvoyeuse d'éducation et de services médicaux dans le monde, et cela lui confère une présence et un impact importants dans la vie des populations défavorisées. C'est utile à de nombreux égards, mais pas quand la religion dissuade les femmes de recourir aux contraceptifs dont elles ont besoin pour faire sortir leur famille de la pauvreté.

Ce sont quelques-uns des débats qui ont eu lieu dans le monde au cours des cent dernières années, voire davantage. Chacun a contribué à étouffer la voix et les besoins des femmes, des filles et des mères. Et cela a été un objectif crucial pour la tenue du premier sommet en 2012 : celui de lancer un nouveau débat, mené par les femmes qui en avaient été écartées ; les femmes qui voulaient prendre elles-mêmes la décision de procréer, sans l'ingérence des responsables politiques, des décideurs ou des théologiens dont les positions les forceraient à avoir plus ou moins d'enfants qu'elles-mêmes n'en désiraient.

J'ai prononcé le discours d'ouverture, ce jour-là à Londres, et j'ai demandé aux délégués :

— Facilitons-nous l'accès aux contraceptifs pour les femmes qui en ont besoin, quand elles en ont besoin ?

J'ai évoqué le voyage que j'avais effectué quelques années plus tôt, dans un quartier déshérité de Nairobi appelé « Korogocho », ce qui signifie « épaule contre épaule ». J'y discutais de contraception avec un groupe de femmes, et une jeune mère nommée Marianne m'avait lancé :

— Voulez-vous savoir pourquoi j'utilise des contraceptifs ?

Elle avait soulevé son bébé en l'air, et elle avait expliqué :

— Parce que je veux donner ce qu'il y a de meilleur à cet enfant avant d'en avoir un autre.

Ce désir est universel, mais l'accès à la planification familiale ne l'est pas. Lors de cette conférence, j'ai rappelé à tout le monde que c'était pour cette raison que nous étions là.

Puis, afin d'insister sur le fait que ce sommet avait pour but de donner la parole aux femmes, je me suis effacée pour inviter l'une d'elles à monter sur scène et à compléter mon discours.

L'intervenante était Jane Otai, qui avait été mon interprète quand j'avais parlé avec Marianne. Après avoir grandi à Korogocho dans une famille de sept enfants, Jane était partie faire des études à l'université, avant de revenir pour aider les jeunes filles à affronter les difficultés qu'elle-même avait connues.

Dans son discours, Jane a évoqué ce que c'était que de grandir dans la pauvreté :

— Ma mère m'a dit : « Tu peux devenir ce que tu as envie

de devenir. Tout ce que tu dois faire, c'est travailler très dur, et attendre. Ne tombe pas enceinte aussi jeune que moi. »

Jane a conclu :

— Parce que quelqu'un m'avait parlé très tôt de planification familiale, j'ai pu retarder ma première grossesse et espacer les suivantes. C'est pour cette raison que je suis ici. Sans la planification familiale, je serais comme n'importe quelle autre gamine de Korogocho.

Après le sommet : encore un peu de l'ancien débat

Le sommet fut salué comme un succès, avec des engagements sans précédent de soutien financier et de partenariats émanant d'organisations et de gouvernements du monde entier, mais j'ai appris assez rapidement que changer les termes du débat serait encore difficile.

Immédiatement après le sommet, j'ai été visée par les critiques en une de *L'Osservatore Romano*, le journal officiel du Vatican. Je m'étais « fourvoyée », disait-on, et mon jugement avait été « brouillé par de fausses informations ». L'article continuait en disant que toute fondation était libre de financer les causes de son choix, quelles qu'elles soient, mais pas de « s'obstiner dans la désinformation en présentant les choses de façon mensongère ». L'article m'accusait de rejeter et de déformer l'importance de la planification familiale naturelle, et suggérait que j'avais été manipulée par des sociétés susceptibles de s'enrichir avec la vente de contraceptifs. Le mouvement que nous avions lancé lors du sommet pour étendre l'accès à la contraception reposait sur « une vision médiocre et infondée », disait l'article. J'ai bien remarqué que l'article se focalisait sur moi, sur les sociétés et sur l'enseignement de l'Église, mais aucunement sur les besoins des femmes.

Le magazine *Forbes* a écrit plus tard que cette histoire avait montré que j'étais capable d'« encaisser les coups ».

Je m'attendais à ces coups, tout comme je m'attendais aux commentaires en ligne qui m'ont décrite comme « l'ex-catholique Melinda Gates » ou bien « Melinda Gates, la soi-disant catholique » ; malgré tout, ce ne fut pas un moment très agréable. Ma première réaction a été : « Je n'arrive pas à croire qu'ils disent une chose pareille ! » (Ce qui est probablement une réaction classique pour quelqu'un qui débute dans la vie publique !) Cependant, au bout de quelques jours, je me suis calmée, et j'ai compris pourquoi l'Église avait dit cela. Je n'étais pas d'accord, mais je comprenais.

Depuis cette conférence, j'ai rencontré des ecclésiastiques haut placés, mais nos discussions ne se sont pas focalisées sur la doctrine ni sur nos divergences. Nous avons parlé de ce que nous pouvions faire ensemble pour les pauvres. Ils savent que je comprends le fondement de l'opposition de l'Église à la contraception, bien que je sois en désaccord sur ce sujet. Ils savent aussi que nous avons des inquiétudes communes. Nous sommes opposés à toute action cherchant à contraindre les femmes à limiter la taille de leur famille, de même que nous sommes opposés à ce que les pays riches imposent aux sociétés traditionnelles leur préférence culturelle pour les familles de taille réduite. Si une femme ne veut pas recourir à la contraception en raison de sa foi ou de ses valeurs, je le respecte. Ça ne m'intéresse pas du tout de dicter aux femmes combien d'enfants elles devraient avoir, et je n'ai aucun désir de jeter la pierre aux familles nombreuses. Dans notre travail de planification familiale, nous nous mettons au service des femmes et nous leur laissons l'initiative. C'est pour cela que je crois à la planification familiale volontaire et que j'encourage toutes sortes de méthodes contraceptives, y compris les méthodes naturelles comme l'observation des périodes de fertilité, si c'est ainsi que veulent procéder les femmes.

Cela étant dit, j'ai bien évidemment des divergences d'opinion avec l'Église. Les contraceptifs ont sauvé la vie de millions de femmes et d'enfants. C'est un fait médical. Et pour cette raison, je suis convaincue que toutes les femmes, partout dans le monde, quelle que soit leur religion, devraient être informées des bénéfices qu'elles peuvent tirer de l'espacement des grossesses pour leur santé et celle de leurs enfants, et avoir accès à une contraception si elles le souhaitent.

Mais il y a une différence de taille entre le fait d'être convaincue par la planification familiale et celui d'assumer le rôle de porte-parole pour une cause qui va à l'encontre des préceptes de ma religion. Je n'étais pas extrêmement enthousiaste à cette idée. Quand je me suis posé la question de savoir si je devais m'engager dans cette voie, j'en ai parlé avec mes parents, avec des prêtres et des nonnes que je connaissais depuis mon enfance, quelques universitaires catholiques, ainsi qu'avec Bill et les enfants. L'une de mes questions était : « Peut-on agir en opposition avec les préceptes de l'Église et continuer d'appartenir à l'Église ? » On m'a répondu que cela dépendait : était-on fidèle à sa conscience ? Et, si oui, cette conscience était-elle formée par la doctrine de la religion catholique ?

Dans mon cas, les enseignements du catholicisme m'ont aidée à construire ma conscience et m'ont conduite à mener ce travail en premier lieu. Pour moi, la foi en action implique de se rendre aux marges pour y chercher ceux qui ont été exclus, afin de les ramener dans la société. Je mettais ma foi en action quand j'allais sur le terrain pour rencontrer les femmes qui me parlaient de contraception.

Alors oui, il y a un précepte catholique opposé à la contraception ; mais il y a cet autre précepte catholique qui enseigne l'amour du prochain. Lorsqu'une femme désireuse de voir ses enfants bien grandir me demande une contraception, sa requête met ces deux préceptes en conflit, et mon sens moral me suggère de soutenir le désir de cette femme de garder ses enfants en vie. Pour moi, c'est une posture en adéquation avec le message du Christ, qui m'apprend à aimer mon prochain.

Au cours de ces dix dernières années, approximativement,

j'ai essayé de me mettre dans la tête de certains catholiques comptant parmi les plus farouches opposants à la contraception, et j'aurais voulu qu'ils puissent voir à l'intérieur de la mienne. Je pense que, s'ils avaient été confrontés à la détresse d'une mère de six enfants, âgée de trente-sept ans et pas en assez bonne santé pour s'occuper d'un enfant supplémentaire, ils auraient trouvé une brèche dans leur cœur pour faire une exception. C'est l'effet que produit l'écoute. L'écoute ouvre le cœur. Elle incite l'amour à s'exprimer ; et l'amour est plus pressant que la doctrine.

Je ne considère donc pas que mes actions me placent à contre-courant de ma religion. J'ai le sentiment de suivre les préceptes supérieurs de l'Église. En cela, je me suis sentie fortement soutenue par les prêtres, les religieuses et les croyants laïques pour qui j'agis de façon moralement très justifiable quand je parle au nom des femmes des pays émergents qui ont besoin de contraception pour sauver la vie de leurs enfants. J'apprécie leurs conseils, et c'est rassurant pour moi de constater qu'une grande majorité de femmes catholiques utilise une contraception et trouve cet usage moralement acceptable. Je sais en outre qu'en définitive les questions morales sont des questions personnelles. L'avis de la majorité n'a pas d'incidence sur les questions de conscience. Peu importent les opinions que peuvent avoir les autres, c'est moi qui ai à répondre de mes actes, et cela est ma réponse.

Le débat renouvelé : en cours à Nairobi

Comme je l'ai dit plus haut, en commençant à organiser le sommet, nous étions déterminés à nous concentrer sur les objectifs et la stratégie et, au lendemain du sommet, nous étions décidés à rendre la contraception accessible pour 120 millions de femmes supplémentaires dans les 69 pays les plus pauvres du monde à l'horizon 2020 ; c'était une étape avant un accès universel pour 2030. C'étaient les objectifs. Quatre ans plus tard, à mi-chemin de notre campagne, nos données indiquaient 30 millions d'utilisatrices supplémentaires ; ce qui signifiait qu'au total, 300 millions de femmes avaient recours à des moyens de contraception modernes. Ce chiffre rond était encourageant, mais nous totalisions un déficit de 19 millions par rapport à ce que nous avions espéré.

En 2016, nous avions retenu deux leçons importantes. Tout d'abord, il nous fallait des données de meilleure qualité. C'était crucial pour nous aider à prévoir la demande, à visualiser ce qui avait du succès, et à aider les laboratoires à concevoir des produits provoquant moins d'effets secondaires, tout en étant plus faciles d'utilisation et moins chers à l'achat.

Ensuite, nous avons eu la confirmation que les femmes ne prennent pas de décisions en vase clos ; elles sont bridées par l'opinion de leur mari et de leur belle-mère, et ces traditions ne changent pas facilement. En plus de rassembler davantage de données, nous devions donc aussi en apprendre plus long sur la manière dont nos partenaires travaillent dans les communautés potentiellement hostiles à la contraception. Nous devions savoir comment ils abordent la question délicate de l'accès à des moyens contraceptifs pour les jeunes qui ne sont pas mariés.

Afin d'analyser certains des plus grands succès dans ce domaine, je me suis rendue en Afrique orientale à l'été 2016. Le Kenya avait largement dépassé ses objectifs, et je voulais comprendre pourquoi.

Pendant ma première escale, à Nairobi, j'ai rendu visite aux femmes qui collectaient les données. Nous les appelons les recenseuses locales, ou RL pour aller plus vite. Elles font du porte-à-porte dans leur quartier, s'entretiennent avec les femmes et compilent les informations dans leurs téléphones portables. Elles sont formées pour poser des questions très personnelles : « À quand remontent vos derniers rapports sexuels ? Utilisez-vous des contraceptifs ? Lesquels ? Combien de fois avez-vous accouché ? » Généralement, les femmes qu'elles interrogent répondent avec enthousiasme. Il y a quelque chose de valorisant dans le fait d'être interrogée ; cela envoie le message que *votre vie compte*.

Les recenseuses apprennent beaucoup de choses sur la vie des sondées qu'elles ne savent pas vraiment comment traduire en statistiques. Une RL m'a raconté un jour qu'elle s'était rendue chez une femme qui vivait avec son mari et leurs douze enfants. Le mari était opposé à la planification familiale et lui avait fermé la porte au nez. Mais sa femme avait croisé la RL un peu plus tard (les RL vivent dans le quartier où elles travaillent) et lui avait demandé de venir parler à ses neuf filles quand son mari ne serait pas là. Malheureusement, nous ne savons pas encore comment faire émerger des données qui nous raconteraient l'histoire des maris autoritaires ayant chassé la RL.

J'ai constaté moi-même ce problème quand j'ai accompagné Christine, l'une des RL, dans une famille du quartier. Arrivée à la moitié du questionnaire, elle m'a tendu un téléphone portable et m'a proposé de terminer. J'ai demandé à la mère combien d'enfants elle avait, et elle a répondu qu'elle avait deux filles. Quand je lui ai demandé à combien d'enfants elle avait donné naissance, elle a dit : « Trois », et elle s'est mise à pleurer. Elle m'a parlé de son fils, qui était mort le jour de sa naissance, puis m'a raconté l'histoire pénible de son mari devenu violent, la battant et détruisant tous les fauteuils et les fournitures du salon de coiffure qu'elle avait construit. Elle avait alors pris sa fille avec elle et s'était installée chez sa mère. Ensuite, elle avait eu une deuxième fille avec un autre homme, mais elle n'était jamais parvenue à avoir un revenu régulier, si bien qu'elle avait des difficultés à payer les frais de scolarité et les dépenses médicales pour ses filles, n'ayant même parfois pas de quoi les nourrir.

J'écoutais ce récit déchirant, tâchant de saisir les informations sur le téléphone, et j'ai été terriblement frustrée que les éléments de son histoire débordent des cases conçues par le système de collecte. Quelles conséquences son mariage malheureux avait-il eues sur ses revenus ? Et comment ces conséquences avaient-elles à leur tour affecté sa contraception et la santé de ses enfants ? Même si je posais ces questions, je n'avais pas de champ où entrer les réponses.

Que fallait-il pour obtenir une photographie plus complète de sa vie ? On ne peut pas répondre à un besoin qu'on ignore. J'ai soulevé cette question un peu plus tard avec les RL que j'avais accompagnées dans leur travail au domicile des gens. Toutes ont hoché la tête. Chacune voulait poser davantage de questions ; à propos de l'eau potable, de la santé des enfants, de l'éducation, des violences domestiques. Christine m'a dit :

— Si on pouvait aborder les violences domestiques, on enverrait aux femmes le signal que c'est un comportement inacceptable.

Elle avait tout à fait raison, et c'est un de nos projets en cours : améliorer les systèmes de données afin de pouvoir poser davantage de questions, de collecter davantage d'informations et de saisir plus finement la teneur des témoignages de ces femmes. Aucun système ne restituera jamais toute la réalité, aussi il n'y aura jamais d'alternative au fait d'écouter leur récit. Mais nous devons continuer à travailler pour récolter des données plus fines, de façon à comprendre la vie des gens que nous voulons aider.

« *Planifions* »

J'avais hâte de visiter le Kenya, notamment pour découvrir un programme appelé « Tupange », un mot d'argot qui signifie « planifions », « organisons ». Tupange avait réalisé un travail fantastique pour développer l'usage de contraceptifs dans trois des plus grandes villes du Kenya, et j'ai pu comprendre comment. Mes hôtes m'ont emmenée à un événement de sensibilisation qui avait des airs de fête foraine. Les représentants de Tupange chantaient et dansaient dehors pour attirer du monde et, à l'intérieur, les volontaires se promenaient avec des tabliers géants décorés de moyens de contraception, disposés de haut en bas par ordre d'efficacité. Il y avait des stands proposant des conseils sur le VIH, sur le papillomavirus, la planification familiale et la nutrition. C'était un excellent moyen de rendre les questions de santé et la planification familiale accessibles, sans fausse pudeur. Il y avait une ouverture d'esprit frappante dans l'atmosphère et dans les conversations ; c'est une réussite fantastique lorsqu'on promeut un sujet qui reste tabou à bien des égards. Tupange initie de nombreuses actions, mais chacune, d'une manière ou d'une autre, remet en question la stigmatisation et les normes sociales. C'est la clé de son succès.

Rose Misati est l'une des premières responsables de Tupange avec qui j'ai discuté. Petite fille, elle était emplie de terreur chaque fois que sa mère tombait enceinte. Chaque nouveau bébé signifiait plus de travail de garde pour Rose, plus de corvées à la maison et moins de temps pour étudier. Elle a commencé à manquer l'école pour rester à la maison et a pris du retard sur ses camarades de classe. Quand Rose a eu dix ans, juste après que sa mère a donné naissance à son huitième enfant, une professionnelle de santé est venue chez elle. À compter de ce moment, Rose se le rappelle, sa mère lui a demandé chaque jour de lui apporter un verre d'eau et sa pilule. Et Rose n'a plus eu à s'occuper d'autres petits frères ou petites sœurs.

Parfois, la meilleure chose qu'une mère puisse faire pour ses enfants est de ne pas en avoir d'autres.

Rose s'est remise en selle à l'école, et elle a passé ses examens avec succès avant de pouvoir suivre des cours à l'université de Nairobi. Elle est désormais pharmacienne, et déclare qu'elle le doit à la planification familiale de sa mère. Si bien que, quand le programme Tupange l'a sollicitée, elle a sauté sur l'occasion et s'est mise à militer avec ferveur pour envoyer les agents de santé communautaires faire du porte-à-porte.

— Je sais que ça fonctionne, a-t-elle expliqué. C'est comme ça qu'ils ont rencontré ma mère.

Rose balaie la honte et la gêne grâce à sa manière d'aborder le sujet de la contraception. Quand elle entame une discussion de groupe, elle donne son nom, son titre, et la méthode de contraception qu'elle utilise. Puis elle demande aux autres de se présenter pareillement. La première fois qu'elle s'y est essayée, les gens ont été choqués. Désormais, ils se prêtent au jeu, et le sentiment de honte s'affaiblit. J'ai appris au fil du temps que la stratégie de la honte est toujours une tentative pour réduire quelqu'un au silence. Elle force les gens à se cacher, mortifiés. La meilleure manière de riposter est d'élever la voix ; de parler ouvertement de ce que, précisément, les autres stigmatisent. Ainsi, on attaque directement cette autocensure qui entretient la honte.

Rose s'attaque à un autre motif de honte en s'adressant aux hommes pour parler d'un « problème de femmes ».

— Dès qu'on implique les hommes, dit-elle, leurs femmes recourent à la contraception de façon quasi systématique.

Elle explique aux hommes que la planification familiale permettra à leurs enfants d'être en meilleure santé, plus forts et plus intelligents ; et parce que les pères considèrent que l'intelligence de leurs enfants est une preuve de leur propre intelligence, ils sont réceptifs à cet argument.

Les alliés masculins sont essentiels. C'est particulièrement bénéfique quand ce sont des chefs religieux, comme le pasteur David Opoti Inzofu. David a grandi dans l'ouest du Kenya avec des parents conservateurs qui n'avaient pas recours à la planification familiale, et ne parlaient pas de ces choses-là. Jeune adulte, il pensait que la planification familiale était un complot pour contrôler la population. Mais il a commencé à changer d'avis après avoir rencontré des membres de Tupange qui expliquaient que le fait de prévoir et d'espacer les grossesses pouvait améliorer la santé de la mère et de l'enfant, tout en permettant aux familles de n'avoir que le nombre d'enfants dont elles pouvaient s'occuper. Ces explications ont convaincu David. Non seulement sa femme et lui utilisent des contraceptifs, mais encore il se sert de sa chaire pour diffuser ces idées auprès de ses fidèles. Il reprend le verset de la première épître à Timothée dans la Bible (II Tim. IV, 8) : « Si quelqu'un ne prend pas soin des siens, et en particulier des membres de sa famille proche, il a renié la foi et il est pire qu'un non-croyant. »

Il a été enchanté de voir Tupange aussi intéressé par le rôle que jouent les hommes dans la planification familiale. Les hommes ne devraient pas vouloir plus d'enfants qu'ils ne peuvent en nourrir. Ils ne devraient pas s'opposer au désir des femmes d'espacer leurs grossesses. Les intérêts des femmes et des hommes devraient s'accorder, et les hommes qui se rendent compte de cela sont ceux que nous voulons voir mener les discussions sur la planification familiale avec les autres hommes.

J'ai rencontré un autre allié masculin qui est devenu militant après qu'une grossesse non désirée a pratiquement détruit sa vie. Shawn Wambua n'avait que vingt ans quand Damaris, sa petite amie, est tombée enceinte. Sa paroisse était sur le point de l'excommunier, la famille de sa petite amie était furieuse contre lui, et il n'avait personne vers qui se tourner, car ses parents étaient tous deux décédés.

Shawn s'est rendu dans un centre de santé pour se renseigner sur la contraception. Puis il a demandé Damaris en mariage, et elle s'est fait poser un DIU pour retarder l'arrivée d'un deuxième enfant, jusqu'à ce qu'ils soient sûrs de pouvoir subvenir à ses besoins. Shawn s'est lié à Tupange et a créé un groupe appelé « Ndugus for Dadas » (« Des frères pour les sœurs »). Toutes les semaines, il anime un groupe d'une vingtaine de jeunes hommes qui parlent de contraception et d'autres problèmes auxquels ils sont confrontés. Shawn milite aussi au sein de la paroisse qui a failli l'exclure. Quand les autorités religieuses se sont élevées contre un projet de loi relatif à la santé sexuelle et reproductive, arguant que l'éducation sexuelle encouragerait la promiscuité, il a publiquement contesté leur position. Il estime que l'Église a tort de penser que les jeunes n'ont pas de rapports sexuels, et que les contraceptifs leur donneront des idées qu'ils n'avaient pas avant.

— Nous dormons dans la même chambre que nos parents, a-t-il souligné. Nous savons ce qu'ils font !

Chose étonnante, les représentants religieux autorisent désormais Shawn à parler aux jeunes membres de la paroisse pour aborder les questions de santé sexuelle et reproductive, du moment que ce n'est pas dans l'enceinte de l'église. Selon moi, il s'agit là de la métaphore parfaite des convictions contradictoires qui tiraillent souvent les tenants de l'ordre ancien. Ils savent qu'il y a de l'autre côté une vérité qu'ils n'admettent pas et, sans pouvoir se résoudre à l'exprimer personnellement, ils se rendent compte qu'ils peuvent laisser ce message être porté par d'autres. C'est une expérience particulière que de voir cela se produire, et de rencontrer les personnes dont l'histoire est si poignante qu'elle conduit les dirigeants à assouplir leur point de vue.

Quand les normes sociales aident tout le monde à prospérer, elles rencontrent un soutien naturel parce qu'elles sont dans l'intérêt personnel de chacun. Mais quand ces normes protègent le pouvoir de certains groupes et interdisent ou refusent à d'autres des choses qui font naturellement partie de l'expérience humaine, alors elles ne peuvent se suffire à elles-mêmes ; elles doivent être imposées par une quelconque forme de sanction ou de stigmatisation.

La stigmatisation est l'un des plus grands obstacles à la santé des femmes, et Tupange a compris que, parfois, la meilleure manière d'affaiblir ce processus est de le remettre ouvertement en question. Cette stratégie peut être risquée si le moment est mal choisi. Mais les membres de Tupange connaissaient bien le contexte dans lequel ils évoluaient, et ils savaient que leur courage et leur attitude de défi imposeraient la question dans le débat public, où les vices et l'injustice de la stigmatisation seraient exhibés. De plus en plus de gens ont remis ce fonctionnement en cause, si bien que le sentiment de déshonneur s'est étiolé ; et la culture a évolué. Cela peut fonctionner, que la honte soit une norme sociale ou une loi nationale.

Quand la honte fait loi

L'exemple de Tupange montre la puissance de l'action collective, mais il faut des individus pour faire exister un collectif.

Pia Cayetano fait partie de ces individus. Lorsqu'elle a été élue au Sénat des Philippines en 2004, il n'existait pas de loi nationale garantissant l'accès à la contraception. Les juridictions locales pouvaient agir comme bon leur semblait. Les unes réclamaient une prescription médicale pour obtenir des préservatifs. Les autres exigeaient des pharmacies qu'elles tiennent un registre de tous les achats de contraceptifs. Certaines les interdisaient, purement et simplement. Les législateurs avaient rédigé un projet de loi pour légaliser la contraception dans tout le pays, mais l'Église catholique y était opposée, de sorte que le projet de loi a dormi dans un tiroir pendant plus de dix ans.

En conséquence de quoi, le taux de mortalité maternelle augmentait aux Philippines – alors même qu'il était en baisse dans le reste du monde. En 2012, chaque jour, quinze Philippines mouraient en couches. Contrairement à la plupart de ses collègues, Pia connaissait les miracles et les dangers de l'enfantement. Alors qu'elle était enceinte de son fils Gabriel, une échographie avait révélé des anomalies chromosomiques. Pia a mené sa grossesse à terme et s'est occupée de son fils pendant neuf mois avant qu'il décède dans ses bras. En aiguisant sa sensibilité au malheur des autres, cette perte lui a fait écouter avec une compassion toute particulière les récits des femmes philippines qui ne pouvaient obtenir de contraception. Il y avait Maria, qui souffrait d'hypertension et avait enchaîné trois grossesses non désirées ; elle était morte au cours de la dernière. Il y avait Lourdes, qui ne pouvait pas s'occuper de ses huit enfants et s'en était vu retirer trois, qui avaient été confiés à d'autres familles.

Lorsque Benigno Aquino III, un Président favorable à cette cause, a pris ses fonctions en 2010, Pia a décidé de faire adopter le projet de loi au Sénat, soulignant la tragédie des décès maternels et martelant :

— Aucune femme ne devrait mourir en donnant la vie.

On lui a dit que c'était sans espoir, que ses collègues modifieraient le projet de loi jusqu'à le rendre méconnaissable, et que, de toute façon elle n'obtiendrait jamais le nombre de votes nécessaires à son adoption. D'autres sénateurs ont mis en doute ses statistiques sur la mortalité maternelle, minimisant l'importance de ces décès, soutenant que davantage d'hommes mouraient au travail, et que par conséquent les femmes n'avaient pas à se plaindre. Pas un de ses collègues masculins n'a pris son parti, jusqu'à ce qu'un sénateur vienne la soutenir : son petit frère Alan Cayetano.

Quand Alan s'est joint au débat aux côtés de sa sœur, les hommes ont commencé à reconnaître les difficultés que créait la loi en place pour les plus pauvres. Alors que le projet gagnait du terrain dans l'opinion, les évêques catholiques ont intensifié leur opposition, et Pia et ses soutiens ont été attaqués personnellement.

Une assemblée catholique a ainsi accroché une bannière à l'extérieur de son église avec les noms des législateurs qui avaient voté pour ce projet de loi. La bannière titrait : « L'équipe de la mort ». Lors des sermons, certains prêtres citaient le nom de Pia parmi la liste des gens qui iraient en enfer. Elle a cessé de se rendre à la messe en famille pour que ses enfants n'aient pas à entendre de telles choses.

Pia m'a raconté que, au même moment, certains dirigeants catholiques l'avaient contactée pour lui donner des conseils politiques et jeter un pont de coopération discrète entre eux. En effet, ils avaient des objectifs communs d'aide aux démunis et de réduction de la mortalité maternelle et infantile. Avec beaucoup d'efforts et de diplomatie, tout en délicatesse, la loi fut votée – et immédiatement contestée au tribunal.

Un an plus tard, en mai 2013, j'ai rencontré Pia en Malaisie lors de la conférence Women Deliver*. Elle m'a dit qu'elle avait dû annuler une visite aux États-Unis prévue de longue date afin d'être aux Philippines pendant les plaidoiries à la Cour suprême. Au printemps suivant, j'ai vu le nom de Pia dans ma boîte mail avec un message joyeux et un lien vers un article de presse :

« Manille, Philippines. Après s'être attiré les foudres et les railleries de certains collègues masculins pour avoir défendu la loi controversée sur la santé reproductive, la sénatrice Pia Cayetano, rayonnante, a salué la décision de la Cour suprême de maintenir la légalité de ses principales dispositions. »

– C'est la première fois que je peux dire en toute honnêteté que j'adore mon travail ! a-t-elle déclaré. Un grand nombre des femmes et des hommes qui ont remis cette loi en cause sont des personnes qui ont accès [à la santé reproductive] ; cette loi sert les plus démunis, et particulièrement les femmes pauvres qui n'ont pas la possibilité d'accéder par leurs propres moyens à l'information sur la contraception et aux services afférents.

Je ressens facilement de profondes affinités avec les gens qui font ce travail, et j'ai toujours trouvé très enthousiasmant

---

* Les conférences internationales Women Deliver sont consacrées à l'égalité entre les sexes ainsi qu'à la santé, aux droits et au bien-être des filles et des femmes. (*NdT.*)

d'applaudir le succès de personnes que j'admire, même quand je dois me contenter de le faire à distance. Mais j'apprécie particulièrement les occasions d'exprimer en personne mon respect et mon affection. En 2014, quand Pia est venue aux États-Unis pour une conférence à Seattle, j'ai pu la serrer dans mes bras, et cela m'a rappelé combien nous avons tous besoin les uns des autres dans ce travail. Nous nous donnons mutuellement de l'énergie. Nous nous tirons mutuellement vers le haut.

Les États-Unis

Le travail de Pia et de ses soutiens aux Philippines a été couronné de succès. La Grande-Bretagne a connu elle aussi une grande réussite ces vingt dernières années, en divisant par deux son taux de grossesses adolescentes – qui a été le plus élevé d'Europe occidentale autrefois. Les experts ont dit que le succès provenait du fait qu'on a mis les jeunes en contact avec des services d'accompagnement de grande qualité qui ne leur faisaient pas la morale.

Les États-Unis ont également fait baisser leur taux de grossesses adolescentes avec succès, atteignant un niveau historiquement bas. Le pays connaît en outre le niveau le plus bas de grossesses non désirées depuis trente ans. Ce progrès est largement dû à l'utilisation accrue de contraceptifs, qui s'est accélérée grâce à deux initiatives lancées lors du précédent mandat présidentiel ; tout d'abord, le Teen Pregnancy Prevention Program, qui investit 100 millions de dollars par an pour toucher les adolescents des classes modestes à travers le pays ; ensuite, la prise en charge des moyens de contraception prévue par l'Obamacare, qui permet aux femmes d'obtenir des contraceptifs sans avoir à les payer de leur poche.

Malheureusement, ces progrès sont menacés – tant la chute du taux de grossesses non désirées que les politiques qui avaient permis d'atteindre ce résultat. L'Administration actuelle s'attache à démanteler les programmes qui fournissent des services de santé reproductive et de planification familiale.

En 2018, l'Administration a émis de nouvelles directives pour Title X, le programme national de planification familiale, qui bénéficie chaque année à quatre millions de femmes aux revenus modestes. En gros, ces directives énoncent quels programmes se verront financés par le gouvernement, et cette version ne mentionne aucune des méthodes contraceptives modernes approuvées par la Food and Drug Administration, l'autorité de santé américaine. Au lieu de quoi, seule la planification familiale naturelle (appelée également méthode des cycles ou méthode Ogino-Knaus) a été citée, en dépit du fait que *moins de 1 %* des femmes à bas revenus qui dépendent de ce programme fédéral utilisent cette méthode.

L'Administration a en outre proposé d'éliminer le programme de prévention des grossesses adolescentes, ce qui mettrait fin à une offre essentielle de contraceptifs pour les adolescentes qui en ont besoin. Nous parlons de jeunes qui vivent dans des zones déshéritées et ont peu d'options à leur disposition, comme les adolescentes de la réserve amérindienne Choctaw Nation dans l'Oklahoma, ou celles qui sont placées en famille d'accueil au Texas. En lieu et place de ces services, l'Administration souhaite proposer des programmes fondés uniquement sur l'abstinence.

Dans l'ensemble, l'administration Trump semble avoir pour objectif de remplacer des programmes ayant prouvé leur efficacité par d'autres ayant prouvé leur *inefficacité* ; cela signifie par conséquent que les femmes pauvres des États-Unis auront moins accès à des méthodes de contraception performantes, et que beaucoup auront plus d'enfants qu'elles n'en veulent, pour la simple raison qu'elles sont pauvres.

Une autre menace terrible pèse sur la planification familiale aux États-Unis, à cause d'une politique que l'Administration actuelle a envisagée mais pas encore finalisée ; il s'agirait de stopper le financement fédéral des centres médicaux qui pratiquent l'IVG, ou même simplement offrent une information à ce sujet. C'est un projet similaire à des lois déjà promulguées au Texas et dans l'Iowa, et dont les conséquences ont été dévastatrices pour les femmes. Si cette politique prend effet au niveau national, cela priverait de soins plus d'un million de femmes à bas revenus qui dépendent actuellement du financement de Title X pour obtenir une contraception et des examens annuels (notamment le dépistage du cancer) proposés par l'organisme Planned Parenthood. Plus d'un demi-million de femmes pourraient se retrouver sans plus aucun professionnel de santé ; il n'y a tout simplement pas assez de dispensaires pour accueillir celles qui seront lésées par cette politique. Si vous êtes une femme sans moyens financiers, vous risquez de n'avoir nulle part où aller.

En ce qui concerne les femmes en dehors des États-Unis, l'Administration a proposé de diviser par deux sa contribution aux programmes internationaux de planification familiale, et de réduire à néant sa contribution au Fonds des Nations unies pour la population, bien qu'il y ait encore plus de deux cents millions de femmes dans les pays émergents qui souhaitent recourir à la contraception mais n'y ont pas accès. Jusqu'ici, le Congrès s'est rangé du côté des femmes pauvres et a largement maintenu au niveau antérieur le financement de la planification familiale internationale. Mais le monde a besoin que l'Administration américaine soit un moteur pour les droits des femmes, pas un frein.

Les nouvelles politiques de l'Administration ne cherchent pas à aider les femmes en répondant à leurs besoins. Aucune étude fiable n'affirme que les femmes tirent un quelconque bénéfice à avoir des enfants qu'elles ne se sentent pas prêtes à élever. Les faits prouvent le contraire. La situation où les femmes peuvent décider d'avoir ou non des enfants permet de sauver des vies, de favoriser une meilleure santé, d'élever le niveau d'éducation et d'assurer une certaine prospérité ; et ce quel que soit le pays dont on parle.

Les États-Unis font le contraire des Philippines et de la Grande-Bretagne. Ils se servent de la politique pour faire reculer le débat, censurer des voix et permettre aux puissants d'imposer leur volonté sur les pauvres.

Une grande partie de mon travail me galvanise ; certains de ses aspects me brisent le cœur, mais ces agissements-là me mettent tout simplement en colère. Ces politiques s'en prennent aux femmes démunies. Les mères aux prises avec la pauvreté ont besoin du temps, de l'argent et de l'énergie nécessaires pour s'occuper de chaque enfant. Elles ont besoin de pouvoir retarder leurs grossesses et de s'assurer un revenu tandis qu'elles élèvent leurs enfants. Avec la contraception, on fait un pas en avant pour chacune de ces étapes, et chacune de ces étapes est menacée par de telles politiques.

Les femmes aisées n'en pâtiront pas, et les femmes disposant d'un revenu stable ont plusieurs options envisageables. Mais les femmes précaires sont prises au piège. Ce sont elles qui souffriront le plus de ces changements, et qui sont le moins à même de les empêcher. Quand les politiciens prennent pour cible des gens qui ne peuvent pas se défendre, c'est de la persécution.

Il est particulièrement irritant de voir certaines de ces personnes invoquer la moralité pour justifier leur souhait d'interrompre le financement de la contraception. Selon moi, il n'y a pas de moralité sans empathie, et cette politique ne présente certainement pas la moindre trace d'empathie. La moralité, c'est aimer son prochain comme soi-même, ce qui nécessite de considérer son prochain comme soi-même ; cela signifie qu'on s'efforce d'alléger son fardeau, et pas de peser davantage sur ses épaules.

Les gens qui militent pour de telles politiques essaient souvent de prendre l'excuse morale des préceptes de l'Église concernant la planification familiale, mais ils n'ont ni la compassion de la religion catholique, ni son dévouement à l'égard des plus démunis. Au contraire, ils sont nombreux à faire pression pour bloquer l'accès à la contraception et pour supprimer les financements en faveur des pauvres. Ils ne sont pas sans évoquer les paroles du Christ dans l'Évangile selon Luc : « Malheur à vous aussi, professeurs de la loi, parce que vous chargez les hommes de fardeaux difficiles à porter, que vous ne touchez pas vous-mêmes d'un seul doigt. »

Les décisions prises par les hommes pour les femmes sont le signe d'une société rétrograde (ou d'une société en train de reculer). C'est ce qui se passe en ce moment aux États-Unis. Ces politiques n'auraient pas cours si les femmes décidaient pour elles-mêmes. C'est pour cette raison que cela me fait chaud au cœur de voir déferler une vague de femmes activistes à travers le pays, qui consacrent leur temps à frapper aux portes, à soutenir la planification familiale et qui changent de vie pour se présenter aux élections.

Peut-être ces récentes tentatives pour faire reculer les droits des femmes ont-elles provoqué un regain de pression en faveur de ces droits. J'espère que c'est ce qui est en train de se produire, et que la flamme qui avive la défense de la planification familiale alimentera une campagne en faveur de *tous* les droits des femmes, partout dans le monde, pour qu'à l'avenir, dans un pays après l'autre, un nombre grandissant de femmes puissent s'asseoir à la table des négociations et diriger la discussion lorsque seront élaborées les politiques touchant à nos vies.

4

Lorsqu'elles relèvent la tête

Les filles à l'école

Quand Meena m'a demandé de ramener ses enfants chez moi, je me suis rendu compte que nous devions faire plus qu'aider les mères à accoucher en toute sécurité. Il nous fallait une perspective globale. C'est pourquoi nous avons étendu le travail de la fondation à la planification familiale. Mais chaque fois que je me disais : *Bon, maintenant on a une perspective globale*, je rencontrais une femme ou une fille qui élargissait encore cette perspective. Et mes plus éminents professeurs n'étaient pas les experts avec qui nous échangions à Seattle. C'étaient des femmes et des filles avec qui nous faisions connaissance dans leur ville, et qui parlaient de leurs rêves.

L'une de nos enseignantes a été Sona, une enfant de dix ans qui venait d'une communauté très pauvre dans un village de la région de Kanpur, où vivait l'une des plus basses castes d'Inde. En raison de leur travail, les gens là-bas vivaient sur environ deux mètres d'ordures. Ils allaient collecter les poubelles d'autres secteurs, les rapportaient dans leur village et récupéraient ce qu'ils pouvaient revendre, laissant tout ce qui ne valait rien éparpillé sur le sol autour d'eux. C'est ainsi qu'ils gagnaient leur vie.

Gary Darmstadt, un collègue de la fondation, a rencontré Sona lors d'une visite qu'il a effectuée à Kanpur en 2011 pour parler de planification familiale. Le matin de sa visite, il a accueilli nos partenaires de Urban Health Initiative, et tous ont traversé le village à pied pour se rendre sur le lieu des réunions. Dès que le groupe s'est arrêté, des femmes se sont attroupées autour d'eux, et Sona – la seule fillette parmi elles – s'est avancée vers Gary pour lui tendre un perroquet qu'elle avait fabriqué. Elle avait trouvé les matières premières dans la poubelle, et les avait assemblées et sculptées en forme d'oiseau avant de le lui offrir. Quand Gary l'a remerciée, Sona l'a regardé dans les yeux et elle a dit :

– Je veux un professeur.

Gary a été quelque peu désarçonné par cette demande. Il était venu à Kanpur pour parler de planification familiale avec les femmes du village, pas pour ouvrir une école. Sur le coup, il n'a pas tenu compte de la petite phrase de Sona et s'est mis à échanger avec les mères. Elles se sont révélées enchantées du programme ; pour la première fois, elles avaient le sentiment de commencer à prendre un peu le contrôle sur leurs vies. C'est toujours gratifiant d'entendre de bonnes nouvelles. Mais, durant ces échanges, Gary pouvait voir Sona attendre non loin de là. Dès qu'il y avait une pause, elle revenait lui parler :

– Je veux un professeur. Tu peux m'aider.

En l'espace de trois heures, elle avait dû dire cinquante fois à Gary :

– Je veux un professeur.

Quand le groupe a eu terminé sa réunion, Gary a interrogé l'une des mères au sujet de Sona. La femme a répondu :

– Vous savez, on vous a dit combien la planification familiale nous avait aidées. Elle a eu un impact incroyable sur nos vies. Mais, à vrai dire, à moins que nos enfants n'aillent à l'école, ils vont se retrouver à vivre ici au milieu des ordures, comme nous. C'est bien que je puisse maîtriser la taille de ma famille, mais je suis toujours pauvre, et je ramasse toujours des ordures. À moins d'aller à l'école, nos enfants auront la même vie que nous.

Il faut du courage pour demander ce qu'on veut, surtout

quand ça représente plus que ce que les gens pensent que vous devriez avoir. Sona avait ce mélange magique de courage et d'amour-propre qui l'autorisait à réclamer un professeur, bien qu'étant une fillette de basse caste dont les parents ramassaient des détritus pour vivre. Elle n'avait probablement même pas idée de l'audace dont elle faisait preuve. Mais les femmes autour d'elle en étaient conscientes, et elles ne l'ont pas sommée de se taire, ce qui d'une certaine manière a fait de Sona leur porte-parole. Elle exprimait ce que ces mères pensaient sans avoir le culot de le dire.

Sona n'avait aucune influence sur personne. Elle n'avait que l'innocence d'une enfant qui clamait sa vérité, et le pouvoir moral d'une fillette demandant qu'on l'aide à grandir.

Ce pouvoir l'a guidée dans la bonne direction ; en effet, l'éducation conditionne l'épanouissement mieux que pratiquement tout ce que la société et le gouvernement peuvent apporter d'autre.

L'éducation est une étape vitale sur le chemin qui donne aux femmes les armes et la confiance nécessaires pour s'émanciper ; ce chemin commence par une bonne santé, une alimentation correcte et la possibilité de maîtriser sa fécondité, puis il se poursuit en préparant les femmes à s'assurer un revenu, à gérer une affaire, à fonder une structure et à la diriger. Dans ce chapitre, je souhaite vous présenter certains de mes héros, des personnes qui ont ouvert des perspectives à des étudiantes qui étaient traitées comme des parias ne méritant pas de s'instruire.

Mais, avant tout, permettez-moi de vous raconter ce qui est arrivé à Sona. Nos partenaires qui avaient rencontré Gary pour parler de planification familiale connaissaient bien la région et ses lois. Lorsqu'ils ont entendu Sona réclamer un professeur, puis qu'ils ont écouté une mère parler d'éducation à Gary, ils se sont réunis pour mettre un plan sur pied. Le terrain sur lequel Sona vivait avec sa famille n'était pas recensé comme zone d'habitation par le gouvernement. En réalité, ils n'avaient pas le droit de se trouver là. Nos partenaires se sont donc adressés à l'administration locale et ont effectué toutes les démarches nécessaires pour inscrire Sona et ses voisins en tant que résidents, ce qui était quelque chose d'extraordinaire ; les fonctionnaires du gouvernement auraient pu trouver toutes sortes de ruses pour bloquer la procédure, au lieu de quoi ils l'ont soutenue. Et quand elles ont été déclarées comme résidant légalement dans la circonscription, ces familles se sont vu ouvrir des droits à tout un éventail de services gouvernementaux – y compris l'école. Comme on s'y attendait, on a donné un professeur à Sona. Elle a reçu des livres, un uniforme. Une instruction. Et elle n'a pas été la seule ; tous les enfants du village en ont profité. Et, à l'origine de tout cela, il n'y avait qu'une petite fille courageuse qui a regardé un visiteur dans les yeux, lui a offert un cadeau et a répété inlassablement :

– Je veux un professeur.

L'incomparable élan donné par l'école

L'amélioration qui survient lorsqu'on envoie des fillettes comme Sona à l'école est stupéfiante ; pour elles, pour leurs familles et pour leur communauté. Envoyer une fille à l'école est un acte dont les bienfaits ne sont jamais perdus. Ils perdurent même sur des générations, faisant progresser le bien public : on observe des bénéfices sur le plan sanitaire, économique, mais aussi sur celui de l'égalité femmes-hommes et sur la prospérité du pays. Voilà seulement quelques-unes des choses que les études nous ont apprises.

La scolarisation des filles conduit à élever le taux d'alphabétisation, le salaire moyen, la rapidité de croissance des revenus et la productivité agricole. C'est également un facteur de diminution des rapports sexuels prénuptiaux et des risques de mariage précoce, qui retarde l'âge de la première grossesse et aide les mères à maîtriser leur fécondité. Les mères qui sont allées à l'école appréhendent mieux les questions de nutrition et de vaccination notamment, qui sont nécessaires pour élever des enfants en bonne santé.

La moitié des progrès de ces vingt dernières années en matière de mortalité infantile peut être attribuée aux bénéfices de la scolarisation des mères. Et les mères qui sont allées à l'école sont deux fois plus susceptibles d'envoyer leurs propres enfants à l'école.

L'instruction des filles peut avoir des effets significatifs sur la santé des femmes, leur autonomisation et leur progression économique. Nous n'avons cependant pas encore les connaissances détaillées qui expliquent pourquoi. Que se produit-il dans les esprits et dans les vies de ces filles, qui apporte ensuite de tels bénéfices ? Les changements sont-ils initiés par l'alphabétisation, par l'apparition de modèles à suivre, par l'entraînement intellectuel, ou par le simple fait de sortir de la maison ?

La plupart des raisons que j'ai entendues sont intuitivement très logiques : les femmes qui savent lire et écrire se débrouillent mieux face au système de santé. L'école aide les filles à mieux expliquer leurs antécédents familiaux aux médecins. L'instruction qu'elles ont reçue des professeurs aide les mères à instruire leurs enfants. En outre, quand les filles sont dans une salle de classe et constatent qu'elles sont capables d'apprendre, elles commencent à se percevoir différemment, et cela leur fait éprouver leurs propres capacités.

Cette dernière idée est tout particulièrement enthousiasmante à mes yeux ; elle signifie que les femmes peuvent utiliser les compétences qu'elles développent à l'école pour déconstruire les règles qui les maintiennent en situation d'infériorité. C'est là que je ressens le pouvoir du travail, quand je visite des écoles et que je parle avec les élèves. Pour moi, cette expérience remonte à l'époque du lycée, quand je donnais bénévolement des cours de soutien en maths et en anglais. Quand les enfants apprennent quelque chose de nouveau, ils voient qu'ils peuvent grandir ; cela peut améliorer l'estime qu'ils ont d'eux-mêmes et changer leur vie.

Les gens qui ont été traités en parias viennent souvent à l'école en pensant qu'ils ne méritent pas davantage et qu'il vaut mieux ne jamais réclamer, parce qu'ils n'obtiendront rien. Les bonnes écoles modifient ce point de vue. Elles instillent une certaine audace dans l'idée que leurs élèves se font d'eux-mêmes et de ce qu'ils sont capables d'accomplir. Ces ambitions élevées sont en conflit direct avec les faibles attentes que la société nourrit pour ces enfants, et c'est là l'essentiel. Les écoles qui donnent confiance aux enfants laissés-pour-compte sont des structures de subversion. En effet, en encourageant ces enfants à cultiver une bonne image d'eux-mêmes, elles s'en prennent directement au mépris social qui s'efforce de maintenir ces élèves à leur place d'exclus.

On peut voir cette mission de provocation sociale partout dans les bonnes écoles : aux États-Unis, en Asie du Sud ou en Afrique subsaharienne. Ces écoles changent la vie des élèves qui estimaient autrefois n'avoir aucune importance et ne pas mériter d'avoir leur chance.

Les écoles qui tirent leurs élèves vers le haut

Il y a environ dix ans, alors que j'étais en déplacement à Los Angeles, j'ai discuté avec près d'une centaine de jeunes Latinos et Afro-Américains qui venaient de milieux difficiles, et une jeune femme m'a demandé :

— Vous n'avez jamais l'impression qu'on fait juste partie de ces gosses abandonnés par leurs parents, et qu'on est juste des déchets ?

Cette question m'a choquée. J'ai eu envie de serrer cette jeune femme dans mes bras et de la convaincre que sa vie avait une valeur infinie, qu'elle avait les mêmes droits et pouvait prétendre aux mêmes opportunités que quiconque. Mais, au cours de ce voyage, j'ai compris pourquoi elle ne voyait pas les choses de cette manière. J'ai discuté avec une autre jeune femme inscrite à des cours qui, même si elle les suivait assidûment, ne la prépareraient absolument pas à l'université, ni à rien d'autre. En étudiant son programme, je suis tombée sur une leçon qui consistait à déchiffrer l'étiquette d'une conserve de soupe à l'épicerie pour en connaître le contenu. C'était pendant... un cours de maths. Et ce n'était pas rare. J'ai vu la même chose dans beaucoup de circonscriptions scolaires américaines : un groupe d'élèves suivant un cours d'algèbre avancé pendant que l'on apprenait à d'autres à équilibrer un budget. Le premier groupe partirait à l'université, ferait carrière ; le second lutterait pour gagner de quoi vivre.

C'est sur l'éducation que Bill et moi concentrons l'essentiel de notre travail philanthropique aux États-Unis. Nous pensons qu'un système solide d'écoles et d'universités est la meilleure idée que notre pays ait jamais eue pour encourager l'égalité des chances. Nous essayons de faire en sorte que davantage d'étudiants noirs, latinos et à faibles revenus obtiennent un diplôme de fin d'études secondaires, et qu'ils soient plus nombreux ensuite à poursuivre leurs études après le lycée – filles comme garçons. (Par le biais de la société Pivotal Ventures que j'ai créée afin d'encourager un progrès social aux États-Unis, je m'efforce d'étendre les voies d'accès à la technologie pour les filles, notamment les non-Blanches.) Les meilleures écoles font prendre leur envol à des étudiants qui ne s'en seraient jamais cru capables. Et lorsqu'on assiste à cela, il arrive qu'on en pleure de joie.

En 2015, Bill et moi sommes allés dans le Kentucky visiter Betsy Layne High School, dans le comté de Floyd. C'est une communauté rurale de la région des Appalaches qui a été dévastée par le déclin de l'industrie du charbon. Selon le *New York Times*, elle fait partie des secteurs du pays où la vie est la plus dure. Six comtés de la région ont été classés parmi

les dix plus mal lotis au niveau national en matière de revenus, de résultats scolaires, de chômage, d'obésité, de handicap
et d'espérance de vie. Étonnamment toutefois, au cours de
ces dix dernières années et alors que la région connaissait un
déclin économique, les résultats scolaires du comté de Floyd
sont passés de la 145e à la 12e place de l'État. Nous voulions
voir comment ce tour de force avait été accompli.

Vicki Phillips, qui gérait alors la branche éducation
de notre fondation, nous a rejoints pour ce voyage. Vicki
connaissait les difficultés qu'affrontaient ces étudiants et
leurs professeurs parce qu'elle les avait elle-même vécues.
Comme elle le raconte, alors qu'elle était enfant, sa mère
et son beau-père se sont mariés et ont payé les 500 dollars
d'arriérés d'impôts pour acheter la maison de quatre pièces
au sol de terre battue et aux fenêtres cassées qui se trouvait
sur les terres d'une ferme que sa famille possède toujours,
dans le Kentucky rural. C'est là que Vicki a grandi, en aidant
sa famille à élever des cochons, à cultiver des légumes et à
chasser pour le dîner. Ils avaient une pompe à eau manuelle
dans la maison et des latrines au fond du jardin, mais ils
n'avaient pas l'impression d'être pauvres parce qu'aucun de
leurs voisins n'était mieux loti qu'eux.

Vicki disait que ses professeurs étaient profondément
dévoués à leurs élèves, mais que, rétrospectivement, elle s'était
rendu compte que l'instruction qu'elle recevait ne la préparait pas à suivre des études supérieures ; elle la préparait à
rester là où elle se trouvait.

— Là où j'ai grandi, beaucoup de gens ne *voulaient pas*
d'excellence à l'école. Ça leur faisait peur. Mes parents s'attendaient à ce que je finisse le lycée, que je reste vivre dans le
coin, que je me marie et que je fonde une famille. Le jour où
je suis rentrée chez moi et où j'ai dit à mes parents : « Je vais
à la fac », mon beau-père a répondu : « Alors tu ne seras plus
ma fille. Si tu pars, ne reviens plus jamais. Ne pense même
plus à revenir, parce que tes valeurs ne sont plus les nôtres. »

Vicki et son beau-père se sont disputés à ce sujet jusqu'au jour où elle est partie. Il disait :

— Ici, c'est sans danger. Tu es ma fille. Pourquoi ça me ferait plaisir, un projet pareil ? (Puis, raconte Vicki, il appuyait sur le point le plus sensible :) Pourquoi veux-tu quitter la maison, de toute manière ? Tout ce dont tu auras jamais besoin se trouve ici. Ce n'est pas assez bien, ce qu'on a ici ? Tu es en train de nous dire qu'on n'est pas assez bien pour toi ?

Ce sont des questions fréquentes dans les familles craignant qu'un départ à l'université ne signifie une rupture définitive. Dans leur perspective, leur culture n'est pas un frein, mais quelque chose qui lie les gens les uns aux autres. À leurs yeux, la quête d'excellence peut ressembler à un désaveu des siens.

C'était comme ça dans le milieu où Vicki a grandi. Il n'y avait rien dans sa culture pour la propulser à l'université. Elle y est arrivée après avoir fait la connaissance d'une fille du milieu favorisé du comté qui lui a dit un jour :

— Comment ça, tu ne vas pas aller à la fac ?! Tu es aussi intelligente que moi.

Elle a poussé Vicki à suivre des cours plus difficiles, à passer les examens d'entrée dans les universités et à chercher des bourses. C'est ainsi que Vicki a surmonté les obstacles d'une culture qui ne voulait pas la voir aller à l'université : en rejoignant celle de son amie. « Si on veut exceller, dit Vicki, il faut trouver du soutien autour de soi. Très peu de gens peuvent y arriver seuls. »

Vicki était prête à accepter ce conflit né de la remise en question de sa culture. Toutefois, elle a fini par se réconcilier avec sa famille, et même avec son beau-père. Un an après avoir quitté la maison, elle a reçu un coup de téléphone sur le campus. À l'autre bout du fil, une voix masculine et familière a soupiré :

— Ce n'est pas possible, Vicki. Laisse-moi venir te chercher pour passer quelques jours à la maison.

Son beau-père est venu la prendre en voiture, l'a conduite chez eux, et tout le monde s'est retrouvé. Elle est redevenue proche de son beau-père. Ils n'ont pas cherché à nier leurs différences, et il a continué à la taquiner affectueusement toute sa vie, en la surnommant « notre petite démocrate » (alors que tous les membres de la famille étaient de fervents républicains).

Vicki a poursuivi sa route pour devenir enseignante spécialisée, *school superintendent* (fonctionnaire supervisant l'administration scolaire d'une circonscription), puis secrétaire d'État à l'Éducation, et elle a œuvré pour faire changer les normes et redonner du pouvoir aux gens qui avaient été évincés. C'est cette même volonté que nous avons observée chez les professeurs de Betsy Layne.

Les personnalités y étaient exubérantes et inoubliables, à commencer par Cassandra Akers, la principale du lycée. Cassandra aime Betsy Layne depuis longtemps ; elle en est sortie major de sa promotion en 1984. Elle vit toujours dans la maison où elle a grandi, que ses parents lui ont vendue quand elle a commencé à enseigner. Elle est l'aînée de sept enfants, et la seule de sa famille à être allée à l'université, aussi elle connaît bien les gens du coin, et les épreuves que doivent affronter les enfants.

— Nos élèves doivent savoir que nous nous attendons à de grandes réussites, dit-elle. Mais ils savent aussi que nous allons les aider à obtenir ce dont ils ont besoin, qu'il s'agisse d'enseignement, de cours particuliers, de soutien, de nourriture, de vêtements, d'un lit... N'importe quoi. On doit s'occuper de chacun d'eux.

L'une des plus grandes difficultés pour faire évoluer les habitudes consiste à redorer l'image que ces enfants ont d'eux-mêmes. Ils doutent d'eux, et ce manque de confiance est enraciné dans leur esprit par la société, les médias, et même par les membres de leur propre famille. Les parents qui n'ont jamais atteint leurs objectifs peuvent facilement faire germer leur propre manque d'assurance dans la tête de leurs enfants. Et quand cette habitude de douter de soi est ancrée, elle est difficile à perdre. Les victimes de cette insécurité se sentent souvent prises pour cible, et le psychologue de Betsy Layne m'a dit que de nombreux élèves avaient le sentiment que non seulement le monde était le plus souvent indifférent à leur sort, mais qu'il avait même parfois tendance à s'acharner sur eux.

Plus les difficultés des gens sont grandes, plus il est important leur faire découvrir une nouvelle culture et des ambitions inédites. Christina Crase, l'une des profs de maths dont j'ai fait la connaissance, m'a raconté que le jour de la rentrée, tout ce qu'elle demande aux élèves, c'est de lui donner deux semaines. Elle ne veut pas entendre parler de leurs échecs, elle ne veut pas savoir combien ils détestent les maths, ni à quel point leur retard dans cette matière est considérable. Elle leur dit :

– Laissez-moi l'occasion de vous montrer ce que vous pouvez faire !

L'un de ses projets consiste à aider les élèves à construire des maquettes de grande roue. La première fois qu'elle a présenté cette idée à sa classe, ils ont pensé qu'elle était dingue, mais ils étaient contents de s'atteler à la tâche. C'était plus facile que d'apprendre les maths ! Ils se sont donc investis dans le projet et ont construit leurs modèles réduits. Et quand Mme Crase a expliqué les fonctions sinus et cosinus, elle n'a eu qu'à faire le lien avec la grande roue, et tous ont compris le principe.

Les élèves avaient si bien intégré ces informations qu'une poignée d'entre eux a débarqué un jour en classe après avoir fait un tour à la kermesse du coin en disant :

– On n'est pas montés dans la grande roue, madame Crase.

– Pourquoi donc ?

– On n'avait pas confiance dans la stabilité de sa structure, ont-ils répliqué.

Puis ils se sont lancés dans des explications en utilisant des termes de calcul infinitésimal et de trigonométrie.

Après avoir visité des classes, Bill et moi nous sommes joints à des élèves pour déjeuner d'une pizza à la cafétéria. Un certain nombre d'entre eux ont avoué avoir eu peur de suivre des cours optionnels préparant l'entrée à l'université, parce que « ces cours-là, c'est pour les jeunes qui sont intelligents ». Mais ils s'y sont tout de même inscrits. Ils y ont appris beaucoup de choses, et notamment la plus importante : « C'est nous qui sommes intelligents. »

Les bonnes écoles ne se contentent pas de vous instruire ; elles vous changent.

Les filles à l'école

Une éducation égalitaire donne aux gens la conscience de leurs capacités, mais une éducation inégalitaire produit l'effet inverse. De tous les outils utilisés pour diviser la société et exclure des personnes, l'éducation inégalitaire est le plus tenace et le plus dévastateur. À moins d'un effort manifeste fourni pour inclure tout le monde, les écoles ne seront jamais un remède à l'exclusion ; elles en seront la cause.

Pourtant, en dépit des avantages fabuleux qui découlent de la scolarisation des filles, plus de cent trente millions d'entre elles dans le monde ne vont toujours pas à l'école. Ce chiffre est souvent cité comme un progrès, mais uniquement parce que les obstacles qui se dressaient entre les filles et l'école étaient pires avant. Durant mes propres années d'écolière, il y avait bien plus de garçons que de filles qui allaient à l'école dans le monde. Cette disparité était fréquente dans les pays où l'instruction n'était pas obligatoire.

Ces dernières décennies toutefois, les gouvernements ont pris le taureau par les cornes pour enrayer cet état de fait, et, dans l'ensemble, le succès a été au rendez-vous. La plupart des pays ont autant de filles que de garçons inscrits à l'école primaire. Mais l'objectif, bien entendu, n'est pas de s'assurer que les filles sont autant privées d'éducation que les garçons ! L'objectif est de supprimer tous les obstacles qui empêchent les enfants d'aller à l'école et, dans certains endroits, ces obstacles sont toujours plus importants pour les filles que pour les garçons. C'est particulièrement vrai pour l'enseignement secondaire, qui désigne généralement les années correspondant au collège et au lycée. En Guinée-Conakry, une fille sur quatre seulement est inscrite dans le secondaire, contre presque 40 % des garçons. Au Tchad, moins d'un tiers des filles sont inscrites dans le secondaire, alors que plus de deux garçons sur trois le sont. En Afghanistan aussi, à peine plus d'un tiers des filles fréquentent le secondaire, contre près de 70 % des garçons. Ces barrières ne disparaissent pas à l'université. Dans les pays à faible revenu, pour cent garçons qui poursuivront leurs études après le lycée, seulement cinquante-cinq filles feront de même.

Pourquoi y a-t-il moins de filles que de garçons dans l'enseignement secondaire et supérieur ? D'un point de vue économique, c'est un investissement sur le long terme que d'envoyer les filles à l'école, et pour les familles en situation d'extrême pauvreté, la priorité est la survie. Ces familles ne peuvent se passer de la main-d'œuvre que représentent les enfants, ou bien elles n'ont pas de quoi payer les frais de scolarité. Et, socialement parlant, les femmes et les filles n'ont pas besoin d'instruction pour jouer les rôles que les sociétés traditionnelles leur réservent. Au contraire : les femmes qui s'instruisent menacent ces rôles traditionnels. D'un point de vue politique, il est instructif de constater que les forces les plus extrémistes du monde telles que Boko Haram, qui a kidnappé deux cent soixante-seize écolières dans le nord-est du Nigeria en 2014, sont particulièrement hostiles à l'éducation des filles. (Les termes « Boko Haram » signifient « l'éducation occidentale est illicite ».) Les extrémistes disent aux femmes :

— Vous n'avez pas à aller à l'école pour être ce que nous voulons que vous soyez.

Ils incendient donc les écoles et kidnappent les écolières, espérant qu'ainsi les familles prendront peur et garderont leurs filles à la maison. Scolariser les filles est une attaque directe de leur opinion selon laquelle le devoir d'une femme est de servir un homme. Cette opinion a été contestée par une jeune femme du nom de Malala Yousafzai, cette Pakistanaise qui a survécu à une tentative d'assassinat par les talibans en 2012, à l'âge de quinze ans. Malala était déjà connue à l'époque. Son père, qui gérait un réseau d'écoles, l'avait poussée à tenir un blog qui évoquait sa vie en tant qu'écolière sous la domination des talibans. Ce blog a touché un large public et, à cette occasion, l'archevêque Desmond Tutu a nommé Malala lauréate de l'International Children's Peace Prize.

De sorte que, lorsqu'on a tiré sur Malala, il ne s'agissait pas de tuer au hasard une fille qui se rendait à l'école ; c'était un attentat contre une activiste célèbre commandité par des gens qui voulaient la faire taire, et effrayer celles et ceux qui partageaient ses opinions. Mais Malala ne s'est pas tue. Neuf mois après l'attentat, elle a prononcé un discours à l'ONU.

— Prenons nos livres et nos stylos, a-t-elle déclaré. Ce sont nos armes les plus puissantes. Un enfant, un professeur, un livre et un stylo peuvent changer le monde.

Un an plus tard, en 2014, Malala est devenue la plus jeune personne à recevoir le prix Nobel de la paix. (Elle était en cours de chimie quand elle a appris la nouvelle !)

J'ai rencontré Malala après qu'elle a reçu ce prix et, comme tout le monde, j'ai été très inspirée par son histoire. Mais quand je l'ai reçue lors d'un événement à New York en 2017, j'ai été encore plus inspirée par la façon dont elle a raconté son histoire. Malala ne s'est pas focalisée sur elle-même. Elle a dit :

— Je suis convaincue que nous pourrons voir *toutes les filles aller à l'école* au cours de ma vie, parce que j'ai confiance dans les responsables à l'échelle locale.

Puis elle nous a expliqué comment elle apportait son soutien aux activistes qui œuvraient pour envoyer les filles à l'école partout dans le monde, et nous a surpris en invitant ceux qui étaient présents à s'avancer. Ils sont montés sur scène et Malala a tendu son micro à ces personnes qui l'inspiraient.

Aujourd'hui, la fondation Malala parie sur les activistes de l'éducation sur toute la surface du globe. L'une de ces activistes forme les enseignants sur l'égalité femmes-hommes au Brésil. Une autre fait campagne pour supprimer les frais de scolarité au Nigeria. Au Pakistan, le pays natal de Malala, une autre organise des débats publics pour persuader les parents d'envoyer leurs filles à l'école.

Je vais suivre l'exemple de Malala et vous parler de gens et d'organisations qui m'ont inspirée. Il y a des gouvernements, qui du Kenya au Bangladesh ont massivement mis en place la gratuité de l'école pour les filles. Il y a l'ONU et la Banque mondiale, qui ont des programmes considérables pour l'éducation des filles. Et puis il y a des ONG, comme Camfed (Campaign for Female Education), qui rend l'école possible pour les filles les plus défavorisées. Parmi tous ces programmes fantastiques, je souhaite en distinguer trois qui m'impressionnent tout particulièrement ; le premier émane d'un gouvernement, le deuxième d'une organisation internationale, et le dernier d'une jeune femme massaï, qui s'est élevée contre des siècles de tradition pour faire changer les choses.

« *Agents du développement* »

L'une des idées les plus enthousiasmantes quant à l'éducation des filles vient du Mexique. Certaines des meilleures idées en matière de développement sont d'une grande simplicité

– *après* qu'on les a entendues. Mais il faut une personne visionnaire pour les imaginer et les faire aboutir. Dans les années 1990 au Mexique, de nombreuses familles ne pouvaient toujours pas envoyer leurs enfants à l'école parce qu'elles avaient besoin de la main-d'œuvre qu'ils constituaient pour s'en sortir. En 1997, un homme du nom de José Gómez de León et ses collègues ont proposé une nouvelle idée. Ils estimaient que les femmes et les filles étaient des « agents du développement », et ils ont mis cette conviction en pratique.

Le gouvernement traiterait l'éducation comme si c'était un travail, et paierait les familles pour qu'elles envoient leurs enfants à l'école. Les sommes payées seraient calculées en fonction de ce que les enfants auraient gagné s'ils avaient travaillé en échange d'un salaire ; un élève de cours élémentaire pouvait ramener dix dollars par mois, un lycéen soixante dollars. Le programme fut baptisé « Oportunidades » (« Opportunités »).

On s'assura que les sommes allouées aux enfants étaient données directement aux mères. Et, dans la mesure où les filles étaient plus susceptibles d'abandonner l'école que les garçons, elles reçurent un peu plus d'argent qu'eux pour y rester.

Après l'introduction du programme, on constata que les filles qui en bénéficiaient avaient 20 % de chances supplémentaires d'aller à l'école par rapport aux autres. Non seulement davantage de filles étaient scolarisées, mais leur scolarité était en outre plus longue. Le programme est venu en aide à près de six millions de familles.

Tout juste vingt ans après le lancement de ce programme, le Mexique est parvenu à l'égalité de genre dans l'éducation, et pas seulement au niveau primaire, mais aussi au lycée et à l'université. Et il affiche par ailleurs le plus haut pourcentage de diplômes d'informatique remis à des femmes.

La Banque mondiale a qualifié l'initiative mexicaine de « modèle pour le monde », soulignant que c'était la première à se concentrer sur les ménages en situation d'extrême pauvreté. Cinquante-deux pays ont désormais des programmes similaires.

Une avancée au Bangladesh

J'ai pris connaissance du travail de l'ONG Bangladesh Rural Advancement Committee (BRAC) lorsqu'elle a remporté un Gates Global Health Award en 2004, et j'ai rencontré son fondateur Fazle Hasan Abed au Bangladesh en 2005. En plus de son travail visionnaire dans le domaine de la santé et du microcrédit, l'ONG BRAC est le plus grand acteur privé et laïque du monde dans le secteur de l'éducation qui concentre sa mission sur les filles.

Dans les années 1970, alors que le Bangladesh se remettait de sa guerre de libération, la plupart des familles travaillaient dans de petites fermes ; elles luttaient pour s'en sortir et s'appuyaient énormément sur leurs enfants, et particulièrement sur leurs filles. Dans les années 1980, par conséquent, moins de 2 % des filles bangladaises fréquentaient l'école au-delà du cours moyen, et il y avait moitié moins de filles que de garçons sur les bancs du lycée. C'est à cette période que Fazle Hasan Abed, le Bangladais qui était devenu un brillant homme d'affaires en Europe, a décidé de rentrer chez lui pour fonder l'ONG BRAC et construire des écoles.

Aux débuts du BRAC, en 1985, chaque école de l'ONG devait avoir au moins 70 % de filles inscrites. Tous les professeurs devaient être des femmes, et toutes devaient venir des environs, afin que les parents n'aient rien à craindre pour la sécurité de leurs filles. Chaque école du BRAC fixait son propre calendrier pour tenir compte de celui des cultures, de façon que les familles qui avaient besoin de leurs filles pour les travaux agricoles puissent tout de même les envoyer à l'école. En outre, les écoles du BRAC ne faisaient pas payer les livres et les fournitures, de manière que les frais ne soient jamais une raison pour ne pas scolariser une fillette.

Alors que le nombre d'écoles du BRAC augmentait, les extrémistes religieux du pays se mirent à les incendier, car ils étaient conscients du fait qu'elles affranchissaient les femmes. Abed les reconstruisit. Il déclara que l'objectif du BRAC était de contester la culture qui opprimait les femmes ; les actions des pyromanes prouvaient bien que l'ONG obtenait des résultats. Aujourd'hui, il y a au Bangladesh plus de filles que de garçons au lycée, et le BRAC gère quarante-huit mille écoles et centres d'apprentissage dans le monde. Il intervient dans les endroits les plus dangereux du monde pour les filles qui fréquentent l'école, et aide lentement les cultures de ces régions à évoluer.

Remettre en cause des siècles de tradition

Dans de nombreuses régions rurales de l'Afrique subsaharienne, on attend des jeunes filles qu'elles obéissent aux coutumes de leur culture ; on ne veut pas qu'elles les remettent en cause, et certainement pas qu'elles les fassent changer.

Au Kenya, comme pour la plupart des autres filles de treize ans de la communauté massaï, l'avenir de Kakenya Ntaiy avait été planifié pour elle à la seconde où elle était née. Elle irait à l'école primaire jusqu'à sa puberté. Puis elle se ferait exciser, quitterait l'école et serait mariée à un garçon à qui on l'aurait fiancée dès l'âge de cinq ans. À compter de ce moment, elle irait chercher de l'eau, ramasserait du bois, nettoierait la maison, ferait la cuisine et travaillerait à la ferme. Tout avait été prévu et, quand la vie d'une fille est planifiée de la sorte, tout le monde s'y retrouve, sauf elle !

Le changement s'amorce lorsque quelqu'un dit : « Non ! »

La première fois que j'ai entendu parler de cette courageuse Massaï, c'était à l'occasion d'un concours de cinéma documentaire que notre fondation avait aidé à financer. Les films présentés parlaient de gens qui changeaient le monde, et le vainqueur avait fait le portrait de Kakenya.

Kakenya voulait être professeure. Cela signifiait qu'elle ne pouvait pas abandonner ses études au moment d'atteindre la puberté ; elle ne pouvait pas se marier, ni faire la cuisine ni le ménage pour sa nouvelle famille. Il fallait qu'elle reste à l'école. Je ne peux qu'imaginer son audace ; moi, autrefois, j'étais une brave petite écolière. Je recherchais l'approbation de tout le monde. J'ai eu la chance d'être en accord avec mes parents et mes professeurs quant à ce que je voulais faire de ma vie, mais si mes rêves et les leurs n'avaient pas concordé, j'ignore si j'aurais été capable de ne pas me laisser marcher sur les pieds.

Manifestement, Kakenya n'avait pas ces doutes. Quand elle a eu treize ans, elle a proposé un marché à son père : elle se laisserait exciser, mais seulement s'il était d'accord pour qu'elle reste célibataire et poursuive ses études. Le père de Kakenya savait que, si elle ne se faisait pas exciser, il serait déshonoré aux yeux de la communauté. Il savait que sa fille était assez coriace pour défier la tradition. Il a donc accepté le marché.

Le jour venu, Kakenya est entrée dans un enclos pour vaches près de sa maison, et sous le regard de toute sa communauté, une grand-mère du coin a sectionné son clitoris avec un couteau rouillé. Kakenya a saigné abondamment et la douleur l'a fait s'évanouir. Trois semaines plus tard, elle était de retour sur les bancs de l'école, déterminée à devenir professeure. Lorsqu'elle a obtenu son diplôme, une bourse complète lui a été offerte pour s'inscrire dans une université américaine.

Malheureusement, la bourse n'incluait pas le billet d'avion, et les gens de son village n'étaient pas vraiment enclins à lui payer le voyage : quand elle leur a annoncé qu'elle avait obtenu une bourse et leur a demandé de l'aide, ils ont soupiré :

– Quel gâchis… Ils auraient dû la donner à un garçon.

Kakenya a eu le courage de défier la tradition, mais elle a également eu la sagesse de la faire jouer en sa faveur. Dans la communauté massaï, une croyance veut que les bonnes nouvelles arrivent le matin. Ainsi donc, chaque matin, Kakenya a frappé à la porte de l'un des notables du village. Elle a promis que s'ils l'aidaient à poursuivre ses études, elle reviendrait changer leur vie.

Au bout du compte, elle est parvenue à convaincre le village de lui payer son billet d'avion.

Aux États-Unis, elle a obtenu non seulement une licence, mais aussi un doctorat en éducation. Elle a travaillé pour l'ONU. Elle s'est instruite au sujet des droits des femmes et des filles. Et, surtout, dit-elle :

– J'ai appris que je n'avais pas à négocier une partie de mon corps en échange de mon éducation. J'avais des droits.

Quand elle est retournée dans son village, conformément à sa promesse, elle a demandé aux anciens de l'aider à construire une école de filles.

– Pourquoi pas une école de garçons ? ont-ils demandé.

L'un d'eux a expliqué qu'il ne voyait pas l'intérêt d'éduquer les filles, mais qu'il avait du respect pour elle du fait qu'elle était revenue apporter son aide au village.

– Plusieurs de nos fils sont partis étudier aux États-Unis, a-t-il remarqué. Kakenya est la seule qui soit revenue pour nous aider, à ma connaissance.

Kakenya a saisi la balle au bond et a renchéri : puisque les garçons ne revenaient pas offrir leur aide, contrairement à elle, il était plus logique d'offrir une éducation aux filles, non ?

L'ancien ne fut pas indifférent à l'argument. Il dit alors :

– Ce qu'elle nous dit, ça nous touche… Elle veut apporter une école, de la lumière, et elle essaie de changer les vieilles coutumes et d'améliorer la vie des filles.

Les anciens ont donné le terrain destiné à la nouvelle école et, en 2009, le Kakenya Center for Excellence a ouvert ses portes.

L'école s'adresse aux filles en fin de cycle primaire, lorsqu'elles sont susceptibles d'être déscolarisées pour être mariées, et les aide à passer au collège. Le Kakenya Center fournit les uniformes, les livres et le soutien scolaire. En échange, les parents doivent accepter de ne pas faire exciser leurs filles, et de ne pas les marier tant qu'elles fréquentent l'école. Certaines élèves du centre se sont classées parmi les 2 % ayant obtenu les meilleurs résultats aux Kenya National Examinations, et sont parties étudier à l'université, au Kenya et à l'étranger.

Je ne sais absolument pas comment les gens trouvent le courage d'aller à contre-courant de la tradition ; quand ils le font, ils se rallient toujours des partisans qui ont les mêmes convictions qu'eux, mais pas autant d'audace. C'est ainsi que naissent les leaders. Ils disent ce que d'autres voudraient dire, et les entraînent dans leur sillage. Une jeune femme peut par ce moyen changer non seulement sa vie, mais aussi la culture dans laquelle elle a grandi.

Changer le regard des filles sur elles-mêmes

Toutes les femmes à qui j'ai parlé et toutes les données que j'ai examinées m'ont persuadée que la force la plus transformatrice de l'éducation est celle qui modifie l'image de soi de la fillette qui va à l'école. C'est cette force qui élève la société. Si l'image que les filles ont d'elles-mêmes ne change pas, leur fréquentation de l'école ne changera rien à la culture en place, parce qu'elles mettront alors leurs compétences au service des normes sociales qui les restreignent.

C'est le secret d'une éducation qui arme et qui libère : une fille apprend qu'elle n'est pas celle qu'on lui a dit être. Elle est l'égale de quiconque, et elle a des droits qu'elle doit défendre et revendiquer. C'est ainsi que s'amorcent les grands mouvements de changement social : quand les laissés-pour-compte rejettent la mauvaise image d'eux-mêmes que la société leur a imposée et entreprennent de la réinventer.

Sœur Sudha Varghese comprend cela mieux que personne de ma connaissance. Alors que Sudha était une jeune fille qui fréquentait l'école catholique dans le sud-ouest de l'Inde, elle a lu un jour un article au sujet des nonnes et des prêtres qui travaillaient avec les démunis, et elle a su instantanément qu'elle avait été appelée à mener une vie au service des autres. Elle est entrée dans les ordres, est devenue nonne et s'est mise au travail. Mais elle n'était pas convaincue. Le couvent était trop confortable. Les gens qu'elle servait n'étaient pas assez pauvres.

— Je voulais être avec les pauvres, dit-elle, et pas juste « des » pauvres, mais les plus déshérités de tous. Alors je suis allée chez les Musahar.

Sa foi avait enseigné à Sudha d'aller vers les gens rejetés aux confins de la société. Elle a choisi les plus marginaux de tous. *Musahar* signifie « mangeurs de rats ». Ce sont des intouchables en Inde : des personnes nées dans un système de castes qui les considère comme inférieures aux autres humains. Ils n'ont pas le droit d'entrer dans les temples ni d'emprunter les rues des villages. Ils ne peuvent pas manger aux mêmes tables ni se servir des mêmes ustensiles que les autres. Les Musahar sont si peu considérés que même les autres intouchables les méprisent.

Lorsque Sudha a décidé qu'elle voulait travailler avec les Musahar, rien n'avait été prévu pour cela, aucune organisation, qu'elle aurait pu rejoindre, n'existait. Elle s'est donc rendue seule jusqu'à une communauté de Musahar au nord-est de l'Inde, et a demandé aux gens un endroit où s'installer. On lui a donné un espace dans une grange à céréales, et elle s'est mise immédiatement au travail pour améliorer la vie des plus déconsidérés des Musahar : les femmes et les filles.

Sudha m'a raconté qu'elle avait demandé un jour à un groupe de femmes musahar de lever la main si elles n'avaient jamais été frappées par leurs maris. Pas une n'a levé la main. Elle s'est dit que sa question avait été mal comprise, aussi elle a demandé :

— Levez la main si votre mari vous a déjà frappée.

Toutes ont levé la main. Toutes les femmes présentes étaient battues au sein de leur propre foyer. Et, à l'extérieur, c'était pire. Les femmes musahar vivent dans la menace constante des violences sexuelles et affrontent un flot continu de mépris. Si les filles marchent à l'extérieur du village, les gens leur sifflent « *Musahar* » et leur rappellent qu'elles sont intouchables. Si elles se promènent ou rient trop ouvertement, quelqu'un les attrapera par le bras et leur dira que leur comportement est inacceptable pour une Musahar.

À partir du moment où elles viennent au monde, la société leur martèle en permanence qu'elles ne valent absolument rien.

En 2005, après avoir travaillé pendant plus de vingt ans pour améliorer la vie des femmes musahar – en essuyant beaucoup de mépris elle aussi, parce qu'elle vivait avec des intouchables, et en recevant des menaces de mort à la suite de ses tentatives pour faire traduire les violeurs en justice –, Sudha a décidé que la meilleure chose qu'elle pouvait faire était d'ouvrir un internat gratuit pour les filles musahar.

Elle raconte :

— Tout ce qu'elles ont toujours vu et entendu, tout ce qu'elles connaissent, c'est : « Tu n'es qu'une saleté. » Elles ont intégré cette idée : « C'est mon lot. C'est ce que je suis. Je n'ai pas le droit à un siège. Je vais m'asseoir à terre, ainsi personne ne m'ordonnera d'aller plus bas. » Toute leur vie, on leur a dit : « Tu es la dernière des dernières, tu es une moins que rien. Tu ne mérites rien. » Elles apprennent très vite à se taire, à n'espérer aucun changement et à ne rien demander de plus.

L'objectif de cette école était de renverser cette image que les filles avaient d'elles-mêmes. L'une de mes citations favorites des Saintes Écritures est celle-ci : « Les derniers seront les premiers, et les premiers seront les derniers. » Selon moi, cette phrase résume l'essence de la mission de sœur Sudha, qui commence par enseigner à ses élèves que, quoi que la société leur dise, elles ne devraient jamais se considérer comme les dernières.

Sudha a baptisé sa nouvelle école « Prerna », ce qui signifie « Inspiration » en hindi. Quand je lui ai rendu visite là-bas, elle m'a prise par la main et m'a présentée, en citant leurs noms, à toutes les élèves que nous avons croisées. Les filles ont souvent le mal du pays quand elles arrivent, et la sœur s'est arrêtée pour réconforter une jeune en larmes, lui caressant la tête tandis qu'elles se parlaient. Sœur Sudha touchait toutes les filles en s'adressant à elles, posant une main sur l'épaule de l'une, tapotant affectueusement le dos de l'autre, irradiant l'amour envers toutes celles qu'elle voyait. Si les filles se blessent, elle les soigne elle-même – parce qu'elles n'ont pas l'habitude que quiconque se soucie de leur état. Sœur Sudha veut affaiblir chez elles ce sentiment qu'elles ont d'être « intouchables ».

– Quand elles arrivent ici, explique-t-elle, elles ont le regard rivé au sol en permanence. Faire en sorte qu'elles relèvent la tête, c'est quelque chose.

Les jeunes filles que j'ai rencontrées avaient la tête haute et me regardaient dans les yeux. Elles étaient respectueuses, curieuses, pétillantes et à l'aise – un peu effrontées, même. L'une d'elles avait entendu dire que j'étais la femme de Bill Gates et m'a demandé combien d'argent j'avais sur moi. J'ai retourné mes poches vides en riant avec sœur Sudha.

À Prerna, les filles suivent toutes des cours des matières habituelles comme l'anglais, les maths, la musique ou l'informatique. Mais sœur Sudha propose également un programme spécial qu'elle a essayé d'enseigner aux Musahar dès qu'elle est arrivée parmi eux. Elle met un point d'honneur à ce que chaque fille connaisse ses droits : le droit d'étudier, le droit de jouer, le droit de se promener librement, le droit d'être en sécurité, le droit de se défendre.

Toute leur vie, on leur a seriné qu'elles valaient moins que rien, mais ici on leur apprend qu'elles ont les mêmes droits que les autres. Et qu'elles doivent se servir de leurs compétences pour défendre leurs droits.

Cette histoire d'autodéfense n'est pas qu'une leçon abstraite. Sœur Sudha fait apprendre le karaté aux filles. Étant donné qu'elles sont souvent la cible de violences sexuelles à la maison ou aux champs, sœur Sudha veut qu'elles sachent qu'elles ont le droit de ne pas être agressées, et le pouvoir d'affronter leur agresseur. (Il a justement été prouvé que l'enseignement de techniques d'autodéfense diminue les violences commises à l'encontre des adolescentes.) Sœur Sudha m'a raconté avec plaisir l'histoire d'une de ces filles envoyant un coup de pied dans le ventre d'un homme ivre qui sollicitait des faveurs sexuelles. Il a battu en retraite d'un pas titubant et n'est jamais revenu à la charge.

Apprendre le karaté (ou toute autre forme d'autodéfense) était déconcertant pour ces filles qu'on avait habituées à accepter les maltraitances. Mais elles ont travaillé dur, et leurs progrès ont été si impressionnants que leur professeur de karaté a suggéré que Prerna envoie une équipe aux compétitions nationales. Sœur Sudha a accepté ; il lui semblait que ce serait une bonne expérience pour elles de voyager. Les filles ont raflé l'or et l'argent pratiquement à toutes les compétitions auxquelles elles ont participé. Le ministre en chef de l'État du Bihar a souhaité les rencontrer et leur a proposé de financer le voyage au Japon pour les championnats du monde. *Les derniers seront les premiers.*

Sœur Sudha s'est occupée des passeports, des billets d'avion et des visas. Ces championnats lui apparaissaient comme une belle occasion de voir le monde. Les filles sont rentrées chez elle avec sept trophées, et un petit quelque chose en plus :

elles ont vu ce que ça faisait d'évoluer dans un monde qui ne les traitait pas avec dédain.

– Elles ont été tellement stupéfaites du respect que les gens leur témoignaient. Elles disaient : « Imaginez un peu, on s'incline devant moi, on me parle comme ça... »

C'était la toute première fois que ces filles se retrouvaient dans une société qui ne les méprisait pas. Cela les a aidées à comprendre que, si elles étaient traitées avec si peu d'égards dans leur pays, ce n'était pas à cause d'une tare qu'elles portaient en elles, mais bien d'un défaut propre à la société.

Une faible estime de soi et des coutumes sociales oppressives sont les déclinaisons intérieure et extérieure d'une même force. Mais le lien entre les deux donne aux opprimés la clé du changement. Si une fille peut améliorer l'opinion qu'elle a d'elle-même, elle peut faire évoluer la culture qui l'étouffe. Mais ce n'est pas quelque chose que toutes les filles peuvent faire seules. Elles ont besoin de soutien. La première défense face à une culture qui vous opprime, c'est une personne qui vous aime.

L'amour est la force la plus puissante et la moins utilisée pour changer le monde. On n'en dira pas un mot dans les débats politiques. Pourtant, mère Teresa, Albert Schweitzer, Mohandas Gandhi, Dorothy Day, Desmond Tutu et Martin Luther King Jr. ont agi avec acharnement et obstination pour la justice sociale, tout en insistant sur l'amour.

Une marque de notre malaise culturel vis-à-vis de l'amour se retrouve dans le fait que les politiciens n'en parlent jamais comme d'une qualification pour occuper des fonctions officielles. À mon sens, l'amour est l'une des plus hautes qualifications que l'on puisse avoir. Comme le dit le prêtre franciscain Richard Rohr, l'un de mes maîtres spirituels préférés : « Seul l'amour peut se charger du pouvoir en toute sécurité. »

Pour moi, l'amour est cet effort d'aider les autres à s'épanouir ; et cela commence souvent par le fait de redorer l'image qu'une personne a d'elle-même.

J'ai observé le pouvoir de l'estime de soi sur mes collègues et sur mes camarades de classe, à l'école primaire comme à l'université, tout comme dans les plus grandes sociétés du monde. J'en ai également fait moi-même l'expérience. Quand j'étais lycéenne à Dallas, j'ai rencontré une conseillère d'orientation qui avait des recommandations à me faire pour l'université. Alors que je lui parlais des écoles où j'espérais être prise, elle m'a répondu que je ne pourrais prétendre à aucune d'elles, et qu'il valait mieux que je revoie mes ambitions à la baisse. Elle a ajouté qu'il serait préférable de concentrer mes recherches sur une école plus proche de chez moi.

Si je n'avais pas été entourée de gens qui me tiraient vers le haut, j'aurais peut-être suivi ses conseils, et je me serais sous-estimée. Au lieu de quoi, je suis sortie de cet entretien en claquant la porte, furieuse contre cette conseillère et deux fois plus résolue à atteindre mes objectifs. Ce n'était pas grâce à *ma* force ; c'était la force des gens qui m'avaient montré mes dons et désiraient me voir m'épanouir. C'est pour cette raison que je m'enflamme à ce point pour les professeurs qui poussent les filles vers le haut avec tant de conviction : parce qu'ils changent la vie de leurs élèves.

Une fille qui reçoit de l'amour et du soutien peut commencer à s'affranchir de la mauvaise image de soi qui la bride. En gagnant de l'assurance, elle constate qu'elle est capable d'apprendre. En apprenant, elle découvre ses propres dons. En travaillant ses dons, elle voit sa force ; elle est capable de défendre ses droits. C'est ce qui se passe quand on donne de l'amour et non de la haine à ces filles. On leur fait relever la tête. Et leur voix porte enfin.

5

L'inégalité silencieuse

Le travail non rémunéré

Il y a quatre ou cinq ans, avant que je commence à me concentrer sur le fardeau domestique des femmes les plus pauvres du monde, j'ai entendu parler de Champa.

Champa était une mère de vingt-deux ans issue d'une région tribale de l'Inde centrale, qui vivait dans une hutte de deux pièces avec son mari, ses beaux-parents et ses trois enfants. Ashok Alexander, le responsable de notre antenne indienne, lui a rendu visite un matin avec un groupe d'agents de santé. On leur avait signalé que Champa avait une fillette de deux ans prénommée Rani qui souffrait de malnutrition aiguë sévère (une forme de dénutrition qui conduit rapidement à la mort si elle n'est pas traitée).

À l'arrivée des visiteurs, Champa est sortie de chez elle avec son enfant dans ses bras, le visage recouvert d'une *pallu*, une sorte de robe portée par les hindoues les plus conservatrices pour limiter leurs contacts avec les hommes. Champa tenait une liasse de documents médicaux qu'elle ne pouvait déchiffrer, et qu'elle a fourrée dans les mains d'Ashok.

En prenant les papiers, Ashok a regardé Rani. La fillette était si malnutrie que ses jambes ressemblaient à des brindilles, et sa mère ne pouvait rien y faire. On ne pouvait plus alimenter la petite avec de la nourriture normale ; il lui fallait un traitement spécial, à base d'aliments enrichis en nutriments et administrés à petites doses sous surveillance, ce qui ne pouvait se faire au village. Le seul espoir de Rani était d'aller au centre de traitement de la malnutrition du district ; si elle y parvenait, elle pourrait recouvrer la santé en quelques semaines. Mais le centre se trouvait à deux heures de bus ; Rani et Champa y seraient restées quinze jours, et le beau-père de Champa avait décrété :

— Elle ne peut pas y aller. Il faut qu'elle reste ici et qu'elle cuisine pour la famille.

Champa a expliqué tout cela aux agents de santé tout en gardant son visage couvert, même face aux autres femmes. Elle n'avait opposé aucune résistance à son beau-père, même pour sauver la vie de son enfant. Ashok a demandé à rencontrer le beau-père. Ils l'ont trouvé étendu dans un champ, cuvant une gnôle maison. Ashok lui a dit :

— Votre petite-fille va mourir si on ne la soigne pas.

— Ma belle-fille ne peut pas partir, a répondu le beau-père. Il est hors de question qu'elle s'absente pendant deux semaines.

Et quand Ashok a répété que Rani allait mourir, l'homme a répliqué :

— Si Dieu prend un enfant, il en donne toujours un autre. Dieu est très grand et très généreux à cet égard.

Personne n'avait proposé de prendre la place de Champa et de cuisiner en son absence. Elle n'avait aucun soutien, aucun volontaire dans sa famille pour intervenir et se charger de son travail, même dans cette situation d'urgence vitale. Rani a eu la vie sauve parce que les agents de santé qui étaient là sont intervenus et l'ont emmenée au centre de traitement pendant que Champa restait chez elle pour cuisiner. Rani a eu de la chance. Il y en a bien d'autres comme elle, dont les mères sont si asservies par leurs tâches ménagères et les normes sociales qu'elles n'ont pas le pouvoir de protéger leurs enfants.

Ashok nous a dit un peu plus tard :

— Ce n'était pas un cas exceptionnel. Je vois ça souvent. Les femmes n'ont aucun droit, aucune autonomie. Elles en sont réduites à cuisiner, à faire le ménage et à laisser leurs enfants mourir dans leurs bras, sans même montrer leur visage.

Le déséquilibre du travail non rémunéré

Pour les femmes qui passent tout leur temps à ce travail non rémunéré, les corvées quotidiennes tuent les rêves d'une vie. Ce que j'entends par « travail non rémunéré » ? Il s'agit des tâches domestiques, comme la garde des enfants ou le soin apporté à d'autres personnes, la cuisine, le ménage, les courses, etc., qui sont effectuées par un membre de la famille qui n'est pas payé pour le faire. Dans de nombreux pays, quand un village n'a pas l'électricité ou l'eau courante, le travail non rémunéré représente aussi le temps et l'énergie que les femmes et les filles consacrent à aller chercher de l'eau et à ramasser du bois.

C'est la réalité de millions de femmes, surtout dans les pays les plus pauvres, où elles assument une part bien plus grande du travail gratuit qui fait tourner une maisonnée.

En moyenne dans le monde, les femmes consacrent deux fois plus d'heures que les hommes à ce travail, mais les disparités sont immenses. En Inde, les femmes passent six heures *par jour* à effectuer ce travail non rémunéré, tandis que les hommes y consacrent moins d'une heure. Aux États-Unis en moyenne, les femmes dépassent quatre heures quotidiennes de travail non rémunéré, contre tout juste deux heures et demie chez les hommes. En Norvège, les femmes y consacrent trois heures et demie par jour, et les hommes trois heures environ. Il n'existe pas de pays où l'écart est réduit à zéro. Cela signifie qu'en moyenne, sur la durée d'une vie, les femmes effectuent sept années de travail non rémunéré de plus que les hommes. C'est à peu près le temps qu'il faut pour obtenir une licence *et* un master.

Quand les femmes peuvent réduire le temps qu'elles

passent à travailler gratuitement, elles augmentent celui qu'elles consacrent au travail rémunéré. De fait, réduire le temps de travail non rémunéré des femmes en passant de cinq heures à trois heures quotidiennes augmente d'environ 20 % la participation des femmes au marché du travail.

C'est d'une importance capitale, parce que c'est le travail rémunéré qui hisse les femmes vers l'égalité avec les hommes, en leur donnant pouvoir et indépendance. C'est pour cela que le déséquilibre entre femmes et hommes dans le domaine du travail non rémunéré est si important ; le travail gratuit qu'une femme effectue au sein du foyer est un obstacle aux activités qui peuvent la faire progresser : pousser plus loin ses études, s'assurer un revenu à l'extérieur, rencontrer d'autres femmes, devenir politiquement active... Les inégalités dans ce domaine bloquent le chemin des femmes vers l'émancipation.

Bien entendu dans ce débat, il faut préciser que s'occuper des membres de sa famille est une catégorie de travail non rémunéré qui donne un sens profond à la vie. Mais on n'attaque en rien le sens et la valeur des soins prodigués aux proches en disant qu'ils sont bénéfiques pour tous les membres de la famille (ceux qui apportent les soins et ceux qui les reçoivent) dès lors que la responsabilité est partagée.

En janvier 2014, je me suis rendue en Tanzanie avec ma fille Jenn pour un séjour chez l'habitant, dans une famille de Mbuyuni, un village à l'est d'Arusha, près du Kilimandjaro.

C'était la première fois que je restais dormir au logis d'une famille, et j'espérais comprendre leur vie d'une façon qui n'était pas accessible dans les livres ou les rapports que je lisais, ni même par le biais des conversations à bâtons rompus que j'avais avec les femmes rencontrées au cours de mes déplacements.

J'étais enchantée de vivre ce séjour avec Jenn, qui avait alors dix-sept ans et se trouvait dans sa dernière année de lycée. Depuis leur plus jeune âge, j'ai le désir de montrer le monde à mes enfants ; pas seulement pour qu'ils puissent comprendre les êtres humains qu'ils rencontrent, mais aussi pour qu'ils établissent un contact avec eux. Je n'ai jamais trouvé de sens plus profond à la vie que ce contact.

Depuis, j'ai également séjourné chez l'habitant avec mon fils Rory, au Malawi, où un adorable couple, Chrissy et Gawanani, nous a accueillis plusieurs jours avec leurs enfants. Gawanani a appris à Rory comment plumer un poulet pour le dîner. Il lui a ensuite montré le bétail en déclarant :

– Ce cochon, juste là, ce sera pour payer les études de mon fils.

Rory a vu que la façon dont les gens épargnent pour l'éducation de leurs enfants diffère selon les cultures, mais que le désir de voir s'épanouir sa progéniture est le même partout.

Phoebe, notre benjamine, a fait du bénévolat dans des écoles et des hôpitaux d'Afrique de l'Est, et envisage un avenir où elle passerait beaucoup de temps en Afrique. J'espère que la découverte d'autres peuples et d'autres lieux influencera ce que font mes enfants, mais je souhaite par-dessus tout qu'elle influence ce qu'ils sont. Je souhaite qu'ils voient que dans ce désir humain universel d'être heureux, d'exploiter ses talents, d'aider les autres, d'aimer et d'être aimé, nous sommes tous les mêmes. Personne ne vaut plus que son voisin, et tout le monde dispose du même droit au bonheur et à la dignité humaine.

C'est une leçon qui a résonné durant notre séjour en Tanzanie chez Anna et Sanare, un couple de Massaï installé dans un petit camp familial qu'ils avaient bâti au fil des années. Ils nous ont logées, Jenn et moi, dans ce qui était techniquement une chèvrerie. Anna et Sanare avaient vécu dans cette chèvrerie au moment de leur mariage ; par la suite, ils s'étaient construit une maison plus grande, d'autant que les chèvres avaient besoin de cet espace. Mais quand Jenn et moi sommes venues nous y installer, les chèvres sont retournées dehors quelques jours (du moins quand nous gardions la porte fermée !). J'ai appris davantage durant ce séjour qu'au cours de n'importe quel autre voyage que j'avais fait avec la fondation. Ce fut notamment très instructif au sujet des fardeaux que supporte une femme pour faire tourner la maison et la ferme.

Sanare partait le matin pour aller travailler sur le petit étalage de vente de la famille, à une heure de marche le long d'une route principale. Il y allait généralement à pied, mais parfois un voisin à moto le déposait. Anna restait chez eux pour travailler dans la maison et à la ferme, et Jenn et moi avons pu l'aider dans ses corvées et autres activités.

J'avais parcouru beaucoup de régions pauvres depuis les débuts de la fondation, et je n'ai jamais été surprise de voir les femmes assumer toute la cuisine, le ménage et les soins. Mais je n'avais jamais pleinement éprouvé la charge de leurs journées ; tout ce travail qu'elles abattaient à partir du moment où elles se réveillaient, avant l'aube, jusqu'à l'heure où elles allaient se coucher, bien après la nuit.

Jenn et moi avons accompagné Anna pour couper du bois à brûler ; nous avons débité des branches de bois noueux à l'aide de machettes émoussées. Nous avons marché une demi-heure pour aller chercher de l'eau avec des seaux que nous avons rapportés en les transportant sur nos têtes. Avec le bois, nous avons allumé un feu, et nous avons fait bouillir l'eau pour le thé, puis nous avons attaqué la préparation du repas : nous sommes allées chercher des œufs, nous avons trié les haricots, épluché les pommes de terre et cuit le tout au-dessus du feu. Une fois le dîner pris en famille, nous avons rejoint les femmes qui faisaient la vaisselle, ensemble, à dix heures du soir, dans la cour poussiéreuse de la ferme. Chaque jour, Anna était en mouvement pendant dix-sept heures d'affilée. Le nombre d'heures et l'intensité du labeur ont été une révélation pour moi. Je n'ai pas appris cela en lisant un livre ; je l'ai ressenti dans mes muscles, dans mes os. Je voyais bien qu'Anna et Sanare s'aimaient et qu'ils s'efforçaient du mieux qu'ils pouvaient d'avoir une relation égalitaire. Malgré tout,

Anna et les autres femmes du village assumaient une énorme charge de travail non rémunéré, qui était inégalement répartie entre les hommes et les femmes. Le problème n'était pas simplement que cela affectait la vie des femmes, mais aussi et surtout que cela assombrissait leur avenir.

Tandis que nous nous activions autour du feu dans sa cuisine, j'ai discuté avec Anna et je lui ai demandé ce qu'elle ferait si elle avait plus de temps. Elle m'a répondu qu'elle rêvait de monter sa propre entreprise ; elle souhaitait élever une autre race de poules pour aller vendre les œufs à Arusha, à une heure et demie de route de là. Ce revenu changerait leur vie, mais ce n'était qu'un rêve. Anna n'avait pas le temps de gérer une affaire ; elle consacrait déjà toutes ses journées à sa famille.

J'ai également eu l'occasion de parler avec Sanare. Il m'a raconté qu'Anna et lui s'inquiétaient pour leur fille Grace, qui n'avait pas réussi son examen pour être admise à l'école secondaire financée par le gouvernement. Elle pouvait tenter de le repasser mais, si elle échouait une seconde fois, elle n'aurait plus d'autre choix que d'aller dans un internat privé, ce qui serait très onéreux. Si Sanare et Anna ne parvenaient pas à trouver l'argent, Grace perdrait l'occasion d'une vie meilleure.

— Je suis inquiet à l'idée que la vie de ma fille ressemble à celle de ma femme, m'a-t-il confié. Si Grace ne va pas à l'école, elle restera à la maison et elle passera son temps avec les autres filles qui ne font pas d'études. Les familles vont commencer à marier ces filles, et Grace ne pourra plus attendre grand-chose de sa vie.

C'était une situation d'autant plus compliquée pour Sanare et Anna que leur fils Penda avait, lui, réussi son examen d'entrée à l'école publique, qui n'était pas gratuite mais relativement abordable. Ainsi, sa scolarité était assurée tandis que celle de Grace était incertaine.

Penda et Grace sont jumeaux. Ils sont dans la même classe.

Ils sont tous les deux intelligents. Mais Grace réalise davantage de tâches domestiques que Penda. Quand Grace effectue des corvées, Penda a du temps pour étudier.

Un soir où Jenn sortait de notre hutte avec sa lampe frontale, Grace est accourue et lui a demandé :

– Est-ce que tu voudrais bien me donner ta lampe en partant ? Comme ça, je pourrai faire mes devoirs pour l'école le soir, quand mes corvées seront terminées.

Grace était une jeune fille très timide qui venait juste de fêter ses treize ans. Mais elle a eu le cran de demander sa lampe à Jenn ; c'est dire combien c'était important pour elle.

Des filles comme Grace, il y en a des millions, et leur surcroît de travail non rémunéré pourrait faire la différence entre une vie radieuse et florissante, et une existence vouée à cuisiner et à nettoyer sans jamais avoir le temps d'apprendre et de se cultiver.

En revenant de Tanzanie, j'avais pu constater que le travail non rémunéré était plus qu'un symptôme du sexisme. C'était aussi un domaine où le changement pouvait favoriser l'émancipation des femmes, et je voulais en savoir plus.

Les pionnières

Pendant longtemps, les économistes n'ont pas reconnu le travail non rémunéré comme du travail ; pas plus qu'ils ne reconnaissaient le préjugé considérant que certaines tâches étaient du « travail de femme », ni celui qui sous-estimait le labeur que cela représentait, pas plus que celui qui aboutissait à une répartition inégale de ce fameux travail entre femmes et hommes. Des années durant, lorsque les économistes évaluaient la productivité d'une ferme familiale, ils calculaient les heures de ceux qui travaillaient à la ferme, sans prendre en compte les heures des femmes dont la cuisine, le ménage et les soins permettaient aux fermiers d'être productifs. Même des analystes très pointus sont passés à côté de ce travail pendant des années. Soit ils ne le voyaient pas du tout, soit ils niaient son importance, en partant du raisonnement que c'est ainsi que va le monde ; les femmes supportent ce fardeau supplémentaire, au même titre que la grossesse et l'enfantement.

Le manquement des économistes à prendre en compte le travail non rémunéré est devenu encore plus absurde alors que de plus en plus de femmes rejoignaient les rangs de la main-d'œuvre rémunérée. Une femme accomplissait une journée complète de travail. Une fois qu'elle en avait fini avec son travail salarié, elle aidait les enfants à faire leurs devoirs, elle passait l'aspirateur dans le salon, s'occupait du linge, préparait le dîner et mettait les enfants au lit – des heures et des heures d'un travail sans fin qui passait totalement inaperçu.

Une économiste du nom de Marilyn Waring a constaté ce profond biais de perception et s'est mise à chercher des moyens d'y remédier. Élue au Parlement de Nouvelle-Zélande en 1975 alors qu'elle avait tout juste vingt-trois ans, elle savait ce que c'était que d'être une femme qui travaille et d'être ignorée par les hommes qui décident des règles. Mais quand elle s'est mise en quête des recherches consacrées au travail non rémunéré des femmes, elle n'a rien trouvé. Elle a demandé à un économiste de l'aider, et celui-ci lui a répondu :

– En vérité, Marilyn, il n'existe pas de travaux qui font autorité en la matière. Tu en sais suffisamment long ; c'est à toi d'écrire là-dessus.

C'est ainsi que Waring a parcouru le monde pour étudier le travail non rémunéré. Elle a calculé que, si l'on embauchait des employés payés au tarif du marché pour réaliser tout le travail gratuit que les femmes prennent à leur charge, ce travail représenterait le plus gros secteur de l'économie mondiale. Et pourtant les économistes ne le comptaient pas comme du travail.

Waring le formule ainsi : on paie pour faire garder ses enfants. On paie le gaz pour faire fonctionner une cuisinière.

On paie le moulin qui transforme le blé en farine. On paie l'eau qui vient du robinet. On paie pour manger un plat servi dans un restaurant. On paie pour faire laver ses vêtements au pressing. Mais si une femme réalise tout cela elle-même – garder les enfants, couper du bois pour le feu, moudre les céréales, rapporter de l'eau du puits, cuisiner les repas et laver le linge –, personne ne la paie pour cela. Personne ne le compte même, parce que ce sont des « tâches ménagères », et parce que c'est « gratuit ».

En 1988, Waring a publié l'ouvrage *If Women Counted : A New Feminist Economics*. Comme le dit l'économiste américaine Julie Nelson : « Le travail de Marilyn Waring a éveillé les gens. »

En 1985, l'ONU a donné quinze ans aux pays pour intégrer la valeur du travail non rémunéré des femmes. Après la sortie du livre de Waring, le délai a été raccourci à dix ans.

En 1991, un membre féminin du Congrès américain a déposé une proposition de loi qui demandait au Bureau of Labor Statistics[*] de comptabiliser les tâches ménagères, la garde d'enfants et d'autres tâches non rémunérées dans ses enquêtes sur l'emploi du temps. Cette loi ne fut pas votée (les femmes ne représentaient que 6 % des membres du Congrès à l'époque). Elle fut à nouveau soumise au vote en 1993, puis en 1995. Chaque fois, elle fut rejetée.

Comme Waring l'a écrit : « Les hommes n'abandonneront pas facilement un système dans lequel la moitié de la population mondiale travaille pour pratiquement rien », surtout dans la mesure où les hommes reconnaissent que c'est « précisément *parce que* cette moitié travaille pour si peu qu'elle est susceptible de ne plus avoir d'énergie pour lutter pour quoi que ce soit d'autre ».

Finalement en 2003, le Bureau of Labor Statistics a entrepris

---

[*] Établissement gouvernemental américain en charge des données statistiques relatives au département du Travail. (*NdT.*)

de mener une enquête nationale sur l'emploi du temps en mesurant les heures consacrées aux tâches ménagères et aux enfants. Cette enquête montre que les hommes ont plus de temps pour les activités récréatives, comme le jeu ou le sport, tandis que les femmes accomplissent non seulement davantage de travail non rémunéré, mais aussi davantage de travail tout court.

La reconnaissance de ce problème a conduit à quelques tentatives pour y remédier. Après que Waring a eu publié son livre, l'économiste Diane Elson a élaboré un cadre de réflexion en trois parties afin de réduire, entre les femmes et les hommes, l'écart de temps consacré au travail non rémunéré. Elle l'a baptisé « les 3 R » : reconnaître, réduire, redistribuer.

Elson dit que nous devons commencer par *reconnaître* que ce travail gratuit est effectué. C'est pourquoi nous devons faire en sorte que les gouvernements comptabilisent les heures que les femmes y passent. Puis nous pouvons *réduire* le nombre d'heures que prend ce travail, en recourant à certaines technologies comme les fourneaux, les machines à laver ou les tire-lait améliorés. Enfin, nous pouvons *redistribuer* le travail qu'il n'est pas possible de réduire, de façon que les femmes et les hommes se le partagent plus équitablement.

Réfléchir au concept du travail non rémunéré influence ma vision de ce qui se passe chez nous. Je tiens à être honnête ; j'ai bénéficié d'une formidable aide au long cours pour élever nos enfants et mener à bien nos tâches ménagères. Je ne connais pas toutes les difficultés personnelles des autres couples qui doivent jongler entre le travail et les responsabilités d'une famille et d'un foyer. Je ne peux pas parler à leur place, et je n'irais jamais comparer ma situation aux leurs. Mais je sais reconnaître un déséquilibre dans le travail non rémunéré quand je le vois dans ma propre maison – et je le vois, en effet ! C'est beaucoup de travail d'élever des enfants : les emmener à l'école, chez le médecin, à leurs entraînements de sport et à leurs cours de théâtre ; superviser leurs devoirs ; leur faire prendre leurs repas ; assurer les liens avec la famille et les amis lors des fêtes d'anniversaire, des mariages, des remises de diplôme. Cela prend beaucoup de temps. Et à différents moments, je me suis tournée vers Bill, épuisée, et j'ai dit : « À l'aide ! »

Quand Jenn est entrée à la maternelle à l'automne 2001, nous avons trouvé une école qui était parfaite pour elle, mais se trouvait à trente ou quarante minutes de voiture de chez nous. Il y avait un pont à emprunter, et je savais que j'allais faire ce trajet deux fois par jour. Quand je me suis plainte à Bill de tout le temps que j'allais passer en voiture, il a dit :

— Je peux faire une partie des trajets.

— Vraiment ? Tu ferais ça ?

— Bien sûr. Ça me donnera du temps pour discuter avec Jenn.

C'est donc ce qu'il a fait. Il quittait la maison le matin, déposait Jenn à l'école, faisait demi-tour, retraversait notre quartier et poursuivait sa route jusqu'aux locaux de Microsoft. Deux fois par semaine. Au bout de trois semaines environ, lorsque c'était mon tour, j'ai commencé à remarquer que de nombreux pères déposaient leurs enfants à l'école. J'ai interrogé une des mères :

— Hé, qu'est-ce qui se passe ? D'où sortent tous ces papas ?

Elle a répondu :

— Quand on a vu Bill accompagner Jenn, on est rentrées chez nous et on a dit à nos maris : « Bill Gates emmène sa fille à l'école ; toi aussi, tu peux faire ça. »

Quelques années plus tard, alors qu'un soir j'étais une fois de plus la dernière dans la cuisine après le dîner, en train de débarrasser la table où nous avions mangé tous les cinq, dans un accès de rébellion, j'ai déclaré :

— Personne ne quitte la cuisine tant que maman n'a pas quitté la cuisine !

Il n'y a rien dans le rôle de mère qui implique que je doive tout ranger pendant que les autres partent digérer tranquillement. Bill était d'accord avec ça – même si c'était surtout parce qu'il fait partie de ces types qui préfèrent s'occuper de la vaisselle, étant donné que personne d'autre ne la fait comme il faut !

Si j'essayais de lire dans les pensées de mes lecteurs à ce stade, je m'inquiéterais que certains d'entre vous ne songent : Oh non, la dame privilégiée en a assez de rester toute seule dans la cuisine. Mais elle n'a pas à se lever avant l'aube, elle. Ses enfants n'ont pas à prendre le bus. Son mode de garde est fiable. Son mari est volontaire pour conduire les enfants à l'école et faire la vaisselle... Je sais. Je sais. Si je décris ma propre situation, ce n'est pas parce que c'est un problème, mais parce que c'est mon point de vue sur le problème.

Les familles s'en sortent chacune à leur manière, et toutes peuvent avoir besoin d'aide pour l'éducation des enfants et la tenue du foyer. À l'été 2018, nous nous sommes réunis avec les chercheurs que je finance pour étudier comment, dans une dizaine d'endroits différents aux États-Unis, des familles gèrent leurs responsabilités ménagères : quels appareils elles utilisent pour gagner du temps, comment elles se répartissent les tâches, de quelle manière les politiques publiques les aident, et quel impact ont leurs revenus sur la façon dont elles s'occupent des membres de la famille.

La façon dont les chercheurs ont parlé de leur travail a été très émouvante pour moi. Prendre soin des autres est une chose humaine ; et quand il s'agit de jeunes enfants ou de parents vieillissants, ce devrait être un acte d'amour. Ces moments peuvent être parmi les plus riches de sens dans nos vies. Mais si l'on part du principe que les femmes prendront en charge toutes ces tâches, alors ce qui devrait être une joie devient un fardeau, et ce travail qui devrait être partagé isole celle qui l'accomplit. J'espère que ces recherches nous donneront un bon aperçu des compromis auxquels consentent les Américains. Qu'est-ce qui pousse certaines personnes à se priver d'un revenu pour élever les enfants et gérer le foyer ? Qu'est-ce qui incite certains à travailler à la maison, et d'autres à travailler à l'extérieur ? Et quelle est la part de sexisme intégrée à ces décisions ? L'examen de ces questions pourrait mener à une politique publique et à une politique d'incitations économiques qui aideraient les gens à jongler avec leurs devoirs familiaux ; ainsi, nous pourrions tous nous consacrer davantage à ce qui donne tout son sens à la vie.

Révéler les préjugés cachés

On ne pourra pas résoudre les inégalités du travail non rémunéré tant que le sexisme tapi dessous ne sera pas visible. Révéler le sexisme est une expérience stupéfiante pour les gens qui voient soudain leurs propres angles morts – peu importe dans quelle région du monde ils vivent.

Il y a quelques années, je me suis rendue dans le Malawi rural et j'ai assisté à un dialogue organisé par un groupe local qui avait pour but de révéler les préjugés cachés. Je me rappelle avoir été assise dans un cercle de femmes et d'hommes, sous un grand arbre à côté d'une parcelle agricole. Face à nous, une agricultrice prénommée Ester tenait une grande feuille de papier sur laquelle elle avait dessiné une horloge. Ester a demandé aux hommes assis dans le cercle de lui décrire à quoi ressemblait typiquement une de leurs journées. Ils ont parlé du temps qu'ils passaient à travailler aux champs, à dormir, à manger et à se reposer.

Puis Ester a demandé la même chose aux femmes. Leurs journées étaient beaucoup plus remplies. Entre le bois et l'eau qu'elles allaient chercher, la cuisine et le temps passé à s'occuper des enfants, ces femmes avaient déjà un travail à temps complet avant même d'avoir mis un pied dans les champs. Cela leur laissait moins de temps pour s'occuper de leurs propres parcelles, quand bien même leurs familles comptaient sur ce qui y poussait pour survivre.

Il y eut parmi les hommes beaucoup d'hilarité et de plaisanteries, en partie dues à cette découverte qui les mettait mal à l'aise : leurs femmes travaillaient plus dur qu'eux. Manifestement, ces hommes étaient surpris. Ils ont dit qu'ils n'avaient jamais vraiment remarqué combien leurs femmes étaient occupées.

Lors d'un autre atelier auquel j'ai assisté le même jour, les femmes et les hommes devaient mimer un dîner ordinaire. Traditionnellement au Malawi, les hommes mangent les premiers, séparément du reste de la famille, et ont droit aux meilleurs morceaux. Ensuite, leurs épouses et leurs enfants mangent ce qu'il reste. Un groupe de volontaires mima donc ce repas pour l'assemblée ; l'homme engloutissait la nourriture tandis que sa femme et ses enfants le regardaient d'un air affamé. Un autre groupe de volontaires rejoua la scène d'une façon différente : cette fois, toute la famille était à table, chacun bavardant tout en mangeant à sa faim.

Il y avait un troisième exercice, mon préféré, qui s'appelait « Personne contre chose ». Dans ce jeu de rôle, une épouse et son mari échangent leurs places. Elle peut lui donner des ordres, le diriger pour qu'il accomplisse des tâches considérées comme de la responsabilité de la femme. Lui doit s'efforcer d'imaginer sa charge de travail et voir ce que ça fait de recevoir des ordres. Les gens avec qui j'ai parlé au village et qui avaient fait cet exercice avec leur conjoint quelques mois plus tôt m'ont dit que cela avait marqué un tournant dans leur mariage.

Après les exercices, j'ai demandé à un groupe d'hommes qui avaient déjà suivi la formation quelles conséquences elle avait eues sur eux. L'un d'eux raconta qu'il cachait autrefois l'argent qu'il gagnait pour que sa femme ne l'oblige pas à le dépenser pour le compte de la famille. Un autre expliqua qu'il forçait son épouse à réaliser les tâches qui étaient du « travail de femme ». Il dit :

— Au départ, le mot « genre » ne voulait rien dire pour moi. Ma femme avait essayé de me l'expliquer, mais je ne voyais pas comment un homme pouvait faire le travail d'une femme, ni une femme celui d'un homme.

La formation sur les discriminations liées au sexe avait changé tout ça. Les hommes ont évoqué les corvées ménagères qu'ils partageaient désormais, et les décisions qu'ils prenaient de concert avec leurs épouses. Un homme m'a dit qu'il appréciait la façon dont sa femme remettait ses choix en question, parce qu'elle disait « des choses sensées ».

J'ai demandé s'il était plus dur pour eux de contrôler leurs finances à présent que leurs femmes avaient leur mot à dire. Tous ont admis que c'était le cas, tout en reconnaissant que ça en valait la peine, car, comme l'a souligné l'un d'eux :

— Maintenant, on se concentre sur ce qui nous sert à tous les deux.

Ces dialogues sur le genre au Malawi m'ont ravie, car ils ont prouvé que le sexisme pouvait être combattu même au sein de cultures très traditionnelles. Le sexisme est souvent inconscient. Voyons ce qui se passe lorsqu'on le met en lumière. Examinons les données. Comptabilisons les heures. Partageons le travail, cultivons un esprit de partenariat. Voyons comment la vie s'améliore lorsque nous mettons fin à cette séparation factice entre travail de femme et travail d'homme.

MenCare, un groupe dirigé par Gary Barker, incite les hommes du monde entier à prendre en charge des tâches de soin ; il diffuse des données convaincantes sur les raisons pour lesquelles les hommes devraient s'y intéresser. Ainsi, les hommes qui partagent les devoirs parentaux sont plus heureux ; ils ont de meilleures relations de couple et des enfants plus épanouis. Quand les pères assument au moins 40 % des responsabilités liées aux enfants, leur risque de dépression et de toxicomanie est plus faible, leurs enfants obtiennent de meilleurs résultats à l'école, ils ont une meilleure estime d'eux-mêmes et moins de problèmes de comportement. Et selon MenCare, les pères au foyer affichent les mêmes modifications d'hormones cérébrales que les mères au foyer, ce qui suggère que l'idée selon laquelle les mères sont biologiquement plus aptes à s'occuper des enfants n'est pas nécessairement vraie.

Équilibrer le travail non rémunéré, équilibrer les relations

Il est vrai que les femmes sont naturellement douées pour s'occuper des autres et qu'elles ont les compétences pour s'occuper d'un intérieur. Mais c'est tout aussi vrai pour les hommes. Lorsque les femmes prennent exclusivement ces devoirs en charge, les compétences des hommes dans ces rôles s'atrophient, tandis que celles des femmes ne se développent pas par ailleurs. Lorsque les hommes cultivent leurs facultés à prodiguer des soins, cela double le nombre de personnes compétentes pour s'occuper des autres. Les hommes sont ainsi encouragés à nouer des liens forts avec leurs enfants, et c'est une source de joie qui dure toute la vie. En outre, cela aide aussi bien les hommes que les femmes à développer une palette plus étendue de capacités. Encore mieux, ce changement améliore les relations entre femmes et hommes en atténuant la domination masculine. Dès que l'on est face à une catégorie de tâches considérées comme féminines et que les hommes délaissent, on renforce une hiérarchie artificielle qui empêche les hommes et les femmes de travailler ensemble de manière constructive. Briser cette hiérarchie conduit en réalité à une émancipation des *hommes*, car cela leur permet de découvrir le pouvoir du partenariat et de développer leur faculté de prendre soin des autres.

Dans *Journey of the Heart*, un livre extraordinaire sur les relations, John Welwood souligne ce qu'il appelle « un processus naturel d'équilibrage » entre les partenaires. Il écrit : « Tout ce qu'un des deux partenaires ignore, l'autre éprouvera plus vivement le besoin d'insister dessus. Quelle que soit la qualité d'être que je nie, comme la puissance, la douceur ou l'espièglerie, mon partenaire ressentira le désir irrépressible de l'exprimer plus fortement. »

Cette dynamique est ce qui permet à certains partenaires d'ignorer des choses qui ne les laissent pourtant pas indifférents, parce qu'ils savent que l'autre fera le travail pour eux deux. Un exemple fréquent serait celui de cet homme qui apprécie de voir ses amis, mais ne prévoit rien avec eux parce qu'il sait que sa partenaire s'en soucie davantage, et qu'elle se chargera de tout organiser s'il ne s'en occupe pas.

Seulement, laisser son conjoint ou sa conjointe gérer quelque chose qui nous tient également à cœur mène à se séparer d'une partie de soi. Quand un des deux partenaires abandonne à l'autre le rôle de s'occuper des enfants ou d'assurer les revenus du foyer, il ou elle se coupe de son pouvoir, ou de ses enfants. Mais le plus grand dommage, peut-être, c'est que les deux conjoints se coupent l'un de l'autre.

Une bien meilleure approche est possible. Au lieu d'avoir un partenaire qui ignore un besoin tandis que l'autre insiste dessus, partageons ce besoin. Nous ne cherchons pas à ce que le temps que l'on y passe soit strictement et mathématiquement le même pour chacun, mais nous reconnaissons tous deux ce dont la famille a besoin, et nous nous organisons pour nous en occuper conjointement. Il n'y a plus de « ça, c'est mon boulot, ça, c'est le tien ». Ce boulot devient le *nôtre*.

Si l'on divise les tâches avec rigidité, alors on rogne sur ce qu'on partage, ce qui peut abîmer l'alliance. On peut plutôt revendiquer une organisation souple où l'on partage tout à différents degrés. On développe une alliance complète et complémentaire, avec une hiérarchie naturelle fondée sur le talent et l'expérience, où chacun peut enseigner et apprendre, suivre ou diriger, et où les deux ne font qu'un.

Bien entendu, si l'on abandonne le modèle où un partenaire s'acquitte de ces tâches-ci tandis que l'autre gère ces tâches-là, on risque de devoir passer plus de temps à discuter pour s'organiser, mais c'est le chemin de l'épanouissement. Comme le dit Welwood, « c'est la chaleur et la friction provoquées par les différences entre deux personnes qui les poussent à explorer de nouvelles manières d'être ».

Une grande partie des recherches que j'ai examinées sur le travail non rémunéré est centrée sur des foyers composés d'un homme, d'une femme et de plusieurs enfants. Mais on ne peut pas s'attendre que les mécanismes du travail non rémunéré observés dans un foyer de ce type s'appliquent de la même manière à d'autres situations familiales. Nous devons être conscients des biais possibles et rassembler davantage de données, de façon à voir autant ce qui est commun à de nombreuses familles que ce qui en distingue certaines, et prendre en considération les différentes organisations familiales – qu'il s'agisse de couples sans enfants, d'un foyer composé de deux mères, ou de deux pères, ou bien d'un parent célibataire en garde alternée, ou encore comportant des grands-parents et d'autres membres de la famille élargie.

Une alliance égalitaire : le thème caché du travail non rémunéré

La répartition déséquilibrée du travail gratuit est un sujet captivant pour moi, en partie parce que c'est un fardeau courant que de nombreuses femmes ont en commun, mais aussi parce que les racines de ce déséquilibre sont si profondes qu'on ne peut pas simplement les résoudre avec une solution technique. On doit renégocier les termes de la relation. Pour moi, aucune question n'importe autant que celles-ci : votre relation primordiale est-elle fondée sur l'amour, le respect et la réciprocité ? Repose-t-elle sur un sentiment d'appartenance, de travail d'équipe et de croissance mutuelle ? Je pense que nous nous posons tous ces questions d'une manière ou d'une autre, parce que c'est à mon sens l'un des désirs les plus impérieux de l'existence.

Il y a des années de cela, je discutais avec mon amie Emmy Neilson de la vie, du mariage et de certaines difficultés auxquelles j'étais confrontée à la maison et au travail. Emmy est l'une de mes plus grandes amies. Elle était mariée à John Neilson, que j'ai également compté parmi mes meilleurs amis chez Microsoft. John et Emmy étaient le couple d'amis le plus proche que nous avions, Bill et moi, jusqu'à ce que John décède d'un cancer à trente-sept ans. Depuis, Emmy et moi nous sommes encore rapprochées. Ce jour-là, je lui racontais donc certaines des difficultés qu'il y a à être mariée à Bill, comme le fait de se sentir parfois invisible, même lors de projets sur lesquels nous avons travaillé ensemble. Emmy m'a dit :

— L'homme que tu as épousé a une voix qui porte, Melinda.

Je lui suis reconnaissante pour cette réponse pleine de sagesse parce qu'elle m'a permis de prendre du recul. J'essaie de trouver ma propre manière de m'exprimer aux côtés de Bill – et cette proximité fait qu'il n'est pas toujours évident d'être entendue.

Il aurait été facile pour moi de laisser Bill parler pour nous deux. Mais si je l'avais laissé s'exprimer en notre nom, alors certaines choses importantes n'auraient pas été dites, et ça n'aurait guère été stimulant, ni pour moi ni pour lui. Je voulais m'exprimer en mon nom, et je voulais une alliance de plain-pied avec lui ; je ne pouvais avoir l'un sans l'autre, aussi il me fallait trouver comment faire pour concilier les deux avec un homme qui avait l'habitude d'être le patron. Clairement, je n'allais pas être l'égale de Bill en tous points, pas plus que lui ne serait le mien, mais pouvais-je parvenir à une alliance égalitaire ? Et Bill *souhaiterait-il* une telle alliance ? Qu'est-ce que ça impliquerait, pour lui ?

Ces questions figurent parmi celles qui m'ont tourmentée aux débuts de notre mariage, et je voudrais vous raconter quelques histoires et certaines réflexions sur la manière dont Bill et moi nous sommes dirigés vers une alliance égalitaire – ce qui est, au final, le thème caché de toute discussion sur le travail non rémunéré.

Lorsque nous avons eu Jenn tout d'abord, je me suis sentie très seule dans notre couple. Bill était le P-DG de Microsoft à l'époque, sans doute au sommet de son implication là-bas. Il était plus qu'occupé ; tout le monde se l'arrachait, et je songeais : *Bon, peut-être qu'il voulait des enfants en théorie, mais pas pour de vrai.* En tant que couple, nous ne mûrissions pas de réflexion quant à nos valeurs et à la manière dont nous allions les transmettre à nos enfants ; aussi j'avais l'impression que je devais réfléchir à beaucoup de choses toute seule.

Assez tôt, nous avions emménagé dans cette agréable maison familiale que j'avais trouvée après nos fiançailles. Elle convenait tout à fait à Bill. Mais, un an et demi plus tard, nous l'avions quittée pour cette énorme maison que Bill avait commencé à construire quand il était célibataire. Je ne souhaitais pas particulièrement déménager ; en fait, il me semblait même que Bill et moi n'étions pas sur la même longueur d'onde à ce sujet, mais nous avions très peu de temps pour en parler. C'est ainsi que, au milieu de tout ça, je crois que j'ai fait une sorte de crise identitaire. Qui désirais-je être dans ce mariage ? Cela m'a poussée à réfléchir à la personne que j'étais et à ce que je voulais faire. Je n'étais plus une cadre au sein d'une entreprise d'informatique. J'étais une mère avec un petit enfant et un mari très occupé qui voyageait beaucoup ; nous allions nous installer dans une maison gigantesque, et je me demandais ce que les gens penseraient de moi, parce que cette maison, ce n'était pas moi.

J'en étais à ce point de mes réflexions quand j'ai entamé

la longue ascension vers une alliance égalitaire. Nous avons parcouru un long chemin durant les vingt et quelques années qui se sont écoulées depuis cette époque. Clairement, nous voulions tous deux une union égalitaire et, au fil du temps, nous avons pris les mesures nécessaires pour y parvenir.

Bill a souvent dit en interview qu'il avait toujours eu une partenaire dans tout ce qu'il avait fait. C'est vrai, mais cette partenaire n'a pas toujours été son *égale*. Bill a dû apprendre à se considérer comme mon égal, et j'ai dû apprendre à m'affirmer pour parvenir à être son égale. Nous avons dû analyser qui était bon à quoi, puis nous assurer que chacun en faisait plus dans sa partie sans mettre trop la pression à l'autre dans les domaines qui n'étaient pas son fort. Mais nous avons aussi dû nous débrouiller avec les sujets sur lesquels nous avons tous les deux des avis tranchés, mais contradictoires. Nous ne pouvons pas les éviter, parce que nous prenons ensemble toutes les décisions importantes ; et si nous n'apprenons pas à régler nos conflits majeurs par l'écoute et le respect, alors même les petites divergences deviendront de vrais litiges.

L'une des mesures les plus utiles que nous avons prises pour développer une relation de couple égalitaire s'est imposée après la naissance de notre benjamine, Phoebe, en 2002. Je travaillais dans les coulisses de la fondation, et cela me convenait. Bill s'y impliquait moins que moi au quotidien (il était toujours à temps plein chez Microsoft), mais quand il apparaissait publiquement, c'est à lui que les journalistes posaient des questions sur la fondation, si bien qu'il en est devenu la voix et le visage, et la presse s'est mise à écrire et à discourir sur « la fondation de Bill ». Cela ne correspondait pas à la réalité, et ce n'était pas non plus ainsi que nous la considérions, mais cette image s'imposait parce que Bill prenait publiquement la parole au sujet de la fondation, et moi pas. Nous en avons donc discuté, et nous sommes convenus que je devais sortir de l'ombre pour me présenter en tant que cofondatrice et coprésidente ; en effet, nous souhaitions faire savoir aux gens que nous étions deux à travailler et à élaborer des stratégies. Cette décision nous a mis sur la voie d'un partenariat équitable.

Une seconde décision prise très tôt a renforcé notre alliance, et continue à nous rendre service aujourd'hui. Nous avions commencé à embaucher du personnel à la fondation, et certaines personnes disaient :

— Écoutez, Melinda passe plus de temps sur l'éducation, les bibliothèques et le travail sur le nord-ouest des États-Unis, tandis que Bill se charge davantage des questions de santé mondiale ; alors pourquoi ne se partageraient-ils pas les rôles comme ça : Bill sur la santé à l'international et Melinda sur les programmes américains et l'éducation ?

Nous avons discuté tous les deux de cette possibilité, mais nous avons conclu que ce n'était pas ce que nous voulions. Rétrospectivement, cela aurait été une grosse perte si nous nous étions réparti les rôles ainsi, parce qu'aujourd'hui nous partageons tout. Quoi que nous apprenions, lisions ou observions, nous le partageons avec l'autre. Si nous avions scindé nos missions, nous travaillerions dans des univers séparés qui se rencontreraient rarement. Cela aurait peut-être été une répartition égalitaire, mais ça n'aurait pas été une *alliance* égalitaire. Ce fonctionnement aurait davantage ressemblé à un jeu en parallèle : je n'empiète pas sur ton territoire et tu n'empiètes pas sur le mien. Cette décision a, elle aussi, favorisé notre cheminement vers une alliance égalitaire.

Si je suis naturellement encline à penser qu'un mariage peut grandir et évoluer, c'est peut-être surtout grâce à mon père, qui était pour moi un modèle de la façon dont un homme peut nourrir son mariage.

Alors que ma mère et lui étaient encore de jeunes parents, mon père a reçu un appel d'un ami qui lui a dit :

— Il faut qu'Elaine [ma maman !] et toi vous inscriviez

à un week-end de retraite Marriage Encounter[*]. Fais-moi confiance. Vas-y, c'est tout. On s'occupera des enfants.

Son ami, catholique également, venait de participer à une de ces sessions sur la communication dans le mariage, et il en était revenu euphorique. Convaincu, mon père en a parlé avec ma mère, qui a accepté avec joie. *Évidemment* qu'elle a accepté. Ma mère a foi dans le mariage, dans les retraites, et foi en l'Église. Alors c'était tout naturel qu'elle participe à une retraite sur le mariage organisée par l'Église. Ma mère en a plus fait que quiconque pour former et guider ma vie spirituelle au fil des années. Elle se rend à la messe cinq fois par semaine. Elle lit, elle effectue des retraites en silence ; elle explore la spiritualité avec passion, ouverture et curiosité, et m'a toujours encouragée à faire de même. Je n'étais donc guère surprise que ma mère soit enthousiaste à l'idée d'une retraite avec mon père. Ce qui était plus surprenant en revanche, c'est que lui soit enthousiaste à l'idée d'une retraite avec elle. Ils sont partis pendant un week-end et sont revenus encore plus proches, affirmant que c'était l'une des meilleures choses qu'ils avaient jamais faites ensemble. La morale de cette histoire, pour moi, c'est qu'un homme peut donner des conseils à un autre pour améliorer son mariage ; la morale, c'est que les hommes peuvent, autant que les femmes, cultiver et soigner l'union amoureuse.

J'ai donc prononcé mes vœux avec l'espoir que Bill jouerait un rôle dans l'épanouissement de notre mariage et, heureusement pour moi, lui aussi avait eu un bon modèle en la personne de son père. Le père de Bill a toujours été fermement convaincu de l'égalité entre les sexes ; c'était évident pour quiconque le connaissait, mais nous avons découvert d'autres preuves de cette conviction il y a quelques années. Bill Senior

---

[*] Mouvement chrétien proposant des sessions aux couples pour les aider à développer plus harmonieusement leur relation. En France, ce mouvement s'appelle Vivre & Aimer. (*NdT*.)

participait à un projet d'histoire orale, et l'équipe lui a ressorti un article qu'il avait écrit à l'université, juste après son retour du service militaire. L'article est daté du 12 décembre 1946, soit peu de temps après son vingt et unième anniversaire, et comporte ce passage : « L'idée la plus extraordinaire au pays des Gates est celle d'un État idéal où les femmes jouiraient des mêmes droits que les hommes. Les femmes seraient aussi nombreuses que les hommes dans toutes les professions et dans tous les secteurs, et les hommes accueilleraient l'entrée des femmes dans ces domaines comme une chose normale plutôt que singulière. »

C'est un aperçu des opinions de l'homme qui a contribué à élever mon mari. (Ces dernières années, j'ai dit non sans fierté que j'avais élevé un fils féministe ; mais son grand-père y était pour beaucoup, plus que moi, peut-être.)

Bill a en outre bénéficié de la présence d'une femme forte et active dans sa famille. Il a grandi dans un foyer où sa mère faisait valoir son point de vue. Elle a aidé son père à construire sa carrière, mais lui de son côté a également soutenu le travail de sa femme dans le service public. Mary Maxwell Gates a siégé au conseil d'administration de l'université de Washington, où elle a fait ses études. D'ailleurs, c'est alors qu'elle y était étudiante qu'elle a rencontré celui qui deviendrait son mari. Très vite, alors qu'ils ne se connaissaient pas bien encore, Mary a demandé à Bill de l'aider à être élue secrétaire du comité étudiant, et il a répondu qu'il soutenait un autre candidat ! (Cependant, pour finir, il a fait le bon choix.)

Membre du conseil de l'université de Washington durant l'apartheid, Mary a mené une action pour que l'université se défasse de ses propriétés en Afrique du Sud. Elle a en outre siégé à un certain nombre de conseils d'administration d'entreprise à une époque où très peu de femmes s'y trouvaient. Elle a été la première femme non seulement à être nommée au conseil d'administration de la banque américaine First Interstate Bank of Washington, mais aussi à diriger le comité exécutif national de l'organisation de bienfaisance United Way.

Mary a œuvré à divers titres pour cette organisation. Quand Bill était adolescent, elle siégeait à la commission d'attribution des crédits et, à l'heure du dîner, tous deux s'engageaient dans d'interminables discussions sur les stratégies de contribution. C'est elle qui lui a donné ses premières leçons de philanthropie, puis l'a convaincu de lancer la première campagne United Way chez Microsoft. Quand Bill et moi nous sommes mariés, sa mère, qui souffrait d'un cancer avancé à l'époque, a lu une lettre qu'elle m'avait écrite. Cette lettre se concluait par le célèbre : « On demandera beaucoup à qui l'on a beaucoup donné » (Luc, XII, 48). Elle avait beaucoup d'influence sur Bill, et lui l'admirait énormément.

La grand-mère de Bill, qui était également présente pour l'élever, a étudié à l'université de Washington et a joué au basket-ball à une époque où la plupart des femmes ne faisaient pas de pareilles choses. Bill vient donc d'une famille de femmes fortes, intelligentes et accomplies. Les impressions avec lesquelles vous avez grandi ont un impact sur votre vie d'adulte.

D'après moi, le cadeau de mariage que nous ont fait les parents de Bill en dit long sur les valeurs qui régnaient chez eux ; il s'agit d'une sculpture représentant deux oiseaux qui regardent dans la même direction. Je l'aime énormément, et je l'ai placée à côté de notre porte d'entrée. Elle représente pour moi ce seul et même regard qu'un couple dirige vers l'avenir.

Je pense donc que Bill et moi souhaitions une alliance égalitaire parce que c'est ce qu'il voyait chez lui quand il était petit. Il y a aussi une autre raison : c'est un assoiffé de savoir qui adore les défis. Quand deux personnes se lancent mutuellement des défis et apprennent l'une de l'autre, cela a pour effet de mettre les rapports sur un pied d'égalité. Je parle souvent à Bill de mes frustrations vis-à-vis de la lenteur exaspérante du changement. Il est doué pour replacer les événements dans un cadre plus vaste, ainsi que pour situer le changement dans son contexte historique, scientifique et institutionnel. De mon côté, je lui donne des leçons d'équanimité.

En 2016, Bill s'était rendu à un événement organisé par l'université Caltech, et le modérateur lui a demandé :

— Votre approche de la direction et du travail en équipe est-elle toujours en évolution ?

— Eh bien, je l'espère, a répondu Bill. Ma femme me fait part de ses critiques quand je suis trop véhément. Vous savez, on peut l'être trop ou bien pas assez. Je commets rarement l'erreur d'être trop débonnaire. J'attends encore que Melinda me dise : « Dis donc, tu étais bien trop sympathique aujourd'hui. Allons ! Tu laisses ces types faire n'importe quoi en toute impunité, ils gaspillent notre argent. Tu aurais dû taper du poing sur la table. » À force d'étalonnage, je finirai peut-être par trouver le ton approprié.

Ce qui a en grande partie motivé l'envie de Bill d'avoir une alliance égalitaire, c'est que c'est une manière d'être bien plus amusante et intéressante. Au final, toutefois, je pense que ce fonctionnement lui convenait le mieux parce qu'il est en accord avec ses valeurs les plus profondes. Assez tôt dans notre travail, nous nous sommes aperçus qu'il y avait une philosophie sous-jacente à notre philanthropie : le principe selon lequel toutes les vies ont une valeur égale. C'est ce principe qui motive tout le reste. Et l'une des choses qui ont rendu ce principe très concret pour moi — qui font que ce n'est pas une idée abstraite, mais une marque sincère de notre manière de voir le monde — a été de constater que la souffrance des autres pouvait faire pleurer Bill.

Ce côté tendre de sa personne surprendra peut-être les gens, surtout ceux qui ont vu le Bill pugnace et compétiteur. C'est exact, Bill possède ces qualités. Mais il est aussi capable d'être doux, délicat et très sensible.

Une grande richesse peut se révéler très perturbante. C'est un facteur qui peut faire enfler et déformer la perception de soi, surtout si l'on croit que l'argent permet de mesurer le mérite. Et pourtant, Bill est l'une des personnes parmi les plus ancrées dans la réalité que je connaisse, et cela lui vient d'une vision claire de la façon dont il est devenu ce qu'il est.

Bill a travaillé incroyablement dur, il a pris des risques et il a fait des sacrifices pour connaître le succès. Mais il a toujours gardé à l'esprit qu'il y avait un autre ingrédient au succès : la chance. Une chance absolue, totale. Quand êtes-vous né ? Qui étaient vos parents ? Où avez-vous grandi ? Quelles occasions vous ont été offertes ? Aucun de nous n'a mérité ces choses-là. Elles nous ont été données.

Le rôle que la chance a joué dans sa vie n'est pas simplement quelque chose qu'il m'avoue en privé. C'est ce qu'il a expliqué au journaliste Malcolm Gladwell quand ce dernier l'a interrogé sur les clés de son succès. Il a dit :

— Je me suis frotté dès le plus jeune âge à la conception de logiciels, plus que quiconque, je pense, à cette époque, et ce uniquement grâce à un concours de circonstances extrêmement heureux.

Bill a une certaine humilité. Pas toujours ; je peux vous donner des contre-exemples. Mais c'est le chemin qu'il prend pour grandir. Quand il réfléchit à l'existence et entre en contact avec son moi le plus profond, il sait qu'il n'a rien de spécial ; il sait que ce sont les circonstances qui l'ont été. Et un homme qui est capable d'admettre cela peut voir au-delà des hiérarchies, respecter l'égalité et exprimer sa sensibilité.

Si Bill a été conquis par mon enthousiasme pour la vie, l'informatique, les gens, les puzzles et Fitzgerald, pour ma part, j'ai été séduite parce que j'ai vu l'homme doux et tendre qu'il y avait en lui. C'était une facette cachée au départ, mais qui s'est dessinée nettement quand je l'ai vu révolté parce que certaines vies étaient considérées comme méritant d'être sauvées, et pas d'autres. On ne peut pas consacrer sa vie au principe selon lequel toutes les vies ont une valeur égale si l'on se croit meilleur que les autres. Fondamentalement, Bill n'y croit pas une seconde, et c'est l'une des qualités que je chéris le plus chez lui.

Ce que je voulais vraiment

Son histoire personnelle et ses traits de caractère avaient prédisposé Bill à une alliance égalitaire. Malgré tout, je ne pense pas que nous serions allés bien loin si je n'en avais pas fait une priorité. Parfois je réclamais. Parfois il a fallu que j'insiste.

Permettez-moi de vous raconter le moment où j'ai su que je voulais vraiment être sur un pied d'égalité avec Bill dans la fondation.

En 2006, Warren Buffett nous a offert le plus gros cadeau que quiconque ait jamais fait à personne. Il a placé le gros de sa fortune dans notre fondation, doublant notre dotation et nous ouvrant de nouvelles opportunités pour investir partout dans le monde. Nous étions stupéfiés par sa générosité, et sa confiance nous faisait honneur. Warren nous laissait décider, Bill et moi, de la manière de dépenser cet argent. Nous étions tous les deux très enthousiastes à l'idée de ce qui pouvait être réalisé grâce à ce cadeau, mais je me sentais aussi submergée par cette responsabilité. Il fallait choisir comment investir cet argent pour obtenir des résultats.

Nous avons tous trois prévu une conférence de presse à la New York Public Library pour annoncer la nouvelle. À l'époque, Bill dirigeait Microsoft, Warren s'occupait de Berkshire Hathaway, et j'étais concentrée sur le travail à la fondation ; je voyageais énormément pour voir nos programmes, mais je ne prenais encore pas beaucoup la parole publiquement. Cette conférence de presse allait être la première que j'allais donner au nom de la fondation, et je m'y suis soigneusement préparée. J'ai longuement réfléchi à ce que je voulais dire au sujet de ce que j'avais vu et appris partout dans le monde. Je voulais faire honneur à Warren, et être prête à parler avec sagesse de ce que nous pourrions faire de son argent.

Lors de cette conférence, Bill, Warren et moi avons répondu en détail à beaucoup de questions. Quand les journalistes ont demandé comment on prévoyait d'étendre notre travail, mes réponses étaient prêtes. Nous désirons investir pour améliorer les rendements agricoles, ai-je expliqué. Nous souhaitons financer des programmes de microcrédit et lutter contre davantage de maladies infectieuses. Quand les journalistes ont demandé des précisions, je les leur ai données, partageant les leçons que j'avais apprises durant mes voyages.

Ce fut un tournant pour moi. En toute honnêteté, je n'avais pas mesuré combien ce travail me passionnait, jusqu'à ce que je m'entende en parler publiquement avec Bill et Warren. Il m'a paru évident alors que ce travail devait être un partenariat égalitaire. Ce n'était pas seulement que j'en avais besoin ou que Bill en avait besoin ; c'est la fondation elle-même qui le demandait. À cet instant, j'ai su que c'était ce que je voulais vraiment. Je n'ai jamais dit à Warren l'effet que son cadeau avait eu sur moi, mais j'aurais dû le faire depuis belle lurette. Il est pour moi un guide sans égal, et son geste a marqué un tournant formidable dans mon évolution personnelle.

Cette conférence de presse a eu un effet semblable sur Bill. J'ai été claire avec lui aussi sur le fait qu'il nous fallait être à égalité dans cette collaboration, ce qui impliquait que je fasse davantage de discours. Bien entendu, cela signifiait également que j'aurais besoin de m'appuyer sur Bill pour qu'il me conseille, parce qu'il avait beaucoup plus d'expérience en tant que personnage public. Il aurait pu être condescendant à ce sujet, mais ce ne fut jamais le cas. Il m'a toujours encouragée. En toute franchise, je crois que Bill ne s'est pas tellement soucié de mon besoin d'être soutenue après cette conférence de presse, parce qu'il m'avait connue bien plus en demande des années plus tôt, alors que je prononçais mes premiers discours pour la fondation.

L'un d'entre eux était tout particulièrement effrayant pour moi. Il était prévu que Bill et moi intervenions au Convention Center de Seattle. Cela me mettait très mal à l'aise de parler de notre travail à la fondation à cette époque, et encore plus devant Bill. Je lui ai donc dit :

— Écoute, j'ai vraiment envie de le faire, mais ça me rend très nerveuse et je ne veux pas prononcer mon discours devant toi, alors j'aurai besoin que tu t'en ailles après avoir parlé.

Je ris en y repensant, mais, à ce moment-là, je ne plaisantais pas du tout. Je savais de quoi j'avais besoin ! Bill a donc pris la parole face au public, puis il a discrètement quitté les lieux ; il est monté en voiture, il a fait un tour, et il est repassé me chercher un quart d'heure plus tard pour nous reconduire à la maison. Et comme il n'a pas fait de commentaire désobligeant ou sarcastique, à aucun moment je ne me suis sentie gênée de lui avoir demandé de partir. Je n'ai plus jamais réitéré cette demande par la suite, mais il m'est arrivé de lui dire :

— Écoute, même si je n'assure pas du tout, je veux que tu prennes l'air émerveillé par tout ce que je dirai.

Je lui parlais ouvertement de mon sentiment de vulnérabilité, et il ne m'a jamais taquinée à ce sujet, pas plus qu'il n'a profité de mon manque d'assurance. Il n'a jamais pensé que mon impression de ne pas être à la hauteur au début avait un quelconque rapport avec mes capacités intrinsèques. Il pouvait voir la personne que j'étais en train de devenir, et il m'a presque toujours apporté le soutien que je lui demandais.

Il y a tout de même eu une occasion où ça n'a pas suffi de lui demander de l'aide : cette fois-là, j'ai dû insister.

Quelques années plus tôt, Bill et moi avions passé un après-midi chez Jimmy et Rosalynn Carter, à Plains, en Géorgie. Peu de temps après, lors de vacances à la mer, nous étions tous deux plongés dans un livre ; Bill savourait celui de Jimmy, *A Full Life. Reflections at Ninety*, et il s'est mis à rire.

– Qu'est-ce qu'il y a de si drôle ? ai-je demandé.

– Ça t'intéresse de savoir ce qui leur a valu leur plus grosse dispute de couple ces vingt dernières années ?

– Un peu que ça m'intéresse !

J'étais très curieuse de l'entendre, car Jimmy et Rosalynn sont mariés depuis plus de soixante-dix ans, et je voulais connaître tous leurs secrets. Bill a dit :

– Leur plus grosse dispute a eu lieu quand ils ont essayé d'écrire un livre ensemble.

J'ai éclaté de rire et j'ai répondu :

– Je me sens beaucoup mieux maintenant que je sais ça !

La première fois que Bill et moi avons entrepris d'écrire notre Lettre annuelle à quatre mains, j'ai cru que nous allions nous entretuer. Je songeai : *Bon, c'est peut-être ici que s'achève notre mariage.*

Tout a commencé à l'automne 2012, alors que Bill s'était attelé à la rédaction de la Lettre annuelle qui paraîtrait début 2013. Cinq ans plus tôt, il avait commencé à écrire chaque année une lettre sur le travail de la fondation. Warren nous avait encouragés à nous en occuper ensemble, mais je ne trouvais pas vraiment le temps à l'époque, avec trois jeunes enfants toujours à la maison. En 2007, notre fille Phoebe venait juste de rentrer à l'école, Rory avait huit ans, Jenn onze, et j'étais déjà occupée par ailleurs avec la fondation, si bien que je ne me suis pas jointe à Bill pour la rédaction de cette lettre la première année, ni les suivantes. Il ne me l'a pas proposé, et je n'y ai pas pensé. Mais arrivée en 2012, j'étais devenue bien plus active au sein de la fondation, tant en coulisses qu'en public. C'était l'année du sommet sur la planification familiale à Londres, celle du lancement de notre mouvement destiné à élargir l'accès à la contraception à cent vingt millions de femmes supplémentaires. Naturellement, alors que Bill dressait la liste des sujets qu'il souhaitait aborder dans la lettre, la planification familiale figurait en bonne place.

J'avais le sentiment très vif que ce dossier m'appartenait, Bill le savait et ne s'y opposait pas le moins du monde. Si nous étions convenus de ne pas scinder nos devoirs à la fondation et de nous impliquer ensemble sur tous les sujets, il était tout de même entendu que chacun de nous prendrait la direction des opérations dans certains domaines, en fonction de nos connaissances et de nos centres d'intérêt. Nous nous étions mis d'accord à l'époque pour que je m'occupe prioritairement de la planification familiale. Puisque Bill comptait en parler dans la Lettre annuelle, ne devions-nous donc pas la rédiger ensemble ? Ou peut-être devais-je m'occuper moi-même de cette partie ?

Il est vrai que cette Lettre annuelle était un peu le bébé de Bill, mais elle était imprimée sur le papier à en-tête de la fondation, distribuée *via* les réseaux de la fondation, adressée aux partenaires de la fondation, et Bill y parlait d'un projet de la fondation. J'avais donc de bonnes raisons à faire valoir pour la rédiger avec lui. Lui aussi avait de bons arguments de son côté, toutefois, et j'ai dû me poser la question : « Est-ce que je souhaite en faire toute une histoire ? »

J'ai finalement décidé de monter au créneau. Je ne savais pas ce qui en résulterait. J'ignorais même ce que j'allais suggérer, mais j'étais suffisamment préoccupée pour savoir que j'aurais eu tort de ne pas aborder la question. Bill et moi en avons donc discuté ensemble.

Je lui ai dit qu'il me semblait comprendre son point de vue. J'ai énuméré toutes les raisons pour lesquelles il pouvait estimer que la rédaction de cette lettre était son affaire. Mais j'ai aussi expliqué que nombre des idées sur lesquelles il allait s'exprimer étaient des idées que lui et moi avions mûries ensemble, au gré des essais et des erreurs de la fondation et des réussites de nos partenaires sur le terrain. Puis j'ai abordé un point plus sensible. Je lui ai dit qu'il y avait des questions sur lesquelles ma propre voix pouvait avoir un impact ; le cas échéant, il valait mieux que ce soit moi qui prenne la parole, indépendamment de lui ou avec lui. Quand je prends la parole, ma voix s'en trouve renforcée, notre alliance valorisée, et cela nous fait progresser vers nos objectifs.

C'étaient mes arguments lors de cette discussion (quoique je ne les aie sans doute pas évoqués aussi calmement que je le raconte ici !). Bill a répondu que l'organisation que nous avions pour la Lettre annuelle fonctionnait bien depuis des années, et qu'il ne voyait pas pourquoi il aurait fallu en changer. Les choses se sont envenimées. Nous nous sommes tous les deux mis en colère. C'était un test important pour nous ; pas sur la manière de parvenir à un compromis, mais sur ce qu'on fait quand on n'arrive pas à s'entendre. Et il nous a fallu beaucoup de temps, passé à ruminer chacun de notre côté, avant de réussir à nous mettre d'accord.

Finalement, Bill m'a demandé d'écrire quelque chose sur la contraception pour l'inclure dans la lettre. « La Lettre annuelle de Bill Gates pour 2013 » a donc comporté un texte signé de mon nom, qui évoquait mon voyage au Niger et au Sénégal ainsi que le sommet de Londres.

L'année suivante, c'était « La Lettre annuelle des Gates pour 2014 », qui avait pour thème « Trois mythes qui entravent le progrès en faveur des pauvres ». Bill a écrit sur les deux premiers mythes, et je me suis occupée du troisième.

L'année d'après, ce fut : « La Lettre annuelle des Gates – Notre grand pari pour l'avenir – Bill et Melinda Gates ».

C'est ainsi que sa Lettre annuelle est devenue notre Lettre annuelle.

Beaucoup de choses que nous avons entreprises nous ont aidés à progresser, et la Lettre annuelle a compté parmi les plus importantes, mais si je devais citer une chose qui rend compte de la manière dont Bill soutient intuitivement et sincèrement l'idée d'une alliance égalitaire, j'évoquerais ce qui s'est passé il y a quelques années, quand un proche m'a demandé si c'était moi la « maîtresse du temps » dans la famille. J'ai répondu que oui. Oui, c'était moi la maîtresse du temps. J'avais passé des années à m'assurer que tout était fait dans la maison, que les enfants étaient habillés, avaient fini leurs devoirs et se trouvaient là où ils étaient censés se trouver à l'heure dite. Mais les choses avaient un peu changé depuis l'époque où ce devoir me revenait exclusivement. Les enfants ont commencé à prendre davantage de responsabilités, tout comme Bill. J'ai donc demandé à notre ami de lui poser la même question pour voir ce qu'il dirait. Sa réponse a été plus subtile et plus sage que la mienne. Il a dit :

— Nous essayons de ne pas avoir de maître du temps attitré pour les autres. Bien sûr, nous discutons ensemble du programme, mais nous ne voulons pas d'une organisation où l'un de nous prend le rôle du je-m'en-foutiste tandis que l'autre endosse celui du rabat-joie de service. Il vaut mieux faire cause commune.

C'est l'une des déclarations les plus probantes que j'ai entendues de la part de Bill au sujet d'une alliance égalitaire. Nous nous efforçons de nous partager les rôles, surtout les plus désagréables. Nous essayons de faire en sorte que ce ne soit pas toujours la même personne qui se tape le sale boulot. La hiérarchie peut se définir notamment par le fait que l'on prend tout le travail intéressant pour soi en imposant les tâches minables aux autres. C'est même l'une des raisons d'être de la hiérarchie, si bien qu'on lui porte atteinte lorsqu'on se partage les corvées. Car, au final, à quoi sert-elle, cette hiérarchie, si ce n'est à faire faire par quelqu'un d'autre ce dont on ne veut pas se charger ? N'est-elle pas rien d'autre qu'une manière d'échapper à ses responsabilités ?

J'ai parfois été surprise de voir certains amis partir du principe que Bill et moi avions les rôles homme-femme traditionnels au sein de notre mariage du fait de la position de Bill chez Microsoft. Lui et moi avons beaucoup travaillé pour éliminer toute hiérarchie chez nous, à l'exception des hiérarchies naturelles, souples et variables fondées sur le talent, l'intérêt et l'expérience. Nous sommes convenus que nos casquettes diverses, passées ou présentes, ne devraient pas avoir d'effet sur l'égalité dans notre couple ou à la fondation.

Une question personnelle

Ce chapitre est le plus personnel de ce livre pour moi, et je le trouve douloureux à rédiger. Je suis de nature réservée, ce qui, je suppose, est une autre manière de dire que je préfère garder certaines choses pour moi afin de ne pas être jugée. Il m'est arrivé de décider d'inclure quelque chose dans ce livre, avant de m'alarmer au moment de l'imprimer et de me relire. Mais, finalement, j'ai tout laissé, pour deux raisons. Tout d'abord, je crois que les femmes obtiendront l'égalité non pas en progressant un couple après l'autre, mais en faisant évoluer la culture. Et nous pouvons faire changer la culture en racontant nos histoires. C'est pour cette raison que je raconte la mienne.

Ensuite, je raconte mon histoire parce qu'il me paraît déloyal de travailler sur des problèmes répandus dans le monde tout en prétendant que je les ai résolus dans ma propre vie. Je dois être honnête sur mes failles, ou bien je risque de tomber dans l'écueil de la vanité et croire que je suis sur Terre pour résoudre les problèmes des autres.

Mon amie Killian est ma professeure pour cela. Je vous ai déjà parlé de Killian ; son organisation, Recovery Café, vient en aide aux gens qui n'ont pas de domicile fixe et souffrent de problèmes de santé mentale. Tout le monde, au Recovery Café, place les relations mutuellement libératrices au cœur de son travail. Les employés, les bénévoles et les membres s'exercent tous, par petits groupes, à connaître et à aimer profondément les autres.

— Il est terrifiant de se connaître sans s'aimer, et s'aimer

sans se connaître ne nous donne pas le pouvoir de nous transformer, explique Killian.

Elle en parle dans son livre, *Descent into Love* (« Tomber en
amour »). Essayer d'aider les autres tout en maintenant une
distance de sécurité ne peut pas vraiment les aider, ni nous
soigner. Nous devons nous ouvrir aux autres. Nous devons
abandonner le besoin de cloisonner et d'être supérieurs. Alors
seulement nous pouvons aider. Travailler sur soi tout en
travaillant pour les autres constitue les deux facettes d'une
même action, intérieure et extérieure, où convergent l'effort
de changer le monde et l'effort de se changer soi-même.

La perspicacité de Killian m'a aidée à prendre conscience
qu'une grande partie du travail que je réalise pour soutenir
les filles et les femmes doit être mon travail *intérieur* : celui
d'affronter mes peurs et mes failles. Killian m'a aidée à voir
que je ne peux pas lutter pour l'égalité des sexes dans le
monde si je ne l'ai pas obtenue dans mon couple.

Je n'ai jamais soutenu l'idée que les femmes sont meilleures que les hommes, ni que la meilleure façon d'améliorer
le monde est de donner plus de pouvoir aux femmes qu'aux
hommes. Je pense que la domination masculine est néfaste
pour la société parce que c'est le cas pour n'importe quel type
de domination ; cela signifie que la société est gouvernée par
une hiérarchie mensongère où le pouvoir et les opportunités
sont distribués selon le sexe, l'âge, la richesse et les privilèges,
plutôt qu'en fonction des compétences, des efforts, du talent
ou des accomplissements. Lorsqu'une culture de domination
est brisée, une puissance s'active en chacun de nous. L'objectif
pour moi n'est donc pas d'assister à la révolte des femmes et
à la chute des hommes. L'objectif, c'est d'assister à la révolte
des femmes et des hommes pour passer d'une lutte pour la
domination à un véritable partenariat.

Mais si l'objectif est cette alliance entre femmes et hommes,
pourquoi mets-je autant l'accent sur le déploiement des capacités des femmes et sur les groupes d'entraide féminins ? Je

vous répondrai que nous nous donnons des forces les unes aux autres, et que nous devons souvent nous convaincre nous-mêmes que nous méritons un partenariat égalitaire avant d'en obtenir un.

L'initiative ne peut surgir uniquement du côté des hommes. Si c'était le cas, elle serait déjà advenue. Un homme en situation de domination ne va probablement pas dire :

— Tiens, et si on était égaux ? Prenez donc un peu de mon pouvoir.

Mais un homme réagira peut-être aux opinions en cours d'évolution des autres hommes, ou bien à une femme qui revendique son pouvoir. Le changement survient quand les hommes constatent les bénéfices du pouvoir dans les mains des femmes ; pas uniquement les choses dont elles seules sont capables, mais aussi une certaine qualité de relation qu'accompagne une alliance égalitaire, et qui ne peut exister dans une relation de subordination. Ce sentiment d'appartenance, d'engagement, de solidarité et de plénitude né de la promesse que je te soulagerai quand ton fardeau sera lourd, et que tu m'aideras quand il te sera léger. Ces forces sont à l'origine des sentiments les plus gratifiants de l'existence. C'est une expérience de l'amour et de l'union qui n'est pas envisageable, qui n'est pas possible quand les partenaires luttent seuls. Et ce n'est que lorsque les femmes s'affirment que le lien de subordination peut se muer en une relation d'égalité. C'est pour cette raison que nous devons nous soutenir les unes les autres : pas dans le but de remplacer les hommes au sommet de la hiérarchie, mais dans celui de faire alliance avec eux pour *supprimer* la hiérarchie.

– 6 –

Quand une fille n'a pas de voix

Les mariages d'enfants

Lors d'un voyage que j'ai effectué il y a près de vingt ans pour appréhender quelques-unes des réalités les plus rudes de la pauvreté, je me suis rendue en voiture à une gare ferroviaire indienne. Mais je n'étais pas là pour prendre un train : j'étais venue rencontrer la directrice d'une école. On trouvera sans doute que c'est un lieu étrange pour ce genre de rencontre, mais c'est justement là que l'école se trouvait : dans la gare, sur le quai.

D'un bout à l'autre de l'Inde, on trouve des enfants qui vivent aux abords des gares. La plupart ont fui les maltraitances, et tous sont extrêmement pauvres. Ils récupèrent un peu d'argent en revendant des bouteilles qu'ils ramassent, en mendiant et en volant. Les écoles de quais de gare ont été organisées pour offrir une instruction à ces enfants. Les directeurs de ces écoles particulières gèrent aussi des lieux de refuge, s'efforçant lorsque c'est possible de faire réintégrer leur foyer aux enfants, et cherchant l'aide d'un médecin quand ils sont malades. Pour moi, la rencontre avec ces enfants qui se fraient un chemin dans la vie avec aussi peu d'argent et de nourriture fut une contradiction mordante du mythe ancien (mais toujours vivace, malheureusement) selon lequel les pauvres sont peu débrouillards, sans imagination ni énergie. Ces enfants et leurs professeurs comptent parmi les personnes les plus inventives que j'aie jamais rencontrées.

La directrice m'a accueillie dès que je suis sortie de la voiture, et j'ai été aussitôt déconcertée par son attitude. Elle était très nerveuse et parlait à toute allure d'une voix suraiguë. Elle a dû percevoir mon trouble, parce qu'elle s'est excusée :

– Je suis désolée d'être aussi agitée. Je rentre tout juste du sauvetage d'une fillette que sa famille prostituait.

Ce matin-là, elle avait reçu l'appel d'un homme qui avait entendu une fille crier dans la maison voisine. L'enfant se faisait battre comme plâtre, non par son père, mais par son mari. C'était une fille que l'on avait mariée de force. L'homme qui avait signalé les cris avait ensuite entendu le mari parler de son projet de vendre la fille. C'est pour cette raison que le voisin avait appelé la directrice de l'école, qui était venue chercher la jeune fille pour la ramener avec elle.

Je lui ai demandé pourquoi le mari battait cette petite. Elle m'a expliqué que les parents de l'enfant avaient donné la dot demandée, mais que la famille du marié, l'ayant jugée insuffisante, était revenue pour demander plus. La famille de la mariée n'avait plus d'argent, aussi la belle-famille, prise de colère, s'était mise à frapper sa bru.

– Ça arrive tout le temps, dit la directrice.

Ce fut ma première confrontation avec le traumatisme et la tragédie du mariage d'enfants.

Il n'est pas facile de retranscrire en quelques lignes les dégâts que subissent les filles, les familles et la communauté à cause de ces mariages. Mais permettez-moi de vous décrire les dangers ainsi : une alliance égalitaire dans le mariage favorise la santé, la prospérité et l'épanouissement des personnes concernées. Elle invite au respect, élève les deux partenaires. Et rien n'est plus éloigné d'une alliance égalitaire que le mariage d'enfants. L'alliance égalitaire est aussi exaltante que le mariage d'enfants est avilissant. Il crée un tel déséquilibre de pouvoir que les abus sont inévitables. En Inde, où certaines familles de filles paient encore une dot (et bien que les dots soient illégales), plus la fille est jeune et peu éduquée, plus la dot est faible. Dans ces conditions, le marché est clair : une fille constitue d'autant plus une bonne affaire pour la famille qui la récupère qu'elle est faible et désarmée. On ne veut pas d'une fille qui parle, qui sait ou qui pense. On veut une servante, obéissante et sans défense.

Les filles qu'on marie de force perdent leur famille, leurs amis, leur école, et toute possibilité d'émancipation. Même à l'âge de dix ou onze ans, on attend d'elles qu'elles endossent toutes les tâches domestiques : faire la cuisine, le ménage, cultiver la terre, nourrir les bêtes, aller chercher l'eau et le bois... Et très vite par la suite, on leur fait assumer les responsabilités de la maternité. Les charges cumulées du travail, de la grossesse et de l'enfantement ont des conséquences terribles pour ces très jeunes épouses.

De nombreuses années après avoir entendu parler pour la première fois de mariages d'enfants, j'ai visité un centre de traitement des fistules au Niger, où j'ai rencontré une adolescente de seize ans nommée Fati. Elle avait été mariée à treize ans, et était tombée enceinte tout de suite après. Son accouchement a été long et laborieux ; et même si elle souffrait atrocement et avait besoin de soins médicaux, les femmes de son village se sont contentées de lui dire de pousser plus fort. Après trois jours de travail, on l'a emmenée à dos d'âne à la clinique la plus proche, où son bébé est décédé et où elle a appris qu'elle souffrait d'une fistule.

La fistule obstétricale survient habituellement au cours d'un accouchement long et compliqué, en général quand le bébé est trop gros, ou la mère trop menue pour que la naissance se passe sans encombre. La tête du bébé exerce une pression qui diminue l'afflux sanguin vers les tissus et provoque leur nécrose, à la suite de quoi se forme une ouverture entre le vagin et la vessie, ou bien entre le vagin et le rectum. Les fistules peuvent entraîner une incontinence, et le passage de matières fécales dans le vagin. Les maris des filles souffrant de fistules sont fréquemment contrariés par la mauvaise odeur que provoquent ces lésions, si bien qu'ils chassent purement et simplement leur épouse du foyer.

La meilleure manière de prévenir la fistule obstétricale consiste à retarder l'âge de la première grossesse et à disposer de soignants compétents lors de la naissance. Fati n'a rien eu de tout cela. Au lieu de quoi, après s'être vu imposer un mariage, puis une grossesse, elle a été chassée de chez elle par son mari, à cause d'une pathologie dont elle n'était aucunement responsable. Elle a vécu deux ans chez son père avant d'être prise en charge par un hôpital, où la fistule a été opérée. C'est là que j'ai eu l'occasion de parler avec elle, et je lui ai demandé ce qu'elle espérait à présent. Elle a répondu que son plus grand espoir était de guérir afin de pouvoir retourner auprès de son mari.

Cette rencontre avec Fati et l'histoire de l'enfant maltraitée à l'école du quai de la gare ont fait partie des prémices de mon éducation sur les mariages d'enfants, une éducation qui s'est brusquement accélérée quand j'ai fait la connaissance de Mabel van Oranje en 2012, quelques jours seulement après avoir rencontré Fati.

Mabel était l'une des femmes à avoir participé au dîner que j'ai évoqué plus tôt, le soir du sommet de Londres sur la planification familiale. Ce soir-là, toutes les femmes autour de la table avaient soulevé différents problèmes en lien avec les femmes et les filles, et Mabel a parlé des mariages d'enfants.

Mabel, comme je l'ai appris avant ce dîner, était la femme du prince Friso, le fils de Beatrix, reine des Pays-Bas. Son statut donne un écho médiatique à son travail en faveur des droits humains, mais son activisme a commencé bien avant son mariage. À l'université, elle a assisté aux débats organisés par le Conseil de sécurité de l'ONU, et y a ensuite effectué un stage. Elle a débuté dans sa première ONG avant la fin de ses études, puis elle a passé les dix années suivantes à militer pour la paix.

Mabel a énormément voyagé pour le compte de The Elders

(« Les anciens »), dont elle était la présidente (The Elders est une ONG fondée par Nelson Mandela, qui rassemble des leaders mondiaux faisant pression en faveur des droits humains). Lors de l'un de ces voyages, elle a rencontré une jeune mère qui ressemblait encore à une enfant. Elle lui a demandé quel âge elle avait lors de son mariage, mais la fille ne savait pas ; entre cinq et sept ans, supposait-elle. Mabel fut horrifiée, et entreprit de se servir de son expérience, de ses ressources et de son réseau pour en apprendre davantage sur les mariages d'enfants, afin de lancer de nouvelles initiatives pour y mettre fin.

C'est ainsi qu'elle s'est retrouvée à ce dîner avec moi, ce fameux soir à Londres. Elle m'a fait une très forte impression, d'autant plus qu'elle poursuivait son travail d'intérêt public au beau milieu d'une tragédie personnelle. Cinq mois plus tôt en effet, alors qu'il skiait, le mari de Mabel avait été enseveli sous une avalanche ; privé d'oxygène, il avait sombré dans le coma. L'été où je l'ai rencontrée, elle passait du temps auprès de son mari à l'hôpital et aidait ses enfants à surmonter leur traumatisme, tout en continuant à travailler autant qu'elle le pouvait pour les causes qu'elle défendait. Un an plus tard, son mari est décédé sans jamais avoir repris connaissance.

Quand Mabel et moi nous sommes entretenues ce soir-là à Londres, elle dirigeait une organisation baptisée « Girls Not Brides » (« Filles, pas épouses »), lancée pour mettre fin aux mariages d'enfants en modifiant les paramètres socio-économiques qui les motivent. Le défi est considérable. À l'époque où j'ai rencontré Mabel, plus de quatorze millions de mariages d'enfants avaient eu lieu chaque année durant la décennie qui venait de s'écouler. Dans les pays émergents, une fille sur trois était mariée avant son dix-huitième anniversaire. Une fille sur neuf l'était avant son *quinzième* anniversaire.

Mabel fut la première personne à me montrer le lien entre la planification familiale et les mariages d'enfants. Les très jeunes épouses subissent souvent une pression énorme pour apporter la preuve de leur fertilité, ce qui signifie que leur recours à la contraception est très faible. De fait, le pourcentage de femmes utilisant des contraceptifs est à son plus bas là où la prévalence de mariages d'enfants est la plus forte. Et ce faible recours à la contraception est meurtrier : dans le monde, l'enfantement est la première cause de mortalité chez les filles âgées de quinze à dix-neuf ans.

Ce soir-là, Mabel a retenu mon attention et elle est devenue ma professeure.

À l'issue des conversations qui se sont tenues lors de ce dîner, j'ai commencé à voir à quel point toutes les inégalités femmes-hommes étaient liées, et j'ai décidé qu'il fallait que j'en sache davantage dans chaque domaine évoqué. J'ai quitté le dîner hantée par ce que j'avais appris sur les mariages d'enfants, impatiente d'en savoir plus. D'ordinaire, je m'informe sur un sujet en commençant par m'y immerger ; je rencontre des gens, je discute avec ceux qui vivent ces réalités que je cherche à mieux connaître. Puis je rentre chez moi et j'étudie plus en profondeur les données, je parle avec des experts et des militants. Cette fois-là cependant, j'ai fait l'inverse. J'ai commencé par les données. Et j'ai appris que les filles mariées très jeunes affichent de plus forts taux de contamination par le VIH que celles qui ne le sont pas. Elles ont en outre plus de risques d'être violées et battues par leur partenaire. Leur niveau d'éducation est inférieur à celui des filles non mariées. Elles sont plus susceptibles d'avoir une plus grande différence d'âge avec leur mari, ce qui amplifie l'inégalité et conduit souvent à davantage de maltraitances.

J'ai également appris que de nombreuses communautés qui pratiquent les mariages d'enfants procèdent aussi à des mutilations génitales féminines. J'ai mentionné cette pratique plus tôt, mais elle est intimement liée au mariage. Dans les cultures où elle existe, on mutile les parties génitales des filles pour en faire des fiancées « prêtes pour le mariage ». Il existe différents types de mutilations selon les communautés.

La plus grave implique non seulement l'ablation du clitoris, mais aussi l'infibulation, c'est-à-dire la suture d'une majeure partie des grandes ou des petites lèvres, et ce afin de rétrécir l'orifice vaginal. Une désinfibulation est pratiquée au moment du mariage afin de permettre les rapports sexuels. Une fois la mutilation génitale effectuée, les parents de la jeune fille peuvent commencer à lui chercher un futur époux.

Qu'une fille subisse ou non ces mutilations, quand elle est mariée précocement, sa nuit de noces est un mélange de douleur et d'isolement. Une fille bangladaise se souvient que les premiers mots de son mari à son adresse furent : « Arrête de pleurer. »

Si le mari vit dans un autre village, alors la fille devra peut-être l'y rejoindre et se retrouver dans une communauté où elle ne connaît personne. On couvre le visage de certaines enfants lors du trajet pour qu'elles ne puissent pas retrouver leur chemin si elles tentaient de s'enfuir.

Ces toutes jeunes épouses sont la cible de maltraitances. Une étude sur les femmes menée dans plusieurs États d'Inde a révélé que les filles qui étaient mariées avant leur dix-huitième anniversaire couraient deux fois plus de risques d'être menacées ou frappées par leur mari.

Les années passant, une fille ainsi mariée risque d'avoir beaucoup d'enfants ; peut-être plus qu'elle ne pourra en nourrir. Avec autant d'enfants, elle n'a pas le temps de s'assurer un revenu, et les grossesses précoces affaiblissent son organisme. Tout cela augmente son risque d'être pauvre et en mauvaise santé pour le restant de ses jours, et de voir ses enfants perpétuer ce cycle de pauvreté.

À la rencontre des enfants mariées

J'ai appris ces faits auprès d'experts, mais je sentais que j'avais également besoin de m'entretenir avec quelques-unes de ces très jeunes épouses, et de rencontrer des gens qui travaillaient pour mettre fin à cette coutume. C'est ainsi qu'en novembre 2013, alors que j'étais en Éthiopie pour une conférence, j'ai poussé jusqu'à un village isolé au nord du pays pour voir le travail effectué sur la question du mariage d'enfants par l'ONG Population Council.

En arrivant au village, j'ai été invitée avec deux autres femmes dans une cour qui était un lieu de rassemblement pour les villageois ; il s'y trouvait une minuscule clinique, un foyer et une petite église, où la rencontre devait avoir lieu. Il y avait très peu de monde alentour. Aucun personnel ne nous accompagnait, et l'on avait demandé aux hommes d'attendre près de la voiture. Comme nous souhaitions mettre toutes les chances de notre côté pour entendre les filles, nous avons laissé derrière nous tout ce qui risquait de les dissuader de parler.

Nous sommes entrées dans l'église, où il faisait très sombre. Seules quelques petites ouvertures laissaient pénétrer la lumière. Une dizaine de filles étaient assises et, quand mes yeux se sont accoutumés à l'obscurité, j'ai vu combien elles paraissaient petites. Elles étaient minuscules, comme de fragiles oisillons qui n'avaient même pas encore déployé leurs ailes, et on les mariait. J'aurais voulu les serrer dans mes bras pour les protéger. Elles avaient dix ou onze ans, l'âge de ma fille Phoebe. Mais elles paraissaient plus jeunes encore. On m'a dit que la moitié des filles était déjà mariée, et que l'autre allait encore à l'école.

J'ai d'abord discuté avec les filles mariées. Elles parlaient si bas que je percevais à peine leurs paroles. Même l'interprète devait se pencher pour les entendre. Je leur ai demandé à quel âge leur mariage avait eu lieu, et comment elles avaient appris qu'on allait les marier. Selam, l'une d'elles, nous raconta qu'un jour, à l'âge de onze ans, elle avait aidé sa mère à préparer une fête. Elle avait passé toute la journée à faire la cuisine, le ménage, à aller chercher de l'eau. Selam racontait cette histoire en s'interrompant fréquemment pour prendre une grande bouffée d'air, avant de reprendre son récit dans un murmure, comme si elle nous racontait un secret.

À l'arrivée des invités, nous raconta-t-elle, son père l'avait prise à part et lui avait annoncé qu'on allait la marier. Cette nuit serait sa nuit de noces.

Cette nouvelle l'avait fait paniquer. Elle s'était précipitée vers la porte et avait tenté de l'ouvrir, en vain. Elle ne songeait qu'à s'enfuir en courant de la maison, le plus loin possible. Mais ses parents s'y attendaient. Ils l'avaient ramenée et l'avaient forcée à rester, silencieuse, à côté de son mari durant la cérémonie. À la fin de la fête, elle avait quitté la maison de son enfance pour partir dans un village qu'elle n'avait jamais vu, et s'installer avec la famille de son mari pour entamer toute une vie de labeur domestique.

L'histoire de chacune de ces filles était affreusement triste, et les plus tristes de toutes étaient comme celle de Selam, où l'on piégeait les filles en leur faisant croire qu'elles allaient à une fête. Pourquoi tromper ainsi une fille, sachant que cela va lui briser le cœur ? Plusieurs de ces enfants pleuraient en racontant le jour de leur mariage. Ce n'était pas seulement parce qu'elles avaient dû quitter leur famille et leurs amis pour aller vivre avec des inconnus, préparer leurs repas et nettoyer leur maison. En plus de cela, elles avaient été forcées de quitter l'école, et toutes savaient ce que cela signifiait. L'une d'elles (qui semblait âgée de huit ans) me dit que l'école était la seule voie possible pour quitter la pauvreté, et que son mariage lui en avait barré l'accès. Et toutes nous ont raconté leur histoire en chuchotant. Ce n'est pas facile de restituer le silence, la présence physique de ces fillettes, la fragilité de leur posture. Certaines (je me rappelle tout particulièrement deux d'entre elles) semblaient n'être plus que l'ombre d'elles-mêmes. Elles paraissaient vaincues ; elles avaient complètement perdu leur voix, et je ne voyais pas comment elles pourraient jamais la recouvrer.

J'essayais de masquer mes émotions en les écoutant parler. Je ne voulais pas leur communiquer mon sentiment que leur vie était tragique, mais c'est ce que je pensais, et je suis sûre que ça s'est vu. J'étais de plus en plus débordée par l'émotion, et leurs larmes faisaient couler les miennes, malgré mes efforts pour les contenir.

Puis j'ai discuté avec les filles qui n'étaient pas mariées et allaient toujours à l'école. Celles-là parlaient un peu plus fort. Elles étaient plus assurées, et quand elles évoquèrent le mariage d'enfants, je distinguai même un brin de défi dans leur voix. Ce moment révéla avec limpidité que les jeunes mariées avaient été dépouillées de quelque chose d'essentiel ; comme si leur croissance s'était interrompue au moment où leur vie conjugale avait commencé.

À la fin de cette rencontre, nous sommes sorties de l'église et la lumière m'a aveuglée. J'ai dû cligner des yeux quelques instants avant de pouvoir traverser la cour afin de m'entretenir avec les conseillers. Ils s'efforçaient d'aider les fillettes à éviter le mariage, et de permettre à celles qui avaient été mariées de rester à l'école.

Leur travail était important et les résultats prometteurs. Mais je ne suis jamais en état d'assimiler les détails d'un programme juste après avoir côtoyé la souffrance. Il y a cette petite voix dans ma tête qui souffle : *Comment un quelconque programme pourrait-il venir à bout de ce que je viens de voir ?* Je ne suis guère capable de réfléchir intelligemment à un problème juste après en avoir observé les conséquences. Je suis tout simplement trop submergée par mes émotions.

En chemin pour l'aéroport, nous étions censés nous arrêter pour prendre un thé et faire le point avec l'équipe, mais je n'en ai pas été capable. Je suis restée silencieuse pendant tout le trajet. Lorsque nous sommes arrivés à notre point de chute pour la nuit, je suis partie faire un grand tour à pied pour essayer de digérer tout cela.

Plus tôt dans la journée, alors que j'écoutais les filles, je n'avais rien ressenti d'autre qu'un immense chagrin. Après quelques heures, quand j'ai eu pris un peu de recul, j'ai commencé à éprouver de plus en plus de colère face à ces fillettes que l'on avait dupées pour les conduire à leur propre mariage. Aucun enfant ne mérite cela.

En Inde, tout comme en Éthiopie, il existe des programmes qui luttent contre les mariages d'enfants et sauvent les filles en passe d'être mariées. Le Fonds des Nations unies pour la population a publié l'histoire d'une fille de treize ans vivant dans l'État du Bihar, et qui avait entendu ses parents parler d'un mariage qui devait être célébré le lendemain. *Son* mariage.

Le choc avait été rude. Mais c'était normal dans sa communauté et, dans pratiquement n'importe quel autre cas, l'histoire se serait déroulée comme celle de Selam : la jeune fille aurait résisté, mais cela n'aurait rien changé. Cette histoire-là s'est terminée différemment. La jeune Indienne avait une application sur son téléphone, appelée « Bandhan Tod », ce qui signifie « Brise tes chaînes ». Lorsqu'elle a entendu ses parents discuter de son mariage, elle a pris son téléphone, ouvert l'application et envoyé un appel à l'aide – le SOS d'une jeune fiancée en détresse. Son message a été réceptionné par les membres actifs du réseau Bandhan Tod. L'un d'eux s'est précipité chez les parents de la fille pour leur parler. Le mariage d'enfants est illégal en Inde, ce qui donne aux organisations l'influence nécessaire pour intervenir dans une famille. Les parents ont refusé de revenir sur leur position. Les responsables du réseau sont donc passés à l'étape suivante : ils ont contacté la police. Le lendemain, accompagné d'une équipe de policiers, le commissaire adjoint s'est rendu sur les lieux du mariage, qui était en train de se dérouler. La police a interrompu la cérémonie en cours, et la future mariée âgée de treize ans a pu rester chez elle et continuer d'aller à l'école.

C'est facile pour moi d'être contente pour cette fille qui a échappé à son mariage et a pu reprendre le cours de sa vie, avec sa famille et son école. Mais l'histoire elle-même prouve que c'est un problème compliqué, et montre pourquoi nous avons besoin de solutions plus incisives. De nombreuses filles qu'on marie de force n'ont pas de téléphone portable. Elles ne bénéficient pas de réseaux de soutien. Les forces de police locales ne viennent pas empêcher leur mariage. Et puis surtout, quand une jeune fille échappe à un mariage forcé et rentre chez elle, c'est pour se retrouver auprès de ces parents qui ont voulu la marier. Comment les choses vont-elles se passer pour elle ? Elle n'a aucun pouvoir dans ce foyer. Elle a contrecarré leurs projets, peut-être leur a-t-elle fait honte. Vont-ils passer leur colère sur elle ?

C'est important de pouvoir sauver les enfants du mariage, mais ça l'est encore plus de se pencher sur ce qui motive en premier lieu les parents à vouloir marier leurs filles mineures.

Quand une famille peut recevoir de l'argent en donnant sa fille à marier, cela fait une bouche de moins à nourrir et davantage de moyens pour aider les autres. Lorsque les parents doivent verser de l'argent pour marier leur fille, plus celle-ci est jeune, moins le montant de la dot est élevé. Dans les deux cas, la situation encourage fortement les mariages précoces. Par ailleurs, chaque année qui passe sans que la fille soit mariée augmente son risque d'être agressée sexuellement, et donc d'être considérée comme impure et inapte au mariage. C'est donc aussi avec l'honneur de la fille et celui de la famille à l'esprit que les parents marient souvent leurs filles très jeunes, de façon à pouvoir éviter ce traumatisme.

Permettez-moi de m'interrompre ici pour souligner la réalité déchirante de la situation : on contraint les filles à subir les violences d'un mariage précoce afin de les protéger d'autres violences. D'après l'Organisation mondiale de la santé, une femme sur trois dans le monde a été victime de violences physiques ou sexuelles.

La violence à caractère sexiste est l'une des violations des droits humains les plus courantes dans le monde. C'est en outre la façon la plus évidente et la plus agressive qu'ont les hommes de tenter de contrôler les femmes, que l'on parle du viol comme arme de guerre, des violences conjugales ou du harcèlement sexuel au travail utilisé pour rabaisser les femmes qui gagnent du pouvoir.

J'ai entendu des histoires écœurantes de femmes qui ont abandonné leurs rêves parce qu'elles craignaient pour leur sécurité, choisissant des écoles médiocres mais plus proches de leur domicile afin d'éviter les prédateurs sexuels. Ces histoires sont courantes dans le monde, y compris aux États-Unis. Tant que nous n'aurons pas éradiqué les violences à caractère sexiste, nous aurons besoin d'efforts plus soutenus pour protéger les femmes et les filles. Il n'y a pas d'égalité sans sécurité.

Dans le cas du mariage précoce, les options sociales des filles sont si restreintes par la culture que les parents qui les marient pensent souvent agir pour le mieux, dans l'intérêt de leur fille et de leur famille. Cela veut dire que la lutte contre les mariages d'enfants en soi ne suffit pas. Nous devons faire évoluer les cultures qui font de ces mariages un choix judicieux pour les familles les plus pauvres.

Une héroïne très discrète

Molly Melching a passé sa vie à en donner la preuve. Molly est une autre de mes professeures. Je vous ai parlé d'elle un peu plus haut. Nous nous sommes rencontrées à l'été 2012, et elle m'a montré l'une des meilleures approches que j'aie jamais vues pour remettre en question des pratiques culturelles de longue date.

J'ai retrouvé Molly dans une ville du Sénégal, et nous sommes parties en voiture ensemble vers une zone rurale pour voir sur place le programme d'autonomisation des populations locales qu'elle dirige là-bas. Pendant l'heure qu'a durée le trajet, Molly m'a raconté comment elle était venue au Sénégal dans les années 1970, dans le cadre d'un échange étudiant afin d'améliorer son français. Rapidement, elle est tombée amoureuse des gens et de la culture sénégalaise, au point qu'elle a décidé d'apprendre aussi le wolof, l'une des langues nationales.

Bien qu'adorant ce pays, elle a tout de même remarqué combien il était difficile d'y être une fille. Beaucoup de Sénégalaises subissent des mutilations génitales à un très jeune âge, généralement entre trois et cinq ans. Elles sont souvent mariées très jeunes, et encouragées à avoir des enfants rapidement et souvent. Des groupes venus de l'extérieur ont essayé de faire changer ces pratiques, mais personne n'y est parvenu, et Molly a réussi à comprendre pourquoi.

Elle est devenue traductrice pour les programmes de développement, servant de lien entre les villageois et les personnes extérieures qui souhaitaient apporter leur aide. Elle a rapidement vu qu'il n'y avait pas que la barrière de la langue qui séparait les deux groupes. Il y avait aussi une barrière d'*empathie*. Les étrangers faisaient preuve d'une faible capacité à se projeter dans la vie des gens qu'ils voulaient aider, et cela ne les intéressait guère d'essayer de comprendre pourquoi les choses se déroulaient d'une certaine façon. Ils n'avaient même pas la patience d'expliquer aux villageois pourquoi ils estimaient qu'il fallait changer.

Sur le chemin du retour, Molly m'a expliqué que cette barrière de l'empathie peut contrecarrer tous les efforts de développement. L'équipement agricole qui a été offert est peu à peu rongé par la rouille, les cliniques restent vides, et les coutumes telles que l'excision et les mariages d'enfants persistent, inchangées. Molly m'a dit que les gens s'indignent souvent de certaines pratiques des pays émergents, et veulent débouler en s'écriant :

— C'est nuisible ! Arrêtez ça !

Mais ce n'est pas l'approche qui convient. L'indignation

peut sauver une fille ou deux, d'après elle. Mais seule l'empathie peut changer le système.

Cette vision des choses a poussé Molly à fonder une ONG baptisée « Tostan », et à développer une nouvelle approche du changement social. Aucun membre de l'ONG ne dirait à un villageois qu'il fait quelque chose de mal, ou qu'il a tort. En fait, Molly m'a dit qu'elle n'utilisait jamais l'expression « mutilation génitale féminine » parce qu'elle n'est pas exempte de jugement, et que les gens ne vous écouteront pas si vous les jugez. Molly préfère le terme d'« excision », car il n'offense pas les personnes qu'elle désire convaincre.

L'art subtil du changement

L'approche de Tostan consiste à ne pas juger de l'extérieur, mais à discuter de l'intérieur. Des facilitateurs ayant reçu une formation et parlant bien la langue locale s'installent dans le village pendant trois ans et animent un débat à l'échelle de toute la communauté. Ils proposent trois sessions par semaine, d'une durée de plusieurs heures chacune. On commence par demander aux gens de décrire leur village idéal, ce qu'ils appellent leur Havre d'avenir. Tout ce qu'entreprend Tostan est destiné à atteindre cet avenir que les villageois appellent de leurs vœux.

Pour les aider à y parvenir, les facilitateurs dispensent des enseignements en matière de santé et d'hygiène, mais également de lecture, de mathématiques et de résolution de problèmes. Ils apprennent aussi aux villageois que toute personne dispose de droits fondamentaux : le droit de s'instruire et de travailler, le droit à la santé, le droit d'exprimer ses opinions et de ne pas subir de violence ou de discrimination.

Ces droits étaient très éloignés de la réalité, même quand ils étaient transmis ainsi, et tout particulièrement dans les communautés où l'on considérait qu'une femme prenant la parole en public donnait une « bonne raison » à son mari de la battre. L'idée que les hommes et les femmes sont égaux semblait absurde. Mais, au fil du temps, les femmes ont pu observer que certains changements (les hommes qui effectuaient un « travail de femme », les femmes qui bénéficiaient d'un revenu) constituaient des avancées vers l'égalité, et que ces changements n'étaient pas vains. Les gens étaient en meilleure santé. Ils étaient plus nombreux à savoir lire. Cette idée d'égalité était peut-être intéressante, finalement.

Après des leçons sur les droits fondamentaux et sur l'égalité femmes-hommes, le groupe a commencé à parler de la santé des femmes. Le simple fait d'évoquer l'excision était tabou ; cette pratique était si ancestrale et sacrée à leurs yeux qu'on l'appelait simplement « la tradition ». Néanmoins, la facilitatrice en a exposé les conséquences sur la santé, y compris les risques d'infection et d'hémorragie. Elle n'a reçu qu'un silence glacial en retour.

À la session suivante toutefois, la sage-femme du village a levé la main et s'est mise debout. Très émue, elle a raconté qu'elle avait personnellement constaté combien les femmes excisées avaient des accouchements plus difficiles. Puis, à leur tour, d'autres femmes se sont mises à raconter leur histoire. Elles se sont rappelé la douleur qu'elles avaient éprouvée lors de leur excision, la quantité effrayante de sang que leurs filles avaient perdue, les hémorragies auxquelles certaines avaient succombé. Si toutes les filles disposaient d'un droit à la santé, l'excision ne violait-elle pas ce droit ? Était-ce quelque chose qu'elles étaient *tenues* de faire ? Le débat fut passionné et dura des mois. Finalement, elles décidèrent que, lorsque viendrait le moment de l'excision pour leurs filles cette année-là, elles ne les y soumettraient pas.

C'est avec des moments comme celui-là en tête que Molly a baptisé son organisation « Tostan », un mot wolof qui désigne l'instant où le poussin commence à percer sa coquille. En français, on peut le traduire par « éclosion » ou « percée ».

Molly se souvient :

— Nous assistions à quelque chose d'extrêmement important : le rassemblement de personnes réfléchissant collectivement à leurs valeurs les plus profondes, et se demandant si
des comportements actuels allaient effectivement à l'encontre
de ces valeurs.

Voilà une pratique véritablement sacrée, selon moi.

Toutefois, Molly était confrontée à une difficulté. Elle
voyait changer la culture du village, mais elle craignait que
ces changements ne se pérennisent pas. Les gens se mariaient
avec des habitants d'autres villages alentour. Cette habitude
était une force pour tous, une occasion de construire des liens
pour former une communauté plus large. Mais si les autres
villages conservaient la pratique de l'excision et l'exigeaient
pour le mariage, alors celui où Molly travaillait se retrouverait
isolé ; ses jeunes risquaient de ne pas trouver de partenaire
conjugal, et l'on reviendrait alors à l'excision. D'une manière
ou d'une autre, il fallait que tous les villages se mettent
d'accord ; aucun ne pouvait évoluer de manière indépendante.

Molly a discuté de cette inquiétude avec l'imam du village,
et il a déclaré que le changement devait se produire.

— J'en fais mon affaire, a-t-il dit.

Et il est parti faire la tournée des villages à pied. Il a passé
des jours et des jours à écouter les gens et à parler avec eux
des filles, du mariage, des traditions, du changement. Molly
n'a pas eu de nouvelles pendant un long moment. Et puis il
est rentré un jour, et il a dit :

— C'est réglé.

Il avait convaincu tous les villages alentour d'abandonner
l'excision ; tous ensemble, et en même temps. Dans cette
région du Sénégal, les parents n'étaient plus confrontés désormais à ce choix d'exciser leurs filles ou de les forcer à vivre
comme des réprouvées.

Mené en grande partie par les villageois dont la vie avait
changé grâce au programme, le mouvement a rapidement

gagné d'autres villages, et même d'autres pays. Très vite, les gens ont commencé à remettre en question d'autres pratiques néfastes.

Dans l'un des villages sénégalais où Tostan avait implanté un programme, les parents mariaient leurs filles de force dès l'âge de dix ans. Lors des sessions Tostan, les gens ont commencé à évoquer la façon dont ces mariages précoces affectaient les filles. Peu de temps après le début de ces discussions, une femme qui était séparée de son mari a appris qu'il avait pris ses dispositions pour marier leur fille. La petite s'appelait Khady et avait treize ans. Le mari avait envoyé un représentant à l'école de Khady pour expliquer qu'on allait la marier le lendemain et qu'elle ne reviendrait pas en classe.

Ce soir-là, la mère a contre-attaqué. Elle a organisé une réunion spéciale avec les responsables du programme Tostan et le directeur de l'école élémentaire. Ils se sont entretenus jusque tard dans la nuit. Le lendemain matin, des dizaines de membres de la communauté et d'écoliers ont lancé une manifestation, brandissant des panneaux écrits à la main : LAISSEZ LES FILLES À L'ÉCOLE et NOUS N'ACCEPTONS PAS LE MARIAGE D'ENFANTS.

Cette stratégie a été payante. Khady est restée à l'école, et sa mère a envoyé un message à son père pour lui dire que, dans leur village, le mariage d'enfants n'était pas permis. Le sauvetage de Khady a été plus percutant que celui de la jeune Indienne du Bihar que j'ai raconté plus haut. En effet, le sauvetage par la police était une affaire de droit, alors que celui-ci correspondait à un changement de culture.

Aujourd'hui, huit mille cinq cents communautés où œuvre Tostan ont promis de ne plus marier les jeunes filles. D'après l'organisation, plus de trois millions de personnes dans huit pays ont déclaré qu'ils ne pratiqueraient plus l'excision.

Ce sont quelques-unes des histoires que Molly m'a racontées, en chemin vers le village où nous nous rendions pour parler aux gens qui avaient amené ces changements. Quand nous sommes arrivées, Molly et moi avons reçu un accueil tapageur, avant d'être invitées à nous joindre à une danse sénégalaise. Puis l'imam a prononcé une prière, et le groupe a tenu une réunion de village pour expliquer l'approche de Tostan : les participants prennent toutes leurs décisions ensemble, en se fondant sur les droits de chacun ainsi que sur leur vision pour l'avenir.

Après la réunion, j'ai eu l'occasion de rencontrer des gens individuellement. Ils avaient hâte de raconter comment leur vie avait changé. Les femmes ont insisté sur le fait que les hommes avaient commencé à effectuer des corvées qui étaient autrefois considérées comme réservées aux femmes ; par exemple, ils ramassaient du bois, allaient chercher de l'eau, s'occupaient des enfants. J'ai donc voulu parler avec les hommes afin de savoir pourquoi ils étaient désireux de changer, puisque l'ancienne façon de faire paraissait plus avantageuse pour eux.

— Pourquoi allez-vous chercher de l'eau au puits ? ai-je demandé à un homme avec qui je conversais depuis un petit moment.

— C'est un travail éreintant, a-t-il répondu. Les hommes sont plus forts ; ce sont eux qui devraient s'en charger. Et puis aussi, je ne veux pas que ma femme soit si fatiguée. Nos épouses étaient tout le temps épuisées ; et quand ma femme est plus en forme, elle est plus heureuse, et notre lit conjugal aussi.

J'ai raconté cette histoire partout dans le monde, et elle est toujours accueillie par un éclat de rire.

Quand j'ai discuté avec les femmes, je leur ai demandé comment elles s'entendaient avec leur mari. L'une d'elles a répondu :

— Avant, on ne parlait pas à nos maris ; désormais nous sommes amis. Avant, ils nous battaient, et plus maintenant.

La plupart d'entre elles ont dit qu'elles utilisaient une

contraception et que leurs maris les soutenaient. Et puis, l'imam avait déclaré :

— Quand on a des enfants trop vite l'un après l'autre, ce n'est pas bon pour la santé. Dieu serait plus heureux si les enfants étaient en meilleure santé.

Hommes et femmes, tous m'ont expliqué qu'auparavant ils mariaient leurs filles vers l'âge de dix ans, mais que désormais ils ne s'en préoccuperaient pas avant leur majorité, même si on leur proposait de l'argent en échange. J'ai demandé à l'un des jeunes hommes célibataires s'il épouserait une fille mineure d'un autre village, et il m'a répondu qu'il avait déjà refusé une telle proposition — même en ne sachant pas si la fille en question voudrait toujours de lui une fois majeure.

Après m'être entretenue avec plusieurs autres groupes, j'ai été invitée à retrouver un petit nombre de femmes dans une maison. Elles m'ont parlé d'excision ; la pièce était sombre, et l'air était lourd de chagrin et de regrets. L'une d'elles a expliqué :

— Nos aînées nous l'ont fait, alors nous l'avons fait à nos filles. C'est ce que nous étions censées faire, et nous n'y avons jamais réfléchi. Nous n'étions pas informées. Nous pensions que c'était un honneur.

Une autre femme a pleuré tout au long de la description qu'elle a faite de son rôle dans la tradition. Elle a dénoué l'extrémité du tissu qui lui ceignait la tête et s'en est servie pour sécher les larmes sur ses joues. Pendant tout le temps qu'elle a parlé, elle n'a pas cessé d'essuyer son visage baigné de larmes.

— Je n'étais pas l'exciseuse. J'étais plus impliquée qu'elle. L'exciseuse ne voyait pas le visage de la fille. Je maintenais les enfants pendant qu'elles se faisaient exciser. Il fallait que je sois forte pour les tenir, parce que c'était affreux. Les filles poussaient des hurlements. J'ai maintenu des filles qu'on avait rattrapées alors qu'elles s'enfuyaient. J'ai vu des choses horribles. À présent, on a arrêté. Ma famille m'a beaucoup critiquée quand j'ai arrêté. Mais je leur ai dit que c'était la volonté de Dieu, parce que les filles mouraient et faisaient des hémorragies. Nous ne le ferons plus jamais. J'en parle aujourd'hui, et j'en parle à tout le monde.

Ce soir-là, après avoir écouté toutes ces histoires, je suis rentrée à ma chambre d'hôtel, incapable de m'arrêter de pleurer.

Qu'est-ce qui m'en donne le droit ?

J'ai quitté le Sénégal avec deux questions : qu'est-ce qui fait que Tostan fonctionne ? Et qu'est-ce qui me donne le droit de m'impliquer ?

Ces questions (sur lesquelles je reviendrai dans un instant) ont un rapport avec la réflexion de Hans Rosling que j'ai évoquée dans le premier chapitre : « Ces milliardaires américains qui distribuent leur argent à tout-va vont semer une sacrée pagaille ! »

Hans n'avait pas tort. Je vois au moins trois manières de mettre la pagaille pour un riche donateur inexpérimenté. Tout d'abord, si un gros pourvoyeur de fonds débarque dans un domaine spécifique et choisit de privilégier une approche en particulier plutôt que d'autres, les gens qui travaillent dans ce domaine risquent d'abandonner leurs propres idées pour adhérer à celles du donateur, parce que c'est là que se trouve l'argent. Si cela se produit, au lieu de trouver de bonnes idées, le donateur peut les étouffer par inadvertance. Ensuite, en matière de philanthropie (et par opposition au monde des affaires), il peut être difficile de savoir ce qui fonctionne, ou pas. Pour bien des raisons, les bénéficiaires peuvent vous raconter que les choses se passent bien alors que ce n'est pas le cas. À moins de pouvoir mesurer objectivement les résultats, il est facile de continuer à financer des idées qui ne fonctionnent pas. Enfin, le danger avec les gens riches, c'est qu'ils peuvent penser que leur succès dans un domaine fait d'eux des experts universels. Ils agissent donc par instinct au lieu de s'entretenir avec des personnes qui ont passé leur vie à travailler sur un sujet en particulier. Si vous vous croyez très malin et que vous n'écoutez pas les gens, vous pouvez vous investir dans des domaines qui échappent à votre expertise et prendre de mauvaises décisions qui auront des conséquences très lourdes.

Sur ces quelques points notamment, Hans avait raison de s'inquiéter des milliardaires qui distribuent leur argent de façon inconséquente. Je m'efforce de tenir compte de ces idées dans ma manière de travailler et dans les questions que je me pose, surtout celle-ci : qu'est-ce qui me donne le droit, en tant qu'étrangère, de soutenir des initiatives visant à changer la culture de populations dont je ne fais pas partie ?

Bien sûr, je peux dire que je finance l'action d'autochtones, et que ce sont eux qui prennent l'initiative. Mais d'*autres* autochtones peuvent être opposés à cette action, et je choisis donc de prendre parti pour un groupe au détriment d'autres. Comment ne pas y voir l'arrogance du riche étranger éduqué à l'occidentale ? Ce fameux « Je sais mieux que vous » ? Comment ne pas utiliser mon pouvoir pour imposer mes valeurs à une communauté dont je ne sais presque rien ?

Il n'est pas question de nier que j'espère faire progresser mes convictions. Je crois au plus profond de moi que toutes les vies sont d'égale valeur. Que toutes les femmes et tous les hommes naissent égaux. Que chacun a sa place. Que chacun a des droits, et que tout le monde a le droit de s'épanouir. Je crois que, si les personnes contraintes par les règles n'ont pas le pouvoir de les édicter elles-mêmes, alors la cécité morale devient loi, et ce sont les plus impuissants qui en paient le prix.

Ce sont là mes convictions et mes valeurs. Je pense que ces valeurs ne sont pas personnelles mais universelles, et quand je peux encourager un écart vis-à-vis d'une culture de domination, je me joins aux luttes qui visent à changer les normes sociales. Je suis convaincue que les normes sociales tenaces qui distribuent les profits de la société aux puissants et laissent les autres se débrouiller avec le reste ne sont pas seulement néfastes pour les plus démunis, mais aussi pour l'ensemble de la population.

Ainsi, quand une communauté refuse aux femmes le droit de décider si, quand et avec qui elles désirent se marier ; quand elle attribue aux hommes des filles comme de simples quotités d'une transaction financière ; quand elle prive ces filles du droit de développer leurs talents et qu'elle les force à vivre toute une vie d'esclave domestique au service des autres ; alors les valeurs universelles des droits humains sont bafouées. Et, dès lors qu'il y a un désir de la part des membres de cette communauté de défendre les filles qui ne peuvent s'exprimer en leur nom, j'estime qu'il est juste de prendre part à la lutte pour les droits des femmes. C'est ainsi que j'explique mon soutien en faveur du changement culturel dans des communautés éloignées de la mienne.

Mais de quelle manière l'approche de Tostan m'aide-t-elle à justifier mon implication ? Par chance – et pour protéger les autres de mes propres angles morts et opinions préconçues –, les idées que je soutiens requièrent bien plus que mon avis favorable pour être réalisées. Le processus de transition d'une culture de domination masculine à une culture d'égalité de genre doit être voulu et encouragé par la majorité des membres de la communauté, y compris par des hommes puissants. En effet, ces hommes finissent par comprendre que le partage du pouvoir avec les femmes leur permet d'atteindre des objectifs auxquels ils ne parviendraient pas s'ils ne comptaient que sur leur seule force. Cette condition d'adhésion constitue en soi le meilleur garde-fou face à de quelconques velléités d'autoritarisme de la part d'étrangers.

Le changement ne vient pas de l'extérieur mais de l'intérieur, et par le biais de l'action la plus subversive qui soit :

celle des membres de la communauté discutant d'actes communément acceptés, rarement remis en question et souvent considérés comme tabous.

Pourquoi cela fonctionne-t-il ? Les débats accélèrent le changement. Quand les gens se parlent et s'écoutent, ils deviennent *meilleurs* ; et je ne parle pas ici d'amélioration scientifique ou technologique. Je parle d'humains qui bonifient leur humanité. L'obtention de droits pour les femmes, pour les personnes de couleur, pour la communauté LGBTQ et pour d'autres groupes ayant historiquement subi des discriminations est un signe de progrès humain. Et l'empathie est le point de départ de l'amélioration humaine. Tout découle de là. L'empathie permet l'écoute, et l'écoute mène à la compréhension. C'est ainsi que nous acquérons une base commune de savoirs. Quand les gens ne peuvent se mettre d'accord, c'est souvent parce qu'il n'y a pas d'empathie, pas de sentiment d'une expérience partagée. Si vous ressentez ce que ressentent les autres, vous êtes plus susceptible de voir ce qu'ils voient. Puis vous pouvez mutuellement vous comprendre. Ensuite, vous serez en mesure d'échanger vos idées de façon honnête et respectueuse, ce qui est le signe d'un partenariat réussi. Voilà la source du progrès.

Lorsque les gens réussissent à se figurer d'autres vies que celle qu'ils mènent, pour percevoir la souffrance d'autrui et la soulager, alors la vie dans cette communauté devient meilleure. En général, nous sommes aujourd'hui plus empathiques que ne l'étaient les gens qui ont instauré les pratiques et les traditions avec lesquelles nous vivons désormais. L'objectif des débats menés autour de pratiques acceptées est donc de soustraire les vieux préjugés et d'ajouter de l'empathie à l'équation. L'empathie n'est pas la seule force requise pour soulager la souffrance ; nous avons également besoin de la science. Mais l'empathie est utile pour mettre fin à nos *a priori* sur ceux qui mériteraient de profiter des bienfaits de la science.

Il est souvent étonnamment facile de trouver des préjugés,

si l'on se met à chercher. Qui a été oublié, dépossédé ou désavantagé quand telle ou telle pratique culturelle s'est formée ? Qui n'a pas eu voix au chapitre ? Qui n'a pas été consulté ? Qui a reçu la plus petite part de pouvoir, et la plus grosse part de souffrance ? Comment pouvons-nous détecter les angles morts et renverser les préjugés ?

Une tradition qu'on ne discute pas tue le progrès moral dans l'œuf. Si vous héritez d'une tradition et décidez de ne pas la questionner, que vous la perpétuez sans réfléchir, alors vous laissez les gens du passé vous dicter votre conduite. Cette attitude annule la possibilité de voir les angles morts dans la tradition ; et ces angles morts de la morale prennent toujours la forme de l'exclusion d'un groupe et de l'ignorance de sa peine.

L'identification et l'élimination de ces angles morts constituent un débat que des étrangers peuvent *faciliter*, mais pas *manipuler*, parce que ce sont les gens eux-mêmes qui doivent s'interroger sur leurs pratiques et se demander si celles-ci servent leurs objectifs en accord avec leurs valeurs.

Lorsque les communautés contestent leurs propres normes sociales de cette manière, les personnes forcées d'endurer la douleur d'une pratique qui bénéficiait à d'autres voient alors leurs besoins reconnus et leur fardeau allégé. Dans le cas du mariage d'enfants, une discussion à l'échelle de la communauté fondée sur l'empathie et guidée par le principe d'égalité conduit vers un monde où le mariage d'une femme n'est plus une contrainte ; où ses noces ne sont plus une journée tragique, et où sa scolarité ne s'achève pas à l'âge de dix ans. Lorsqu'on examine les anciennes pratiques à la lumière de l'empathie et en se débarrassant des préjugés, tout change.

Ce jour-là, alors que Molly et moi allions partir, j'ai eu une dernière conversation avec le chef du village. Il m'a dit :

— Nous avions l'habitude d'échanger de l'argent contre nos filles. C'était comme du commerce : vendre et acheter. Ce sont les hommes qui avaient décrété que c'était comme ça, mais nous n'avions pas compris ce qu'était le mariage. Dans un mariage, la femme devrait être heureuse. Si elle ne veut pas se marier, le mariage sera un échec. Il n'y a plus de mariage forcé chez nous, plus de mariage d'enfants. Ces choses-là ne vont pas avec nos vraies convictions. Nous avons une vision plus nette désormais, tandis qu'auparavant nous ne voyions pas plus loin que le bout de notre nez. Avoir de mauvais yeux, c'est embêtant, mais c'est beaucoup moins grave que d'avoir un cœur qui ne voit pas clair.

7

Voir les préjugés sexistes

Les femmes dans l'agriculture

Le 25 décembre, dans le village de Dimi (une communauté agricole d'une région reculée du Malawi), tout le monde s'est rassemblé pour fêter Noël ; tout le monde à l'exception d'une femme, Patricia, qui se trouvait dans un champ à plus d'un kilomètre de là, agenouillée sur le sol humide de sa petite parcelle de terre, occupée à semer des arachides.

Tandis que le reste du village partageait un repas et des conversations festives, Patricia travaillait avec minutie, alignant ses graines en rangées parfaites : soixante-quinze centimètres entre deux rangées, dix centimètres entre deux semis.

Six mois plus tard, je lui ai rendu visite sur sa parcelle :

– J'ai entendu parler de la façon dont vous avez passé Noël ! l'ai-je taquinée.

– C'est à ce moment-là qu'il a plu ! m'a-t-elle répondu en riant.

Elle savait que ses semis se développeraient mieux dans un sol encore humide, et elle a donc agi en conséquence.

On pourrait penser qu'une personne dotée de l'ardeur au travail de Patricia serait immensément prospère, pourtant elle en a bavé pendant des années. En dépit de son travail méticuleux, même les choses les plus élémentaires sont longtemps restées hors de portée pour elle et sa famille. Elle n'avait pas de quoi payer les frais de scolarité à ses enfants, ce genre d'investissement qui peut aider à rompre avec la pauvreté ; elle n'avait même pas l'argent pour acheter des casseroles, ce qui facilite pourtant un peu la vie !

Les agriculteurs ont besoin de cinq éléments pour réussir : de la bonne terre, de bonnes graines, du matériel, du temps et du savoir-faire. Des obstacles se dressaient entre Patricia et chacun de ces éléments, simplement parce qu'elle était une femme.

Tout d'abord, et c'est fréquent en Afrique subsaharienne, la tradition malawite veut que, dans la plupart des communautés, les femmes ne puissent pas hériter de terres. (Des lois récemment votées au Malawi donnent aux femmes des droits de propriété égaux, mais les coutumes sont plus lentes à changer.) Patricia ne possédait donc pas de terrain en propre : elle payait un loyer pour le cultiver. C'était une dépense qui l'empêchait d'investir dans la terre pour la rendre plus productive.

En outre, étant une femme, Patricia n'avait pas voix au chapitre quant aux dépenses de la famille. Pendant des années, son mari avait choisi comment dépenser l'argent du ménage et, si l'acquisition de matériel agricole pour Patricia n'était pas prévue au programme, elle ne pouvait rien y faire.

Son mari décidait aussi de la façon dont Patricia occupait son temps. Elle a singé comiquement sa façon de lui donner des ordres :

— « Va faire ci, va faire ça, occupe-toi de ci, occupe-toi de ça », tout le temps !

Patricia passait ses journées à couper du bois pour le feu, à puiser de l'eau, à préparer le repas, à faire la vaisselle et à s'occuper des enfants. Cela lui laissait moins de temps pour soigner ses plantations, ou pour apporter sa récolte au marché afin d'être sûre d'en tirer le meilleur prix. Et si elle avait voulu embaucher quelqu'un pour l'aider, les ouvriers n'auraient pas travaillé aussi dur pour elle qu'ils l'auraient fait pour un homme. Au Malawi, les hommes n'aiment pas recevoir d'ordres des femmes.

Chose étonnante : même les graines que plantait Patricia étaient affectées par son genre. Les organismes de développement travaillent depuis longtemps avec les agriculteurs pour sélectionner des graines qui donneront des fruits plus gros ou attireront moins de nuisibles. Des décennies durant pourtant, quand ces groupes consultaient les responsables des communautés agricoles, ils ne parlaient qu'avec les hommes, et les hommes sont focalisés uniquement sur les cultures qu'ils peuvent vendre. Presque personne ne travaillait sur les semences pour les agricultrices comme Patricia, qui ont également comme objectif de nourrir leur famille et cultivent souvent des aliments nutritifs, comme des pois chiches et des légumes.

Les gouvernements et les organismes de développement proposent souvent des sessions de formation aux agriculteurs. Mais les femmes ont moins de liberté pour quitter la maison et assister à ces formations, ou même pour s'entretenir avec les formateurs, qui sont souvent des hommes. Quand ces organismes ont essayé d'utiliser la technologie pour diffuser des informations (en donnant des conseils par texto ou à la radio), ils se sont aperçus que c'étaient les hommes qui contrôlaient ces technologies. Si les familles avaient un téléphone portable, c'étaient les hommes qui le gardaient avec eux. Quand les familles écoutaient la radio, c'étaient les hommes qui choisissaient la fréquence.

Quand on met tous ces éléments bout à bout, on commence à comprendre comment une cultivatrice intelligente et acharnée au travail comme Patricia n'a jamais pu prospérer. Les obstacles s'accumulaient sur son chemin parce qu'elle était une femme.

Comprendre Patricia

Lorsque j'ai rencontré Patricia en 2015, j'avais pris la mesure des rôles sexués et de la domination masculine qui limitaient sa réussite professionnelle. Il m'avait fallu un certain temps pour comprendre ces mécanismes ; tout a commencé quand Warren Buffett a donné le gros de sa fortune à notre fondation.

Le cadeau de Warren nous a ouvert de nouveaux horizons. Nous avions soudainement les ressources pour investir des champs dont nous connaissions l'importance et qui nous paraissaient très prometteurs, mais dans lesquels nous n'avions pas encore fait grand-chose. Nous sommes une fondation en perpétuel apprentissage. Si nous voyons une opportunité dans un domaine qui nous est inconnu, nous commençons par des subventions modestes. Nous observons ce qui se passe ; nous tâchons de comprendre comment ça marche. Nous cherchons les rouages et les leviers de la machine. Puis nous nous demandons si un investissement plus important serait approprié. Quand Warren nous a parlé de ce cadeau, nous avions exploré un certain nombre de champs d'action, mais aucune décision d'investissement à plus grande échelle n'avait été prise. Les ressources de Warren nous ont fait avancer et nous ont rapidement conduits à axer grandement notre travail sur l'égalité de genre.

Bill et moi avons décidé d'utiliser ce nouvel apport financier pour nous écarter des questions de santé mondiale et entreprendre un effort direct pour réduire la pauvreté. « Comment aider les gens en situation d'extrême pauvreté à augmenter leurs revenus ? » Nous sommes partis de cette interrogation, et notre premier pas a consisté à nous documenter plus précisément sur la vie qu'ils mènent ainsi que sur leurs sources de revenus. Il s'avère que plus de 70 % des gens les plus pauvres du monde tirent leur revenu principal et leur alimentation de la culture de petites parcelles. Cet état de fait représente une grande chance : si ces petits cultivateurs peuvent augmenter la productivité de leurs terres, ils sont donc en mesure de faire pousser davantage de plantes, de récolter davantage de nourriture, d'avoir une meilleure alimentation et de gagner plus d'argent. En fin de compte, nous étions convaincus qu'aider les agriculteurs les plus pauvres à augmenter leur rendement pouvait être le levier le plus puissant pour réduire la pauvreté, la faim dans le monde et la malnutrition.

Nous avons décidé de nous concentrer principalement sur l'Afrique et l'Asie du Sud-Est. L'Afrique subsaharienne était la seule région du monde où la quantité de récoltes par personne n'avait pas augmenté en vingt-cinq ans. Si le monde pouvait contribuer à développer des plantes résistant aux inondations, à la sécheresse, aux nuisibles et aux maladies tout en offrant un meilleur rendement, la vie de millions de gens s'en trouverait améliorée. Notre stratégie paraissait donc claire : nous nous concentrerions sur la science et nous efforcerions d'aider les chercheurs à développer de nouvelles semences et de nouveaux engrais, afin de permettre aux petits cultivateurs de récolter plus de nourriture.

C'était l'approche que nous étions convenus d'employer au tout début, en 2006, quand Rajiv Shah, le responsable de notre nouveau programme agricole, s'est rendu à la remise du Prix mondial de l'alimentation, dans l'Iowa. Il devait prononcer une allocution à l'intention des experts agricoles de haut vol, pour exposer nos ambitions et obtenir leurs conseils. L'intervention de quatre personnages éminents était prévue à sa suite pour lui répondre ; tout d'abord, on a entendu le Dr Norman Borlaug, lauréat du prix Nobel de la paix pour avoir lancé la Révolution verte, qui a entraîné une hausse de la productivité agricole et sauvé des millions de gens de la famine. L'orateur suivant était sir Gordon Conway, le conseiller scientifique en chef du département britannique du Développement international. Puis ce fut le tour du

Dr Xiaoyang Chen, président de l'Université d'agriculture de Chine méridionale.

Quand le Dr Chen a eu terminé son intervention, l'événement avait débordé du temps imparti depuis un bon moment, et il restait encore une personne à écouter, une femme : Catherine Bertini, qui avait occupé le poste de directrice exécutive du Programme alimentaire mondial de l'ONU. Elle a senti que le public était fatigué de tous ces discours, aussi elle est allée droit au but.

– Docteur Shah, j'aimerais vous rappeler les paroles de l'une des mères fondatrices des États-Unis d'Amérique, Abigail Adams. Alors que son mari se trouvait à Philadelphie pour travailler sur la Déclaration d'indépendance, elle lui a écrit : « N'oubliez pas les femmes. » Si vous et vos collègues de la fondation ne prenez pas garde aux différences de genre dans l'agriculture, vous ne ferez que ce que bien d'autres ont fait par le passé : vous gaspillerez votre argent. La seule différence, c'est que vous en gaspillerez beaucoup plus, et beaucoup plus vite.

Catherine s'est rassise, et la séance a été levée.

Quelques mois plus tard, Rajiv a engagé Catherine à la fondation Gates pour qu'elle nous explique les liens entre genre et agriculture.

« Ce sont presque toujours des femmes »

Quand Catherine nous a rejoints, la question du genre n'était pas prise en compte à la fondation. Elle ne se trouvait nulle part dans notre stratégie. J'ignore ce que d'autres pensaient à l'époque, mais je suis gênée d'admettre que je n'avais pas réfléchi au genre concernant notre travail de développement. Je ne dis pas que je n'avais pas remarqué que les femmes étaient les principales bénéficiaires de nombre de nos programmes. La planification familiale était clairement un sujet féminin, tout comme la santé maternelle et néonatale. Pour toucher le maximum d'enfants lors de nos campagnes de vaccination, c'étaient les mères que nous devions cibler avec notre message. La question du genre sur ces sujets était facile à voir. Mais l'agriculture, c'était différent. La dimension du genre n'y était pas manifeste, du moins pas pour moi, et pas au début.

Les choses ont commencé à changer quand Catherine a accompagné Raj lors d'un rendez-vous avec Bill et moi pour faire le point sur notre stratégie agricole. Raj nous a présenté Catherine :

— Elle est ici pour travailler sur la problématique du genre.

Ce terme a semblé aiguillonner Bill, qui s'est mis à discourir sur le fait d'être efficace, d'obtenir des résultats et de rester concentré là-dessus. Bill soutenait l'émancipation des femmes et l'égalité entre les sexes, mais il pensait que ces sujets nous détourneraient de notre objectif d'augmentation des rendements agricoles, et que tout ce qui était susceptible de brouiller notre vision risquait de compromettre notre efficacité.

Bill peut être intimidant, mais Catherine avait un désir très vif d'engager la conversation sur ce terrain.

— C'est absolument d'efficacité qu'il s'agit, a-t-elle répliqué. Nous souhaitons rendre les petits cultivateurs aussi efficaces que possible, et nous voulons leur donner tous les outils — les semences, les engrais, les prêts, la main-d'œuvre — dont ils ont besoin pour y parvenir. Il est donc très important pour nous de savoir qui sont ces cultivateurs, et ce qu'ils veulent. La prochaine fois que vous traverserez une zone rurale en Afrique, regardez par la fenêtre pour voir qui travaille dans les champs. Ce sont presque toujours des femmes. Si vous n'écoutez que les hommes, parce que ce sont eux qui ont le temps et la permission sociale de se rendre aux réunions, alors vous ne saurez pas de quoi les femmes ont vraiment besoin ; pourtant ce sont elles qui font la plus grande partie du travail.

Catherine a quitté la réunion en disant à Raj :

— Qu'est-ce que je fais là ? S'il n'est pas convaincu, ça ne marchera jamais.

— Il t'a entendue, a seulement dit Raj. Fais-moi confiance.

Quelques mois plus tard, alors qu'elle était en voiture, Catherine a entendu Bill à la radio. Il s'exprimait au sujet du développement économique sur NPR (National Public Radio, la radio du service public aux États-Unis) :

— La majorité des pauvres dans le monde travaille dans l'agriculture. La plupart des gens ignorent que ce sont les femmes qui réalisent la plus grosse part de ce travail, de sorte que c'est à elles que nous donnons de nouvelles semences et de nouvelles techniques. Et lorsqu'on donne ces outils aux femmes, elles les utilisent très efficacement.

Catherine a failli faire une embardée.

Ce qu'elle a vécu alors, ce que Raj lui avait prédit, c'est que Bill apprend. Il adore apprendre. Oui, il défie les gens assez durement, trop durement parfois, mais il écoute et il apprend. Et il ne demande qu'à évoluer. Cette soif d'apprendre n'est pas seulement propre à Bill ; c'est aussi mon mode de fonctionnement. C'est le pilier central de la culture que nous avons essayé de créer à la fondation, qui explique comment nous en sommes tous venus (certains plus vite que d'autres) à convenir que l'égalité de genre devrait guider le travail que nous essayons tous d'accomplir.

Si les différences et les inégalités liées au genre n'étaient pas un problème, cela ne changerait rien au fait que la plupart des agriculteurs du Malawi sont des agricultrices. Mais, comme nous le voyons avec la vie de Patricia, ce problème est bien réel, dans la mesure où les femmes ont beaucoup plus de difficultés à cultiver ce dont elles ont besoin.

Hans Rosling m'a un jour raconté une histoire édifiante à ce sujet. Il travaillait avec plusieurs femmes dans un village du Congo pour tester la valeur nutritionnelle de la racine de manioc. Il fallait récolter les racines, les marquer d'un numéro et les ranger dans des paniers afin d'aller les mettre à tremper dans un bassin. Ils avaient rempli ainsi trois paniers. Une femme a transporté le premier panier, une autre le deuxième, et Hans s'est chargé du troisième. Ils ont marché en file indienne le long du chemin et, un peu plus tard, alors qu'ils posaient tous leur chargement à terre, l'une des femmes s'est retournée ; voyant le panier de Hans, elle a poussé un cri perçant, comme si elle avait vu un fantôme.

— Comment ce panier est-il arrivé là ?!
— Je l'ai porté, a dit Hans.
— Tu ne *peux pas* le porter ! s'est-elle écriée. Tu es un homme !

Les hommes congolais ne portent pas de panier.

Des règles très strictes liées au genre se retrouvent également dans d'autres domaines : qui nettoie le terrain, sème les graines, désherbe le champ ; qui repique les plants, qui s'occupe de la maison, des enfants et de la préparation des repas ? Quand vous regardez une agricultrice, c'est une mère que vous avez devant vous. Non seulement les tâches domestiques prennent du temps qu'elles ne pourront pas consacrer à leurs travaux agricoles, mais en outre ces tâches les empêchent de se rendre aux réunions où elles pourraient recevoir des conseils de collègues et s'informer sur les semences améliorées, les pratiques à privilégier et les nouveaux marchés. Dès que l'on voit que la plupart des cultivateurs sont des femmes, et que ces femmes sont en dessous des hommes, tout change.

Une étude capitale de l'ONUAA (Organisation des Nations Unies pour l'Alimentation et l'Agriculture) parue en 2011 a montré que les agricultrices des pays émergents obtenaient un rendement de 20 à 30 % inférieur à celui des hommes, bien qu'étant aussi qualifiées qu'eux. Les femmes produisent moins parce qu'elles n'ont pas accès aux mêmes ressources et aux mêmes informations que les hommes. Si elles avaient les mêmes ressources, elles auraient les mêmes rendements.

Ce rapport disait que, si l'on pouvait considérer les cultiva-trices pauvres comme des clientes avec des besoins spécifiques, de façon à développer des technologies, des formations et des services spécifiquement pour elles, alors leurs rendements égaleraient ceux des hommes. Cela augmenterait leurs revenus d'autant, et donc leur importance à la maison ; l'alimentation des enfants s'en trouverait améliorée, leurs frais de scolarité seraient plus facilement réglés et, du fait de l'augmentation de la production alimentaire, cela réduirait de cent à cent cinquante millions le nombre de personnes sous-alimentées dans le monde.

Les satisfactions seraient immenses, mais les difficultés le sont aussi. Patricia n'est pas un cas isolé ; elles sont des millions comme elle. Et ces millions de femmes exploitent de plus petites parcelles que les hommes. Elles ont un accès réduit aux services de conseil et de vulgarisation agricoles, au marché et aux offres de crédit. Elles manquent de semences, de fertilisants et de formation. Dans certaines régions, les femmes ne sont pas autorisées à détenir un compte bancaire ou à conclure des contrats sans l'approbation d'un homme de leur famille.

Lorsque vous travaillez pour aider les femmes à changer de vie et que vous vous heurtez à des obstacles de genre, cela peut vous faire reculer. Vous vous justifierez en arguant que les changements culturels ne sont pas de votre ressort. Mais quand vous apprenez que les femmes représentent plus de la moitié du monde agricole et ne peuvent obtenir ce dont elles ont besoin pour rendre leurs parcelles productives, quand vous apprenez que cette situation condamne leurs enfants à la faim et maintient leur famille dans la pauvreté, vous êtes forcé de prendre position. Vous pouvez continuer à faire la même chose et à renforcer les préjugés qui entre-tiennent la pauvreté. Ou bien vous pouvez aider les femmes à obtenir le pouvoir nécessaire pour nourrir leurs enfants et pour réaliser leur potentiel. Le choix est clair : perpétuer les injustices ou les remettre en question. Politiquement, c'est une question délicate. Moralement, c'est extrêmement simple : souscrirez-vous à une culture ancienne qui bride les femmes, ou bien contribuerez-vous à fonder une culture nouvelle qui les élèvera ?

Nous n'avons jamais eu pour projet de lutter pour l'égalité de genre dans l'agriculture. Nous avons dû passer un certain temps à assimiler ce nouveau paramètre. C'est l'un des plus grands défis pour quiconque souhaite contribuer à changer le monde : comment suivre son programme tout en restant ouvert à de nouvelles idées ? Comment doser souplesse et fermeté pour être capable d'encaisser l'idée qui viendra pulvériser la stratégie établie ?

Nous avions commencé par penser que les agriculteurs pauvres avaient simplement besoin de meilleures technologies, par exemple des nouvelles semences offrant une résistance accrue et un rendement supérieur. Mais le potentiel d'une révolution agricole ne résidait pas seulement dans les graines ; il se trouvait entre les mains des femmes qui les semaient. C'était, là encore, la grande idée inédite. La nouvelle stratégie était donc celle-ci : si nous voulions aider les agriculteurs, nous devions accroître et renforcer les capacités des femmes. Comment donc amener tout le monde à voir les choses de cette manière ?

Parler de l'« émancipation des femmes » à voix basse

L'ambition d'encapaciter les femmes ne venait pas s'ajouter à celle d'une meilleure alimentation et d'un revenu plus élevé : du premier objectif découlerait le second, comme une conséquence logique.

L'égalité de genre est un objectif qui vaut le coup en soi. Mais ce n'était pas ainsi qu'on pouvait le promouvoir au sein de notre fondation. Pas à l'époque. C'était une idée nouvelle qui rencontrait un certain scepticisme. Une personne haut placée avait clos la conversation en disant :

– Nous ne donnons pas dans le « genre », ici.

Une autre avait réagi ainsi :

– On ne va quand même pas devenir une ONG de justice sociale !

Lorsque nous nous sommes lancés, nous étions conscients de cette résistance. Même les militants les plus fervents ne parlaient pas d'*émancipation*. Le terme même rebutait les gens et dissimulait le cœur du message, qui se résume à : « On doit savoir de quoi les cultivateurs ont besoin. » Nous devions simplement rappeler aux gens qui travaillaient sur l'agriculture que les cultivateurs étaient souvent des cultivatrices. Cela impliquait pour les chercheurs de se mettre à collecter des informations auprès des femmes et pas seulement des hommes. Les scientifiques qui travaillaient sur de nouvelles semences devaient s'adresser aux femmes.

Voici un exemple. Quand les chercheurs veulent améliorer une variété de riz, ils quittent souvent leur laboratoire et vont voir les cultivateurs pour s'entretenir avec eux des caractéristiques qu'ils aimeraient trouver dans cette nouvelle variété.

C'est une excellente idée. Mais beaucoup de chercheurs sont des hommes, et ils ne parlent souvent qu'à d'autres hommes. Les cultivatrices, bien la plupart du temps, ne prennent pas part à la conversation parce qu'elles ont trop de travail à la maison, ou parce qu'il est culturellement inapproprié pour un professionnel de sexe masculin de parler avec une femme, ou encore parce que le chercheur ne mesure pas combien la participation des femmes est primordiale.

Souvent, alors, voici ce qui se passe : les chercheurs expliquent aux hommes les caractéristiques de la future variété, et les hommes sont enthousiastes. Les chercheurs repartent dans leur laboratoire pour finir le travail et lancer la nouvelle variété sur le marché. Les hommes l'achètent, les femmes s'occupent des semis, et puis, comme elles se chargent du gros des moissons, elles voient que les tiges de cette variété de riz sont trop courtes, si bien qu'elles doivent se pencher davantage pour le récolter. Au bout d'un moment, les femmes disent à leurs maris qu'elles veulent des plants plus hauts qui ne leur cassent pas le dos au moment des moissons. Alors les hommes n'achètent plus cette variété de semences, et une quantité considérable de temps, d'argent et d'énergie a été gaspillée. Ce gaspillage aurait pu être évité si seulement quelqu'un avait parlé avec les femmes.

La bonne nouvelle, c'est que l'Institut international de recherche sur le riz (l'IRRI, pour International Rice Research Institute) a appris que les cultivateurs et les cultivatrices n'avaient pas les mêmes critères de définition d'une bonne variété de riz. Les femmes comme les hommes préfèrent un bon rendement, bien évidemment. Mais parce que les tâches des femmes comportent notamment la récolte et la préparation du riz, elles préfèrent en outre des variétés qui poussent à la bonne hauteur et cuisent plus rapidement. Lorsqu'ils élaborent de nouvelles variétés, les chercheurs de l'IRRI s'attachent donc à consulter autant de femmes que d'hommes. Ils savent que, si la participation des unes et des autres est prise en compte dans leur travail, les cultivateurs auront plus de chances d'adopter cette variété sur le long terme.

Avec ces leçons à l'esprit, nous avons commencé à distribuer des subventions susceptibles d'éliminer les obstacles que les cultivatrices rencontraient pour obtenir les meilleures semences, les engrais, les technologies et les prêts dont elles avaient besoin pour être productives.

L'une de nos premières subventions était d'une merveilleuse simplicité : nous souhaitions apporter une assistance technique aux agricultrices du Ghana rural, aussi notre partenaire a décidé de diffuser une émission de radio qui informait ces femmes sur la culture des tomates. Beaucoup de recherches ont été faites pour s'assurer que l'émission aurait une portée maximale. Notre partenaire s'est décidé pour la radio qui semblait être le meilleur média, dans la mesure où beaucoup de gens ne savaient pas lire et où une majorité d'entre eux n'avait pas la télévision. Le rythme hebdomadaire était idéal pour cette émission, car il s'accordait avec la cadence de succession des tâches agricoles. Les tomates étaient la meilleure option car elles étaient d'un abord relativement facile, et parce que c'était une culture de rapport qui améliorerait par ailleurs les apports nutritionnels des familles. La dernière chose qu'il fallait déterminer était l'horaire auquel les femmes écoutaient la radio ; en effet, si l'émission passait à une heure où les hommes avaient la mainmise sur le poste, les femmes n'apprendraient rien sur la culture des tomates.

C'est ce type de réflexion qui a commencé à se mettre en place dans la fondation : les gens sont devenus très sensibles aux différences de genre et aux normes sociales dans les programmes où ces questions avaient leur importance. La transition s'est effectuée sans tambour ni trompette, avec simplement quelques experts invités à la fondation pour parler avec ceux qui le désiraient de la façon dont un travail axé sur le genre pouvait les aider à atteindre leurs objectifs. Et ces experts étaient loin de vociférer leurs analyses. L'une des premières, Haven Ley – qui est désormais ma conseillère principale –, plaisante souvent en racontant qu'elle a « travaillé au sous-sol pendant trois ans ». Elle n'a pratiquement jamais employé les expressions « égalité de genre » ou « émancipation des femmes ». Au lieu de quoi, elle a expliqué aux gens comment le fait d'être attentif aux différences femmes-hommes pouvait avoir un impact.

– On ne peut pas simplement débarquer pour parler de l'égalité femmes-hommes, dit-elle. Tout le monde s'en fiche. Ce qu'il faut, c'est comprendre à quoi ressemblent le succès et l'échec pour les gens ; et c'est seulement alors qu'on peut les aider à obtenir ce qu'ils désirent.

Les progrès étaient réguliers, mais trop lents pour moi.

À la fondation, les gens parlaient toujours du genre à voix basse, parfois même en chuchotant, plutôt peu enclins à l'idée de se faire remarquer. Je voyais comment même certains des militants les plus passionnés tournaient autour du pot, comment dans les réunions ils soulevaient la question mais sans insister, soucieux de ne pas dire trop haut ce qu'ils savaient être vrai.

Pendant un temps atrocement long, je n'ai pas pu leur apporter le soutien que je voulais. J'étais spectatrice, mais je n'étais pas prête à entrer dans la danse. Ce n'était pas le moment. La fondation n'était pas complètement mûre ; ma maîtrise des données n'était pas assez bonne. Et puis je n'avais pas le temps de m'attaquer à un nouveau projet aussi énorme ; je travaillais dur sur la planification familiale, j'avais trois enfants à la maison, je me frottais à la question de l'égalité dans mon propre couple. Il y avait tant d'obstacles en travers du chemin. Et puis, finalement, le moment est venu. J'étais prête. J'avais la conviction, l'expérience et les données en main. La fondation avait le personnel nécessaire. J'ai donc décidé d'écrire un article pour le numéro de septembre 2014 de la revue *Science*, dans lequel j'exposerais l'engagement de notre fondation pour cette question.

Dans cet article, j'ai admis que la fondation avait été à la traîne pour employer l'égalité de genre comme stratégie. « En conséquence de quoi, nous avons perdu des occasions de maximiser notre impact », ai-je écrit. Mais notre fondation mettrait désormais « les femmes et les filles au cœur du développement mondial », car « nous ne pourrons pas atteindre nos objectifs à moins de nous attaquer systématiquement aux inégalités de genre et de répondre aux besoins spécifiques des femmes et des filles dans les pays où nous travaillons ».

J'ai écrit cet article pour nos partenaires, ainsi que pour les mécènes et les autres personnes impliquées dans notre travail. Mais, avant tout, je l'ai écrit comme un message à l'adresse de tous ceux qui travaillaient à la fondation Bill-et-Melinda-Gates. J'ai ressenti le besoin d'affirmer haut et fort notre stratégie et nos priorités en matière d'égalité femmes-hommes. C'est le levier le plus puissant que j'aie jamais actionné pour diriger l'action de notre fondation. Il était temps de sortir du sous-sol.

Se soutenir mutuellement

Six mois après la publication de l'article, je suis partie au Jharkhand, un État dans l'est de l'Inde, pour rendre visite à l'un de nos bénéficiaires nommé « PRADAN ». Cette ONG a été la première dans laquelle nous avons investi après avoir observé le rôle central des cultivatrices.

Quand PRADAN a débuté dans les années 1980, ses responsables ne se sont pas immédiatement concentrés sur l'autonomisation des femmes ; c'est un aspect dont ils n'ont compris l'importance que progressivement. Dans l'esprit de *pradan* (qui signifie « rendre, redonner à la société »), l'ONG a commencé à mettre de jeunes professionnels engagés dans les villages déshérités pour voir s'ils pouvaient donner un coup de main. Quand ces nouvelles recrues sont arrivées dans les villages, elles ont été choquées de voir comment les hommes traitaient les femmes. Les maris battaient leurs épouses si elles sortaient de la maison sans permission, et tout le monde – même les femmes – trouvait cela acceptable. Naturellement, ces femmes n'avaient aucun statut dans la communauté : pas de ressources, pas de compte bancaire, aucun moyen d'épargner ni d'emprunter.

Les responsables de PRADAN ont commencé à discuter avec les maris, obtenant pour leurs femmes la permission de se rencontrer par groupes de dix ou quinze pour parler d'agriculture. On présentait ainsi la chose aux conjoints : « Si vous laissez votre épouse participer à ce groupe, elle améliorera les revenus de votre famille. » Les femmes se sont donc mises à se rencontrer régulièrement et à épargner ensemble ; ensuite, quand l'une d'elles avait besoin de faire un investissement, elle pouvait emprunter de l'argent au groupe. Quand le groupe a eu assez d'argent, il a pris contact avec une banque. Cette organisation groupée a énormément facilité l'aspect financier de leur travail. Rapidement toutefois, les femmes ont réclamé les mêmes formations agricoles que celles des hommes. Elles ont appris à identifier les semences et à cultiver les variétés qui leur permettaient de nourrir leurs familles, de revendre l'excédent et de surmonter les périodes de disette.

C'était là l'historique de ces groupes ; je m'attendais donc à être impressionnée quand je me suis rendue à l'une de leurs réunions, mais j'ai tout de même été surprise quand la responsable a dit :

— Levez la main si, avant d'avoir rejoint le groupe d'entraide, vous récoltiez assez de nourriture pour que votre famille ait à manger toute l'année.

Pas une main ne s'est levée.

— Levez la main si vous aviez un excédent à vendre l'année dernière.

Presque toutes les mains se sont levées.

L'émancipation ne se limite jamais à un domaine. Quand les conseils agricoles et le soutien financier ont commencé à porter leurs fruits pour ces femmes, elles sont parties en quête de nouvelles batailles à mener. Lors de ma visite, elles militaient pour obtenir de l'eau potable ainsi que de meilleures routes. Elles venaient de soumettre une demande aux pouvoirs publics pour l'installation des premières toilettes de la localité. Elles avaient également entamé une campagne contre les problèmes d'alcoolisme dans le village, appelant les hommes à cesser de boire, mettant la pression sur les élus locaux pour qu'ils fassent appliquer les lois, travaillant même avec les femmes qui vendaient de l'alcool afin de les aider à trouver de nouveaux moyens de subsistance.

Et puis, un autre signe indiquait que ces femmes avaient pris leur vie en main : elles se tenaient droites. Quand je rencontre des femmes subissant un fort sexisme, je le constate souvent à leur façon de me regarder – ou de ne pas me regarder. Ce n'est pas facile de se défaire d'une vie entière de modestie. L'attitude de ces femmes était différente. Elles n'avaient pas la tête baissée. Elles ne parlaient pas tout bas. Elles n'avaient pas peur de poser des questions, de me raconter ce qu'elles savaient, ce qu'elles pensaient, ce qu'elles voulaient. C'étaient des activistes. Elles en avaient l'allure, le port. Elles étaient exaltées.

L'approche de PRADAN est centrale dans la stratégie de notre fondation. Nous aidons les femmes à entrer en contact avec les personnes qui pourront les conseiller sur l'agriculture et sur le marché. Nous sommes également aux côtés des femmes pour leur permettre d'accéder à des services financiers, de façon qu'elles puissent épargner et obtenir des prêts. Quand elles peuvent déposer l'argent qu'elles ont obtenu sur un compte bancaire à leur nom, les femmes gagnent et épargnent davantage. Elles sont en outre plus respectées par leur époux, ce qui amorce le rééquilibrage du pouvoir au sein du foyer.

C'est à ce type de travail que nous avons donné un coup d'accélérateur depuis l'article que j'ai écrit dans *Science*, et nous avons fait évoluer la fondation pour continuer dans cette voie. Nous avons engagé davantage d'experts sur les questions de genre. Nous collectons des données sur la vie des femmes et des filles de façon que les éléments importants soient évalués. Enfin, nous soutenons des ONG comme PRADAN, dont l'approche consiste ouvertement et intentionnellement à donner aux femmes les moyens d'agir. De plus en plus, nous constatons les résultats que donne cette stratégie centrée sur les femmes et les filles.

La percée de Patricia

Patricia, la cultivatrice qui travaillait le jour de Noël, a vu sa vie métamorphosée par le groupe d'entraide qu'elle avait rejoint. Je vais vous raconter le reste de son histoire, si vous le voulez bien.

Patricia s'est inscrite à un programme baptisé « CARE Pathways », une organisation qui donne des conseils d'agriculture conventionnelle, mais sensibilise également les participants à l'égalité. Le groupe a demandé à Patricia de faire venir son mari aux réunions, et elle a été agréablement surprise de le voir accepter. Lors d'une session de formation, on a proposé à Patricia et à son époux un jeu de rôle : mari et femme devaient mimer leur vie à la maison, mais en prenant chacun la place de l'autre (exactement comme les exercices que j'ai décrits dans le chapitre sur le travail non rémunéré). Patricia a pu donner des ordres à son mari, tout comme il le faisait avec elle :

— Va faire ceci, va faire cela, va faire ceci, va faire cela !

Et lui devait lui obéir sans se plaindre.

Cet exercice lui a ouvert les yeux. Il lui a dit après coup s'être rendu compte qu'il ne la traitait pas comme une partenaire. Lors d'un autre exercice, tous deux ont représenté le budget familial sous forme d'arbre, les racines figurant leurs sources de revenus et les branches représentant leurs dépenses. Ils ont discuté ensemble des racines qui pouvaient être fortifiées, et des branches que l'on pouvait élaguer. Tandis qu'ils évoquaient le revenu agricole de Patricia, la question de ses fournitures est venue sur le tapis, ainsi que celle de savoir si elles devaient être une dépense prioritaire.

Patricia m'a dit que ces exercices avaient transformé son couple. Son mari s'était mis à écouter ses idées et à travailler avec elle pour l'aider à améliorer la productivité de sa parcelle. Peu de temps après ces sessions de formation, une occasion qui s'est présentée a prouvé que leurs décisions se révélaient payantes.

Constatant qu'il n'existait guère de semences de qualité pour le type de cultures privilégiées par les femmes, CARE Pathways a commencé à travailler avec une station de recherche locale afin de concevoir des semences d'arachides plus productives et plus résistantes aux nuisibles et aux maladies. Une variété intéressante a été développée, mais la station n'avait pas du tout assez de semences pour fournir toutes les cultivatrices de la région. Il lui fallait d'abord trouver des partenaires pour cultiver cette première génération de semences améliorées afin d'en récolter davantage au cycle suivant. En effet, les semences ne peuvent pas être commercialisées avant d'avoir été produites en assez grand nombre.

Ce processus s'appelle « multiplication des semences » et exige encore plus de soins et d'attention que l'agriculture classique. Seuls les meilleurs agriculteurs sont choisis pour être multiplicateurs de semences ; et Patricia est devenue l'un d'eux. Quand je lui ai demandé comment elle parvenait à travailler au niveau requis pour la multiplication des semences, elle m'a répondu :

— Maintenant, j'ai un mari qui me soutient.

Ce mari d'un grand soutien est convenu avec Patricia d'emprunter de l'argent pour acheter les semences améliorées. Ce sont celles-ci que Patricia semait le jour de Noël. Quand je l'ai rencontrée, elle avait déjà fait sa première récolte. Sa parcelle de deux-mille mètres carrés avait si bien donné qu'elle avait pu semer elle-même le quadruple de cette surface à la saison suivante, et fournir des graines à d'autres cultivateurs. Et la récolte suivante a donné non seulement une nourriture abondante pour sa famille, mais aussi un revenu suffisant pour couvrir les frais de scolarité de ses enfants, ainsi que l'acquisition de ces fameuses casseroles !

Les femmes sont inférieures ; c'est écrit juste ici

L'agriculture n'est pas le seul secteur de l'économie à être freiné par le sexisme. Des rapports récents de la Banque mondiale montrent que la discrimination fondée sur le genre est encadrée par la loi pratiquement partout dans le monde.

En Russie, il existe quatre cent cinquante-six professions interdites aux femmes, car jugées trop fatigantes ou trop dangereuses. Là-bas, les femmes ne peuvent pas devenir charpentières, plongeuses professionnelles ou capitaines de navire, pour ne citer que quelques exemples. Il existe ainsi cent quatre pays interdisant certains métiers aux femmes.

Au Yémen, une femme n'a pas le droit de sortir de chez elle sans l'autorisation de son mari. Seize autres pays légifèrent ainsi les horaires et les possibilités de déplacement des femmes hors de leur domicile.

Au Sri Lanka, les femmes travaillant dans des commerces doivent cesser leur activité à vingt-deux heures au plus tard ; dans vingt-neuf pays au total, les horaires de travail des femmes sont restreints.

En Guinée équatoriale, les femmes ont besoin de la permission de leur mari pour signer un contrat ; au Tchad, au Niger et en Guinée-Bissau, il leur faut cette permission pour ouvrir un compte bancaire.

Au Liberia, quand un homme meurt, sa femme n'a aucun droit sur l'héritage. Elle est considérée elle-même comme faisant partie de cet héritage ; et, comme l'expliquent les gens de certaines communautés rurales, « des biens ne peuvent pas posséder d'autres biens ». Trente-six pays ont des lois restreignant ce que les femmes peuvent hériter de leurs maris.

En Tunisie, si une famille a un fils et une fille, le fils héritera du double de la fille. Trente-huit autres pays ont des lois empêchant les filles d'hériter dans les mêmes proportions que leurs frères.

En Hongrie, les hommes sont payés en moyenne un tiers de plus que les femmes aux postes de direction, et cela ne contrevient pas à la loi. Il existe cent treize pays dans lesquels aucune loi ne garantit l'égalité salariale entre femmes et hommes.

Au Cameroun, si une femme souhaite s'assurer un revenu complémentaire, elle doit demander l'autorisation à son mari. S'il refuse, elle n'aura pas le droit de travailler à l'extérieur de chez elle. Dans dix-huit pays, les hommes peuvent ainsi légalement interdire à leurs femmes de travailler.

Par ailleurs, les discriminations de genre sont perpétuées non seulement du fait de lois excluant les femmes, mais aussi par l'absence de lois les soutenant. Ainsi, aux États-Unis, aucune loi ne garantit d'indemnités de congé maternité. À l'échelle mondiale, c'est le cas dans sept autres pays. L'idéal, bien entendu, serait d'indemniser aussi bien les congés (y compris les congés paternité) pour l'arrivée d'un nouvel enfant que pour tout problème de santé majeur. Mais le manque de congés maternité indemnisés (et plus généralement de congés parentaux) est le signe embarrassant d'une société qui accorde peu de valeur aux familles et n'écoute pas les femmes.

Le sexisme fait des ravages à l'échelle mondiale ; il est à l'origine d'une faible productivité agricole, et c'est une cause de pauvreté et de maladies profondément ancrée dans les coutumes sociales qui brident les femmes. Nous connaissons aussi bien les maux dus au sexisme que les avantages résultant de la lutte menée à son encontre ; il ne nous reste plus qu'à décider comment nous y prendre pour le combattre.

Devrions-nous chercher à le vaincre une loi après l'autre, un secteur après l'autre, ou bien une personne après l'autre ? J'aurais tendance à répondre : tout cela à la fois. Et puis, plutôt que de s'efforcer de déconstruire le manque de respect, nous devrions chercher la *source* de ce manque de respect pour essayer de nous en débarrasser.

À *la recherche de la source des discriminations envers les femmes*

Un bébé garçon au sein de sa mère ne manque pas de respect aux femmes. Comment cette attitude s'enracine-t-elle en lui ? L'irrespect envers les femmes grandit quand les religions sont dominées par les hommes.

De fait, certaines des lois que j'ai mentionnées plus haut se fondent directement sur les Saintes Écritures, ce qui est la raison pour laquelle il est si difficile de les abroger. On n'est pas dans le cadre d'un débat politique standard quand un argument en faveur de l'égalité est qualifié de « blasphème ».

Pourtant, l'une des déclarations les plus fortes que j'ai entendues sur le danger d'une religion patriarcale émane d'un homme imprégné de religion. Dans son livre intitulé *Au nom des femmes. Contre les violences politiques et religieuses**, Jimmy Carter estime que la violation des droits des femmes et des filles constitue « un sujet plus grave que tous les autres auquel personne ne s'est encore sérieusement attaqué », et, pour lui, la faute en revient principalement à la piètre interprétation que les hommes font des textes sacrés.

Il est important de se rappeler, à la lecture du message de Carter, qu'il a toujours été un fervent chrétien, qui enseigne depuis 1981 à l'école biblique de son église baptiste, l'église de Maranatha à Plains, en Géorgie. Depuis quarante ans, son travail révolutionnaire et salvateur au Carter Center témoigne du pouvoir de sa foi pour inspirer des actes d'amour. Il est particulièrement remarquable alors que Carter écrive ceci : « Ce système [de discrimination] est fondé sur la présomption que les hommes sont supérieurs aux femmes, et il est encouragé par des chefs religieux qui ont dévoyé la Bible, le Coran et d'autres textes sacrés. Ce détournement leur permet de

---

* Éditions Salvator, 2015. (*NdT.*)

maintenir leurs affirmations quant à l'inaptitude des femmes à servir Dieu sur un pied d'égalité avec les hommes. Bien des hommes sont en désaccord, mais ils se taisent pour pouvoir jouir de leur statut dominant. Ce postulat mensonger fournit une justification à la discrimination sexuelle dans pratiquement tous les domaines de la vie séculière et religieuse. »

Il serait impossible de quantifier les dégâts causés à l'image des femmes dans l'esprit des croyants, après des siècles de services religieux martelant que les femmes ne sont pas qualifiées pour servir Dieu à l'égal des hommes.

Il ne fait pas le moindre doute, selon moi, que cet irrespect consacré par des religions éminemment masculines explique en partie les lois et les coutumes qui continuent de brider les femmes. Cela ne devrait pas être une surprise, car les *a priori* sur les femmes sont peut-être les plus vieux préjugés de l'histoire de l'humanité ; et non seulement les religions sont nos institutions les plus anciennes, mais en outre elles évoluent plus lentement et plus à contrecœur que toutes les autres, restant plus longtemps aveuglées par leurs œillères.

Le fait que ma propre religion bannisse les contraceptifs modernes n'est qu'une petite conséquence d'un problème plus fondamental : son refus d'ordonner des femmes prêtres. Une religion qui confierait à des femmes des ministères de prêtrise, mais aussi d'épiscopat, de cardinalat et de pontificat ne fixerait jamais de règle bannissant l'usage des contraceptifs. L'empathie l'interdirait.

On ne peut pas attendre des membres d'un clergé exclusivement masculin et célibataire qu'ils manifestent pour les femmes et les familles l'empathie qu'ils auraient s'il y avait parmi eux des époux, des femmes ou des personnes élevant des enfants. Faute de quoi, ces hommes décident de règles délétères pour les femmes. Lorsqu'on fait partie de ceux qui établissent les règles, la tentation est toujours présente de faire porter le fardeau à « autrui », ce qui est la raison pour laquelle une société favorisera plus sûrement l'égalité si, plutôt que d'être assis à côté de vous pendant que vous rédigez les règles, « autrui » les rédige avec vous.

L'Église catholique tente de clore le sujet de l'ordination des femmes en disant que Jésus avait choisi des hommes pour apôtres lors de la Cène, et donc que seuls les hommes sont autorisés à être prêtres. Mais nous pourrions facilement répliquer que le Christ ressuscité est d'abord apparu à une femme et lui a dit d'aller prévenir tous les hommes, en conséquence de quoi seules les femmes devraient être autorisées à prêcher l'Évangile.

De nombreuses interprétations sont possibles, mais l'Église a décrété que la doctrine interdisant les femmes prêtres avait été « proposée infailliblement ». Si l'on met de côté l'ironie qui exclut les femmes de la hiérarchie d'une organisation dont la mission suprême est l'amour, il est accablant de songer que les hommes fixant les règles qui les maintiennent au pouvoir questionnent si peu leurs propres motivations.

Leurs déclarations ont peut-être été plus convaincantes au cours des siècles précédents, mais le masque de la domination masculine est tombé. Nous voyons bien ce qui se passe. Certains aspects de la religion catholique viennent de Dieu, d'autres viennent des hommes ; et cette Église qui exclut les femmes n'est pas celle de Dieu.

L'une des plus importantes questions morales relatives aux religions patriarcales est celle-ci : combien de temps continueront-elles à se cramponner à la domination masculine en prétendant que telle est la volonté de Dieu ?

Encourager les femmes de foi à s'exprimer n'est pas une part explicite de mon travail philanthropique. Mais la voix des religions patriarcales est si néfaste (tandis que les chefs religieux progressistes représentent une force très positive) que je me dois d'honorer les femmes qui contestent le monopole masculin et donnent de l'écho aux voix féminines pour se faire entendre des instances religieuses.

Mais les femmes ne peuvent pas s'en charger seules. Toutes

les tentatives fructueuses d'inclusion des laissés-pour-compte ont toujours reçu l'aide d'activistes qui font le travail de réforme depuis l'intérieur. Les femmes ont besoin d'alliés masculins. Elles le savent si bien que, dans toutes les religions où les hommes ont davantage d'influence, elles posent des questions qui mettent les hommes mal à l'aise. Quels sont les hommes qui prendront le parti des femmes ? Et quels sont les hommes qui garderont le silence par obéissance, sachant qu'ils ont tort ?

Si je considère d'un côté le nombre de prêtres catholiques avec qui j'ai parlé et qui sont favorables à l'ordination des femmes et, de l'autre, l'opposition absolue de l'Église institutionnelle, j'en tire la conviction que, moralement, dans certains cas, les institutions valent moins que la somme de leurs parties.

Vous serez peut-être un brin surpris qu'un chapitre débutant sur le genre en agriculture se conclue par une réflexion sur la religion, mais nous avons le devoir de retrouver la source de l'aliénation des femmes. Partout dans le monde, des femmes s'efforcent de remodeler leur foi et arrachent l'interprétation des textes sacrés aux griffes du monopole masculin. Ces femmes accomplissent un travail héroïque pour la justice sociale et les perspectives économiques aujourd'hui. Elles sont à la lisière d'un nouveau monde. Avec leurs alliés masculins (notamment ceux qui réforment les institutions de l'intérieur), elles méritent notre gratitude et notre respect.

8

Créer une nouvelle culture

Les femmes au travail

Je consacre une grande partie de mon travail à aider les femmes et les familles à sortir de la pauvreté, parce que c'est là que j'ai le sentiment d'avoir le plus d'impact. Je souhaite également que toutes les femmes puissent s'épanouir en développant leurs dons et en mettant leurs talents à contribution. L'égalité de genre bénéficie à toutes les femmes, quels que soient leur niveau d'éducation, leurs privilèges ou leurs réussites, chez elles comme dans leur profession.

Le sujet des femmes dans le monde professionnel est vaste. Tant de choses ont été dites et écrites à ce propos qu'il est impossible d'avoir connaissance de l'ensemble, et pourtant, la plupart d'entre nous connaissent personnellement les problèmes qui s'y posent, parce que nous les avons vécus. Je raconte ici mes expériences au travail et dans un domaine que je connais bien afin d'en tirer des leçons plus générales, en espérant esquisser les contours du monde professionnel du futur, où les femmes pourront s'épanouir en étant elles-mêmes, sans sacrifier leur personnalité ni leurs objectifs personnels. Je mets particulièrement l'accent sur la période que j'ai passée chez Microsoft, parce que les histoires que je vous raconterai de cette époque ont façonné nombre de mes opinions à ce sujet ; mais c'est aussi parce que le secteur technologique a une influence disproportionnée sur l'avenir.

L'une des personnalités ayant eu le plus d'influence dans

ma vie professionnelle est une femme que je n'ai rencontrée qu'une fois. Pendant les vacances de printemps de ma dernière année à Duke, j'étais rentrée à Dallas pour me rendre à un entretien chez IBM, où j'avais travaillé plusieurs étés durant mes études. J'avais un rendez-vous avec la femme pour qui je travaillerais si j'acceptais l'offre d'IBM d'un emploi à plein temps, ce que j'avais l'intention de faire.

Cette femme m'a accueillie chaleureusement dans son bureau ; elle m'a invitée à m'asseoir et, après quelques minutes de conversation courtoise, elle m'a demandé si j'étais prête à accepter son offre. J'étais un peu plus nerveuse que je ne l'aurais cru quand j'ai répondu :

— En fait, il y a encore un entretien d'embauche auquel j'ai prévu d'aller, pour cette petite entreprise de logiciels à Seattle...

Elle m'a demandé si je voyais un inconvénient à lui révéler de quelle entreprise il s'agissait, et j'ai répondu que c'était Microsoft. J'ai commencé à lui dire que je comptais toujours accepter la proposition d'IBM, mais elle m'a coupée net :

— Si on vous propose un poste chez Microsoft, vous devez le prendre.

J'étais stupéfaite. Cette femme avait fait carrière chez IBM ; je me devais de lui poser la question :

— Qu'est-ce qui vous fait dire ça ?

— Vos perspectives d'évolution seront fabuleuses là-bas. IBM est une très bonne entreprise, mais Microsoft va exploser. Si vous avez autant de talent que je le devine, vous aurez la possibilité d'y faire une carrière fulgurante en tant que femme. Si j'étais vous et qu'on m'offrait un poste là-bas, je le prendrais.

Ce fut un moment décisif pour moi, et c'est l'une des raisons pour lesquelles je défends ardemment la place des femmes dans le secteur technologique : je souhaite avoir à mon tour la générosité des personnes qui m'ont conseillée et inspirée.

Quand je me suis rendue à Seattle pour mes entretiens, j'étais toujours plus ou moins persuadée que j'allais travailler chez IBM. Et puis, j'ai rencontré quelques personnes de Microsoft. L'une des plus mémorables était un type qui m'a accueillie avec une paire de baguettes à la main, et qui a joué de la batterie durant tout l'entretien : sur son siège, sur les murs, partout dans son bureau. Ce n'était pas quelque chose qu'il faisait uniquement avec les femmes ; il était comme ça en permanence, voilà tout. J'ai dû parler un peu plus fort pour être entendue, mais il m'écoutait. J'ai trouvé ça plutôt drôle et excentrique, à vrai dire. On peut se permettre d'être excentrique si l'on est très doué dans ce qu'on fait, et j'ai eu l'impression de ne rencontrer que des gens très doués.

J'étais envoûtée par le rythme, l'électricité de cet endroit. Tous ces gens étaient passionnés par leur travail, et quand ils évoquaient leurs projets, j'avais l'impression d'apercevoir le futur. J'avais beaucoup codé à la fac, et j'adorais ça, mais, là, c'était d'un niveau nettement supérieur pour moi. J'étais comme une gamine qui joue au ballon dans son jardin et rencontre l'équipe américaine de la Coupe du monde féminine de football. J'adorais les entendre parler des gens qui utilisaient leurs produits, de ce qu'ils espéraient faire ensuite, de la façon dont ils changeaient le monde.

Finalement, j'ai appelé mes parents et j'ai dit :

— Oh là là, si cette boîte me propose un poste, je serai obligée de l'accepter. Je ne vois tout simplement pas comment je pourrais refuser.

Et puis je suis partie en vacances avec des amis en Californie, et mes parents se sont rendus à la bibliothèque pour en apprendre un peu plus au sujet de cette fameuse société, Microsoft. Ils étaient enthousiastes à l'idée que je revienne m'installer à Dallas pour le travail, mais ils m'ont toujours dit qu'ils désiraient me voir aller là où l'aventure et la chance me mèneraient. C'est la voie qu'ils ont choisie. J'aimerais prendre un instant pour vous parler d'eux, vous raconter comment ils se sont rencontrés et comment ils m'ont appris à poursuivre mes rêves.

Mes parents ont tous les deux grandi à La Nouvelle Orléans. Mon grand-père paternel possédait un atelier d'usinage, qui dans les années 1940 s'est concentré sur la production de pièces mécaniques dans le cadre de l'effort de guerre. L'atelier constituait la seule source de revenus de la famille, et mes grands-parents n'avaient pas un sou pour envoyer mon père à l'université. Par chance toutefois, mon père fréquentait une école catholique dirigée par les Frères chrétiens, et l'un des frères qui suivaient sa scolarité ne cessait de lui répéter :

— Il faut que tu ailles à l'université !

Les paroles d'un frère pesaient lourd dans la famille de mon père ; aussi, à la fin du lycée, ses parents l'ont mis dans un train pour Atlanta, direction l'université Georgia Tech, avec l'argent qu'il avait gagné en distribuant des journaux et un pot de beurre de cacahouètes pour tout bagage.

Une fois à l'université, mon père a partagé son temps entre ses études à Atlanta et son travail à Dallas, où il avait trouvé un poste dans une entreprise de l'aérospatiale. C'est ainsi qu'il a gagné de quoi finir ses études, et qu'il a finalement fait carrière chez LTV Aerospace sur le programme Apollo.

À la fin de son premier semestre à Georgia Tech, quand mon père est rentré à La Nouvelle-Orléans pour Noël, deux sœurs dominicaines ont décidé qu'il fallait le caser pendant les vacances : sœur Mary Magdalen Lopinto, qui avait encadré les études secondaires de mon père, lui avait trouvé des petits boulots durant le lycée, et sœur Mary Anne McSweeney, qui était la tante de ma mère (elle a été très importante dans ma vie. Je l'appelais Tatie, c'est elle qui m'a appris à lire, et je me rappelle avoir essayé son habit de nonne quand j'étais petite !). Ces deux sœurs étaient de très bonnes amies, et cela les amusait que mon père ait eu *deux* petites amies successives qui l'avaient quitté pour entrer au couvent. Ma grand-tante, sœur Mary Anne, a donc parlé à son amie de ma mère, qui avait suivi un temps une formation théologique dans l'idée de devenir religieuse. Toutes deux ont conclu qu'elle s'entendrait à merveille avec mon père.

Sœur Mary Magdalen a téléphoné à mon père :

— Bon, tu n'as plus de petite amie maintenant que tu as réussi à en faire entrer deux dans les ordres. Nous allons donc t'envoyer chez ces gens, sur South Genois Street, et tu vas rencontrer une fille, Elaine, qui est déjà entrée au couvent et en est ressortie ; comme ça, au moins, tu ne la perdras pas comme tu as perdu les autres.

Mon père s'est donc rendu chez ma mère, qui lui a dit :

— Elles m'ont appelée pour me demander si j'avais envie de sortir avec un type que je n'avais jamais rencontré, et je me suis dit : ma foi, ça ne pourra pas être complètement catastrophique si ce sont des religieuses qui me le conseillent.

Quelques jours plus tard, ils sont allés dîner à bord du *President*, un grand bateau à ponts multiples doté d'une majestueuse roue à aubes qui sillonnait le fleuve Mississippi. Le dîner a dû bien se passer ; ils sont sortis ensemble pendant les cinq années que mon père a passées à l'université. Puis il a obtenu une bourse pour suivre des études supérieures en génie mécanique à Stanford, et ils se sont mariés avant de partir pour la Californie. Là-bas, ma mère (qui n'est jamais allée à l'université) a trouvé un poste d'administratrice pour une entreprise à Menlo Park, et tous deux ont vécu sur son salaire pendant cette période. Quand ils sont revenus s'installer à Dallas, ma mère était enceinte de ma sœur Susan, leur premier enfant, et mon père a tout de suite commencé à travailler sur le programme Apollo à la NASA ; à l'époque, c'était à qui enverrait le premier un homme sur la Lune. Ma mère se rappelle les journées de travail à rallonge de mon père, pratiquement sept jours sur sept. Parfois, il partait travailler et revenait trois jours plus tard, n'ayant fait que de courtes siestes sur le canapé de son bureau.

Ma mère devait donc s'occuper de tout : tenir la maison,

élever quatre enfants… Et lorsque mes parents ont monté une affaire d'investissement dans l'immobilier résidentiel pour gagner de quoi nous payer des études supérieures, c'est aussi elle qui a géré. Mon père l'aidait beaucoup le soir et le week-end, assurément, mais la liste des tâches que ma mère devait accomplir chaque jour quand elle s'occupait de cette affaire était tout simplement délirante. Comment elle réussissait à tout concilier, je n'en ai aucune idée. (Mais, *a posteriori*, je remarque que, malgré tout le travail qu'abattait ma mère, c'est à partir du moment où mes parents ont monté cette affaire ensemble qu'ils sont parvenus à un mariage plus égalitaire.)

Forts de leurs expériences personnelles, et après avoir fait des recherches, mes parents étaient prêts à me soutenir pour que j'aille à Seattle. C'est alors que le recruteur de Microsoft a téléphoné chez moi et est tombé sur ma mère. Du haut de son mètre cinquante et avec son doux accent du Sud, ma mère lui a demandé de façon tout à fait déplacée :

— Oh, ne pourriez-vous pas me dire si vous allez proposer un poste à Melinda ?

— Eh bien, je ne suis vraiment pas censé faire ça…, a répondu le recruteur.

Alors elle lui a fait tout un numéro de charme et il a fini par craquer :

— Eh bien, en fait, oui, nous allons lui faire une proposition.

Alors maman a noté tous les détails sur un calepin (qu'elle a conservé ensuite et que j'ai toujours), puis elle m'a téléphoné en Californie. Dès que j'ai eu son message, j'ai appelé Microsoft pour accepter leur offre.

J'étais aux anges !

Quelques mois plus tard, j'ai pris l'avion pour Seattle pour faire mieux connaissance avec mon nouvel employeur. J'étais dans la première promotion d'étudiants en MBA qu'accueillait Microsoft, et l'entreprise avait décidé de nous convoquer tous les dix pour nous faire visiter les lieux et décider à quel secteur nous affecter pour commencer. La première session avait lieu dans la salle de conférence, la plus grande qu'ils avaient à leur disposition à l'époque : l'entreprise était vraiment petite et faisait environ 1 % de sa taille actuelle. En regardant autour de moi, je n'ai vu aucune femme. Ça ne me paraissait pas bizarre : mes études d'informatique m'avaient habituée à voir des salles remplies d'hommes. C'est alors que le vice-président du marketing des produits logiciels est arrivé pour s'entretenir avec nous. Tandis qu'il se présentait, le jeune homme assis à côté de moi, frais émoulu de Stanford Business School, l'a pris à partie. Ce n'était pas juste un débat animé ; le ton est vite monté et cette confrontation énergique a pris l'allure d'un pugilat. J'ai songé : *Bon sang, est-ce que c'est comme ça que tu vas devoir te comporter pour bien faire, ici ?!*

Il m'a fallu quelques années pour avoir ma réponse.

En commençant mon travail, j'ai compris immédiatement que la femme qui m'avait conseillé d'aller chez Microsoft avait vu juste. J'ai eu des opportunités chez Microsoft que je n'aurais jamais pu trouver ailleurs. Trois semaines après avoir commencé, j'étais cette gamine de vingt-deux ans qui prenait l'avion pour une réunion à New York, et c'est moi qui allais présider cette réunion. Je n'étais jamais allée à New York. Je n'avais même jamais hélé un taxi !

Nous étions tous dans la même situation chez Microsoft. Nous en ririons plus tard, mais c'était vertigineux. Un ami m'a raconté que son chef était passé le voir pour lui dire :

— Je veux que tu nous arranges un éditeur de ligne plus performant.

— Qu'est-ce que tu veux dire ?

— Comment ça, qu'est-ce que je veux dire ?

Ce n'était pas un endroit pour les gens qui avaient besoin d'être accompagnés pas à pas. Nous escaladions la montagne sans carte ni boussole ; il nous fallait nous débrouiller sans explications. Et nous étions tous exaltés de pouvoir aider les gens grâce à nos logiciels.

Nos clients étaient tout aussi enthousiastes que nous, aussi les opportunités ont continué d'affluer. J'ai débuté comme chef de produit pour Microsoft Word, puis pour d'autres séries ; j'ai ensuite été responsable du marketing d'une plus grande gamme de produits (« produit » était dans notre jargon le terme pour désigner les logiciels). Puis j'ai été directrice du marketing. Puis j'ai souhaité me concentrer sur le produit plutôt que seulement sur sa commercialisation, de sorte que je suis devenue directrice de production pour Microsoft Publisher. Cela consistait à gérer des équipes chargées des tests, du développement, et de tous les aspects de la création d'un logiciel. Et devinez quoi ? Lorsque vous êtes aussi jeune et qu'autant d'occasions s'offrent à vous, vous avez aussi beaucoup d'occasions de commettre des erreurs, et je n'y ai pas échappé ! J'étais en charge de la production de Microsoft Bob. (Ne me dites pas que vous avez oublié Microsoft Bob ?!) Nous espérions que ce logiciel rendrait Windows plus facile d'utilisation. Ce fut un fiasco. Les critiques spécialisés l'ont descendu en flammes. Nous avions déjà annoncé la sortie, et avant notre première démonstration publique, nous savions déjà que les vents ne nous étaient pas favorables. Je suis donc montée sur scène pour cet événement avec un tee-shirt portant l'inscription « Microsoft Bob » devant, et le dessin d'une cible rouge vif à l'arrière. Ils ont mis en plein dans le mille ; je me suis fait pulvériser. Mais lorsque l'on est à la tête d'un projet qui a échoué, les leçons que l'on en tire n'ont pas de prix. (Il y avait une plaisanterie dans l'entreprise, qui disait que l'on ne pouvait pas obtenir de promotion avant d'avoir connu un échec retentissant. Ce n'est pas entièrement vrai, mais c'était une consolation utile dans les moments difficiles.)

Dieu merci, la plupart de mes échecs n'ont pas été aussi publics ni aussi douloureux que celui-là ! Mais tous ont eu leur utilité. Lors d'un enchaînement de bévues, j'ai commis l'erreur de dépenser une somme que je n'avais pas le droit d'utiliser. *Argh !* Ce n'est certainement pas la faute qu'une brave petite catholique, qui s'assoit au premier rang et collectionne les bonnes notes, souhaiterait jamais commettre ; et encore moins quand elle est la petite nouvelle dans une entreprise très largement masculine.

Non seulement mon chef, mais aussi le chef de mon chef me sont tombés dessus. J'ai essayé d'expliquer que j'avais demandé le formulaire pour suivre la procédure. Tout le monde s'en fichait. On n'avait pas le temps pour ça.

Peu de temps après, lors d'une réunion, le même chef m'a bombardée de questions sur la détermination du prix d'un de nos nouveaux produits. Il y avait un chiffre particulier que j'ignorais : le coût des marchandises vendues, qu'un chef de produit doit connaître au centime près. Le problème n'était pas que je n'aie pas eu connaissance de ce chiffre. Ce n'était pas très grave. Ce qui était grave, c'est que je ne connaissais pas assez bien mes clients pour savoir combien ils seraient prêts à débourser. À dater de ce jour, j'ai appris que je devrais connaître les chiffres clés — et que j'avais sacrément intérêt à savoir d'où ils venaient et pourquoi ils étaient importants.

Après cette réunion, j'ai pensé : *Mince, je ne vais peut-être pas tenir le coup ici. C'est le grand manitou dans ma branche, je suis l'une des rares femmes de l'entreprise, et j'ai fait des erreurs en m'embrouillant dans mes notes de frais.* Je me rappelle avoir demandé à quelques personnes :

— Est-ce que je vais jamais réussir à regagner la confiance de ce type ?

Il m'a fallu un moment, mais j'ai reconstruit ma relation avec lui, et ça s'est mieux terminé que si j'avais correctement dépensé les sommes allouées et que j'avais connu les chiffres qu'il me réclamait. Rien n'aiguise aussi bien ma concentration qu'une erreur.

Toutes ces expériences et ces occasions m'ont fait comprendre pourquoi la responsable chez IBM m'avait poussée à accepter ce poste. C'était difficile et grisant, et j'apprenais énormément, mais, à mon sens, il y avait tout de même quelque chose qui clochait. Au bout d'un an et demi chez Microsoft, j'ai commencé à envisager de donner ma démission.

Ce n'était pas à cause du travail ni des perspectives, qui étaient fabuleuses. Le problème, c'était la culture. On baignait dans un milieu très agressif, ergoteur et compétiteur, avec des gens qui se disputaient à chaque remarque et sur chaque donnée dont ils débattaient. C'était comme si la moindre réunion, même la plus décontractée, était une répétition générale avant l'examen de la stratégie avec Bill. Si l'on ne débattait pas vigoureusement, alors c'est qu'on ne connaissait pas les chiffres, ou qu'on était trop lent, ou pas assez passionné. Il fallait être fort, et c'est ainsi qu'on devait le prouver. On ne se remerciait pas entre nous. On ne se complimentait pas. Quand un projet était terminé, on prenait très peu de temps pour marquer le coup. Même quand l'un des meilleurs responsables a quitté l'entreprise, il a simplement envoyé un e-mail pour nous prévenir. Il n'y a pas eu de fête, pas de réunion d'adieu. C'était étrange. Cet événement n'était qu'un dos-d'âne dans la course folle de notre quotidien. Voilà comment il fallait se comporter pour réussir dans l'entreprise : c'était la norme. Certes, j'en étais capable. Je l'ai fait. Mais c'était épuisant, et je commençais à en avoir assez de cette foire d'empoigne. *Peut-être que je devrais aller travailler chez McKinsey*, me disais-je alors. McKinsey est un cabinet de conseil en gestion connu pour son exigence envers ses employés ; mais ce n'était rien comparé à ce que je vivais à l'époque. J'avais passé un entretien chez eux avant d'accepter l'offre de Microsoft, et ils m'avaient appelée quelques fois pour prendre de mes nouvelles et me demander si je me plaisais là où j'étais. Pendant des mois, j'ai nourri ce rêve d'évasion ; mais je ne parvenais pas à passer à l'acte parce que j'aimais vraiment ce que je faisais chez Microsoft. J'adorais concevoir des logiciels, j'adorais garder une longueur d'avance, j'adorais savoir ce dont les utilisateurs avaient besoin avant qu'eux-mêmes ne le sachent – parce que nous voyions la direction que prenait la technologie et que c'était nous qui l'y entraînions.

La vérité, c'est que j'adorais la mission et la vision de Microsoft. Je me suis donc dit : *Peut-être qu'avant de quitter cet endroit incroyable, je devrais voir s'il n'y a pas moyen de garder tout ce qui fait partie de la culture (défendre mon point de vue, connaître les faits, débattre avec animation), mais en le faisant à ma sauce.* Depuis le début, au lieu d'être moi-même, j'avais calqué mon comportement sur celui des hommes qui me donnaient l'impression de bien se débrouiller. Cette question m'est donc venue comme une épiphanie : pouvais-je demeurer dans l'entreprise en étant moi-même ? Rester solide comme un roc, mais dire aussi ce que je pensais et être transparente sur ce que j'étais ? Reconnaître mes erreurs et mes faiblesses plutôt que de prétendre être sans peur et sans reproche, et, surtout, trouver des collègues qui désiraient travailler comme moi ? J'ai songé : *Tu n'es pas la seule femme de l'entreprise, et tu ne dois pas être la seule personne qui cherche à s'intégrer en feignant d'avoir une personnalité qui n'est pas la sienne.* Je me suis donc dirigée vers les femmes et les hommes qui avaient le même problème que moi avec cette culture d'entreprise.

Ce que je n'ai compris que bien plus tard, paradoxalement, c'est qu'en m'efforçant d'entrer dans le moule, je renforçais la culture qui me faisait sentir ma différence.

Créer notre propre culture

J'ai commencé par entrer plus délibérément en contact avec les autres femmes de l'équipe, cherchant à être soutenue dans l'attitude que je voulais adopter au travail. Charlotte Guyman est l'amie sur laquelle je me suis le plus appuyée. Elle et moi nous étions rencontrées alors que j'étais chez Microsoft depuis environ deux mois. Je me rappelle très bien le jour de notre rencontre, parce que c'est aussi celui où j'ai fait connaissance avec mon futur beau-père. Nous étions tous à la conférence de l'Association américaine du barreau à San Francisco, où Microsoft tenait un stand commercial ; Charlotte et moi avions toutes deux été inscrites sur le même créneau horaire pour tenir la boutique et faire des démonstrations du logiciel Microsoft Word.

Nous étions dans des groupes de travail différents, mais on nous avait demandé à toutes les deux de trouver un moyen de pénétrer le marché des juristes, détenu alors à 95 % par notre concurrent, WordPerfect. Charlotte se trouvait dans un nouveau groupe baptisé « marketing de réseau », et elle essayait de vendre l'ensemble de nos produits à un groupe de clients donné. De mon côté, en tant que responsable de produit, je tâchais de faire la publicité de Microsoft Word dans tous les secteurs possibles et imaginables. Charlotte et moi avions donc le même objectif, avec deux points de départ différents. Avec certaines personnes, cela aurait pu tourner à la compétition, mais avec Charlotte, ça ne s'est pas du tout passé comme ça. Dès que nous nous sommes rendu compte que nous avions le même but, nous nous sommes confiées l'une à l'autre : moi je vais faire ceci, pendant que toi tu feras cela, et c'est ensemble que nous allons œuvrer. Cette organisation a fonctionné à merveille, parce que nous avions le même résultat en ligne de mire, et que nous nous fichions d'être personnellement reconnues pour cela. Nous voulions seulement faire gagner Microsoft.

J'étais la première sur le stand ; je pétillais d'impatience parce que j'adorais faire la démonstration de Word. Puis Charlotte est arrivée ; toutes deux, nous débordions d'énergie et d'enthousiasme. J'ai entendu dire qu'on ne rencontre jamais une grande amie : on la *reconnaît*. C'est ce qui s'est passé avec Charlotte : un coup de foudre amical. Nous nous sommes énormément amusées pendant les démonstrations ;

en observant chacune le style de l'autre, nous avons beaucoup appris. Plus tard dans la journée, nous avons aperçu le père de Bill dans la salle. Il n'était pas difficile à repérer, car il mesure deux mètres. Il s'est tout de suite avancé vers moi et je lui ai fait la démonstration du logiciel. J'étais épatée de rencontrer quelqu'un de si enjoué, d'un abord aussi facile, et qui mettait tout le monde à l'aise autour de lui. (Bill et moi ne sortions pas encore ensemble, aussi je ne mesurais pas la portée de cette rencontre !)

Bref, j'ai passé une journée fabuleuse. C'était toujours comme ça avec Charlotte. Rétrospectivement, j'ai compris que ma démarche pour être à l'aise dans l'entreprise avait consisté essentiellement à essayer de travailler avec tout le monde comme je travaillais avec Charlotte. À cœur et à bras ouverts.

(Charlotte ne voulait pas seulement travailler comme moi. Elle formulait aussi des critiques frappantes sur la culture de l'entreprise : « Ce n'est pas tolérable pour les femmes de pleurer au travail, mais ça l'est pour les hommes de GUEULER ? Quelle réaction émotionnelle est la plus mature des deux, au juste ? », a-t-elle remarqué un jour.)

Alors que je commençais à percevoir comment je pouvais être moi-même dans la culture de Microsoft, je suis tombée sur un groupe de femmes qui voulaient travailler de la même manière que moi. Il y avait aussi quelques hommes sur cette longueur d'onde ; John Neilson a été le plus important pour moi. J'ai parlé de lui plus tôt : il était un de mes meilleurs amis, et il est décédé avant d'avoir eu quarante ans. Sa femme Emmy et lui étaient avec Bill et moi en 1993 lors de ce premier voyage en Afrique, qui avait provoqué la même impression chez John et moi. Nous réagissions souvent de la même manière tous les deux. Nous étions aussi sociables l'un que l'autre, nos collègues nous trouvaient sans doute tous deux « sensibles », et nos efforts pour intégrer la culture de Microsoft tout en apportant de l'empathie au travail nous ont rapprochés. John m'apportait un soutien capital, et j'espère que j'en ai fait autant pour lui. Des années plus tard, quand j'ai entendu pour la première fois l'expression « allié masculin » pour désigner les hommes qui défendaient vivement la cause des femmes, j'ai songé : *C'était John tout craché.*

La constitution d'un réseau de femmes et la création de notre propre culture ont eu des avantages bien supérieurs à ce dont j'avais pu rêver. Charlotte est restée l'une des personnes qui me sont le plus proches. John et Emmy Neilson étaient nos meilleurs amis, à Bill et moi. Puis Charlotte m'a présentée à Killian, qui venait de quitter Washington pour s'installer à Seattle, et ouvrirait le Recovery Café en 2003. Killian a une vie spirituelle ardente et se passionne pour les liens que tisse une communauté. Sa foi lui dicte d'inclure les laissés-pour-compte et, plus que quiconque de mes connaissances, elle donne vie à cette foi. Quand elle est arrivée, elle a lancé la conversation que nous avions toutes les quatre très envie d'avoir :

— Bon, une fois qu'on a plus que le nécessaire sur le plan matériel, qu'est-ce qui vient après ? Vers où se dirige-t-on ensuite ? Où nos dons répondent-ils à un besoin dans le monde ? Comment mettre nos vies à profit pour renforcer notre famille élargie, notre famille humaine ?

Charlotte, Emmy, Killian et moi avons commencé à aller courir ensemble, chaque lundi matin après avoir déposé les enfants à l'école. Puis nous avons décidé d'inviter quelques amies supplémentaires pour constituer un groupe un peu plus important, avec une attention particulière pour la spiritualité. Nous sommes neuf, et cela fera bientôt vingt ans que nous nous retrouvons chaque deuxième mercredi du mois pour lire des livres, partir en excursion, organiser des retraites et explorer des manières de mettre notre foi en action. Notre jogging du lundi à quatre est toujours d'actualité lui aussi, quoique l'on marche plus que l'on ne court ces derniers temps, en tâchant de ne pas nous appesantir sur ce que ça pourrait bien signifier !

Tous les amis que je me suis faits m'ont aidée à faire évoluer la culture sur mon lieu de travail, mais, si je devais distinguer un progrès notoire dans cette période où je suis devenue moi-même, ce serait quand Patty Stonesifer est devenue ma cheffe, ma conseillère et mon modèle. (Comme je l'ai raconté plus tôt, Patty avait tout notre respect et notre confiance à Bill et à moi, si bien que, à son départ de Microsoft, nous lui avons proposé de devenir la première directrice de notre fondation ; rôle qu'elle a tenu pendant dix années spectaculaires. Très tôt, Patty a été considérée comme une star chez Microsoft. Elle avait son style bien à elle, et tout le monde se bousculait pour travailler avec elle. Les gens venaient dans son équipe et voulaient y rester parce qu'ils se sentaient très soutenus. Nous pouvions être honnêtes quant à nos forces et à nos faiblesses, et quant aux défis que posait le développement de nouvelles branches d'activité dans un environnement très concurrentiel. Personne n'avait les réponses, et si nous faisions semblant de les avoir, nous n'allions pas progresser. Il nous fallait être désireux d'essayer de nouvelles choses, sacrifier ce qui ne fonctionnait pas et explorer d'autres pistes. Ainsi, nous avons commencé à développer certaines valeurs de la culture Microsoft qui avaient toujours existé, mais en leur donnant plus de force. Par exemple, le fait d'être capable d'admettre : « J'ai eu tort. » C'était incroyable de pouvoir reconnaître nos faiblesses et nos erreurs sans avoir à craindre qu'elles ne soient retenues contre nous.

En travaillant pour Patty, j'ai peu à peu développé un style qui était vraiment le mien, et j'ai cessé de m'effacer pour entrer dans le moule. J'ai alors pleinement pris conscience du fait que je pouvais être moi-même sans perdre en efficacité. Plus je m'y essayais, plus ça fonctionnait. C'était saisissant. En gravissant les échelons, j'ai fini par diriger 1 700 personnes (l'entreprise comptait 1 400 employés à mon arrivée, et environ 20 000 en 1996, quand je suis partie). Je collaborais avec des développeurs de toute l'entreprise qui étaient là depuis des années, et les gens me demandaient : « Comment fais-tu pour que ces stars viennent travailler pour toi ? » Ils venaient parce qu'ils avaient envie de travailler de la même manière que moi.

J'ai eu le cran d'essayer parce que j'ai vu que ça fonctionnait pour Patty ; c'est le pouvoir des modèles. Sans le savoir, elle m'a incitée à être fidèle à mon propre style. Si elle n'avait pas été là, je n'aurais jamais été capable d'atteindre les objectifs que je m'étais fixés, ni à l'époque ni depuis lors.

Au beau milieu de ma réinvention, probablement parce que la vie a le sens de l'humour, je me suis liée d'amitié avec la recrue de Stanford qui avait été si effrontée face au vice-président pendant notre réunion d'orientation. Un soir, alors que nous dînions avec un groupe d'amis, je lui ai demandé :

— Est-ce que tu te rappelles cette fois à notre arrivée ici, quand tu avais pris le vice-président à partie ? Je n'en revenais pas de toute cette agressivité. Je te connais maintenant, et ça te ressemble si peu !

Il a viré au rouge cramoisi et, à demi mort de honte, il m'a répondu :

— C'est fou que tu t'en souviennes. La vérité, c'est que la semaine d'avant, j'avais un prof de comportement organisationnel à l'école de commerce qui venait de me dire que je ne m'affirmais pas assez, et que je devais essayer d'être un peu plus rentre-dedans. Alors voilà, je faisais un essai...

Ce fut une leçon pour moi. Les hommes aussi sont confrontés à des obstacles culturels qui les empêchent d'être ce qu'ils sont. Si bien que, toutes les fois où les femmes peuvent être elles-mêmes au travail, elles améliorent la culture autant pour elles que pour les hommes.

C'est ainsi que, me concernant, j'ai inversé la tendance chez Microsoft : en étant moi-même et en trouvant mon style avec l'aide de mes pairs et de mes modèles. « Soyez vous-même » a tout du conseil niquedouille par excellence quand il s'agit de survivre au sein d'une culture agressive. Mais il n'est pas aussi niais qu'il en a l'air. Il suggère de ne pas jouer la comédie simplement pour s'intégrer. Il implique d'exprimer à sa manière ses talents, ses valeurs et ses opinions, de défendre ses droits et de ne jamais sacrifier le respect qu'on a de soi-même. C'est ça, le pouvoir.

Attention, elle est plus forte qu'elle n'en a l'air !

Si je devais résumer ce que j'ai appris chez Microsoft, où j'ai commencé à travailler il y a plus de trente ans, c'est que j'étais sous la responsabilité d'une femme qui a soutenu mes efforts pour travailler à ma manière dans une culture qui récompensait les résultats ; c'est la raison pour laquelle j'ai pu être promue et bien m'en sortir. Si j'avais essayé de me débrouiller toute seule, sans collègues pour m'encourager ni une cheffe pour me soutenir, j'aurais échoué. L'appui que j'ai reçu chez Microsoft il y a une génération de cela, toutes les femmes devraient l'avoir de nos jours. Pourtant, aujourd'hui encore, certaines femmes rencontrent plutôt l'inverse. J'aimerais vous raconter l'histoire de l'une d'elles.

Mais avant tout je voudrais être transparente à propos d'un sujet qui me tracasse. En racontant mes histoires *et* celles des autres, je prends le risque d'être perçue comme suggérant une quelconque équivalence entre mon vécu et le leur. Il me semble que la meilleure manière de contrôler ce risque est de déclarer sans ambages que les difficultés des personnes que j'ai évoquées dans ces pages dépassent les miennes de très loin. C'est pour cela qu'elles sont dans ce livre. Ce sont des héroïnes pour moi. Je n'assimile certainement pas mes efforts pour réussir chez Microsoft à ceux que doivent fournir d'autres femmes pour survivre et surmonter les épreuves qu'elles rencontrent dans leur profession. Pour énormément de femmes, « être elles-mêmes » au travail est un défi bien plus grand que ceux que j'ai relevés chez Microsoft.

Voici une histoire qui s'est déroulée dans le secteur de la technologie, et qui est à mille lieues de la mienne.

Quand Susan Fowler a commencé son nouveau travail chez Uber en 2006, son chef lui a envoyé toute une série de messages pour essayer de la convaincre de coucher avec lui. Dès qu'elle a reçu ces messages, elle a pensé que ce type venait de se mettre dans de beaux draps. Elle a fait des captures d'écran des messages, puis elle l'a signalé à la DRH, qui lui a appris que c'était *elle* qui était dans de beaux draps. La direction et les ressources humaines lui ont expliqué que ce type était « un très bon élément », que c'était son premier dérapage (c'était faux), et que Susan avait le choix : elle pouvait changer de service, ou bien rester où elle était, mais en prenant le risque de recevoir une mauvaise évaluation de la part du supérieur qu'elle avait dénoncé.

Susan a grandi dans une communauté rurale de l'Arizona au sein d'une fratrie de sept enfants, avec une mère au foyer et un père pasteur, vendeur de téléphones les jours de semaine. C'est sa mère qui s'est chargée de son instruction à domicile, de sorte que, à l'âge de seize ans, Susan a commencé à démarcher les universités par téléphone, se renseignant sur ce qu'il lui fallait faire pour que son dossier soit accepté. Tout en travaillant comme nounou et comme palefrenière, elle a trouvé le moyen de passer le ACT et le SAT (deux examens d'entrée à l'université) et, en guise de dossier scolaire, elle a envoyé à l'Arizona State University la liste des livres qu'elle avait lus récemment. L'université lui a offert une bourse d'études complètes.

Finalement, Susan est partie pour l'université de Pennsylvanie pour étudier la philosophie et suivre un cursus plus scientifique. Mais l'administration a essayé de l'empêcher de suivre des cours de physique, du fait qu'elle n'avait qu'un niveau de collège en mathématiques. Elle a écrit au président de l'université en lui demandant : « N'avez-vous pas fait un discours proclamant que la mission de Penn était de nous aider à réaliser nos rêves ? » Susan a fini par obtenir le soutien du président et s'est mise à rattraper en autodidacte tout son retard en maths, avant de s'inscrire à des cours de physique de niveau supérieur.

C'est cette femme qu'Uber avait embauchée. Et certains de ses chefs s'attendaient à pouvoir abuser d'elle, lui mentir et anéantir ses efforts pour se défendre, mais ça ne s'est pas passé ainsi. Comme Susan l'a raconté plus tard à Maureen Dowd du *New York Times*, elle a toujours gardé la même attitude : « Non. Vous n'avez pas le droit de faire ça. »

Susan a changé de service, trouvé une nouvelle fonction qu'elle adorait chez Uber, et a commencé à obtenir d'excellentes évaluations. Mais parce que son nouveau supérieur avait besoin de garder – pour son image – des femmes dans son équipe, il s'est mis à ajouter en douce des commentaires négatifs après coup dans ses rapports, de façon que Susan ne soit pas promue en dehors de son équipe. Elle a demandé des comptes sur ses évaluations, en vain. Ces rapports ne l'empêchaient pas seulement de prétendre aux postes qu'elle briguait ; ils affectaient en outre son salaire net et ses primes, et la rendaient inéligible au parrainage d'Uber pour le programme de deuxième cycle qu'elle rêvait de suivre à Stanford.

Susan s'est mise à envoyer un signalement aux ressources humaines chaque fois qu'elle se heurtait à un comportement sexiste. Au bout d'un moment, son supérieur l'a menacée de la renvoyer sous prétexte de ces signalements. Susan et les autres femmes ont aussi essuyé des vexations gratuites, comme la fois où l'entreprise a offert des vestes en cuir à tous les hommes mais pas aux femmes, soi-disant parce qu'elles étaient trop peu nombreuses pour qu'Uber puisse obtenir un tarif réduit.

Pendant ce temps, les femmes démissionnaient ; de 25 % à l'arrivée de Susan, elles étaient passées à 6 % des effectifs dans la branche où elle travaillait. Lorsqu'elle a demandé ce qui était fait pour endiguer cette hémorragie, on lui a répondu que les femmes chez Uber devaient « travailler plus dur et être de meilleures ingénieures ».

Lors d'une de ses dernières entrevues avec les RH, le représentant a demandé à Susan si elle n'avait jamais envisagé que le problème vînt d'*elle*.

Quand Susan a décidé de quitter Uber, elle a retrouvé du travail en moins d'une semaine. Mais il lui restait une décision à prendre à la suite de ce départ. Devait-elle tout oublier, ou bien tout révéler ? Elle savait que le choix de porter publiquement des accusations de harcèlement sexuel pouvait lui coller une étiquette à vie, et elle s'en inquiétait. Mais elle savait aussi que beaucoup de femmes chez Uber avaient eu des expériences similaires et que, si elle prenait la parole, ce serait aussi en leur nom.

Susan s'est rangée du côté du « Non. Vous n'avez pas le droit de faire ça ». Elle a écrit un texte de trois mille mots sur son blog à propos de l'année qu'elle venait de passer à se faire maltraiter. Dès qu'elle l'a publié, son texte a fait le tour d'Internet. Le lendemain, Uber embauchait l'ancien procureur général Eric Holder pour enquêter. Après la remise du rapport de Holder, le P-DG d'Uber fut forcé de démissionner, et vingt autres personnes furent renvoyées. Rapidement, d'autres femmes du secteur technologique prirent la parole, ce qui entraîna d'autres licenciements et de nouvelles politiques. Un journal titra : L'ARTICLE DE SUSAN FOWLER SUR UBER A DÉCLENCHÉ UNE NOUVELLE GUERRE CONTRE LE SEXISME DE LA SILICON VALLEY.

Quelques mois plus tard, quand le scandale Harvey Weinstein a éclaté, cette guerre s'est étendue à d'autres industries. Partout, des femmes ont raconté leurs histoires de harcèlement et d'agressions sexuelles avec le hashtag #MeToo. « Me too » (« moi aussi »), l'expression que l'activiste Tarana Burke avait utilisée en 2006 pour fédérer une communauté de survivantes d'agressions sexuelles, a été adoptée et s'est propagée dans le monde entier en un temps record. En vingt-quatre heures à peine, douze millions de publications #MeToo avaient fleuri rien que sur Facebook.

Fin 2017, Susan faisait la couverture du *Time* pour le numéro spécial « Personnalité de l'année » avec d'autres femmes importantes du mouvement #MeToo. Le magazine les a baptisées « briseuses de silence ».

Ces femmes qui se sont avancées pour parler franchement devraient être célébrées, et il en faudrait davantage. Mais nous devons aussi soutenir les femmes qui occupent des postes peu qualifiés en usine ou dans le secteur des services, des femmes qui n'ont pas accès aux réseaux sociaux, dont les agresseurs ne sont pas célèbres, qui n'intéressent pas les journalistes, et qui sont économiquement précaires. Quelles sont leurs options pour se défendre ? Comment pouvons-nous les aider ? Chaque fois qu'une femme brise le silence, c'est une victoire ; mais nous devons trouver un moyen de faire bénéficier de ces victoires les femmes qui sont toujours privées de parole.

Que s'est-il passé ?

Comme toutes les femmes et les associations qui y contribuent ou en émanent, le mouvement #MeToo remporte des victoires importantes pour les femmes *et* pour les hommes. Mais ce n'est qu'un début. Si nous souhaitons élargir et pérenniser ces progrès, nous devons comprendre comment ils sont survenus.

Que s'est-il passé ? Pourquoi le changement a-t-il mis aussi longtemps à éclore, et pourquoi ensuite s'est-il développé aussi soudainement ? Lorsque les femmes entendent leurs propres voix dans les histoires d'autres femmes, leur courage grandit, et une voix peut devenir un chœur. Quand on oppose « il a dit que… » à « elle a dit que… », la femme n'a aucune chance de gagner. Mais quand « il a dit que… » doit faire face à « elle a dit que…/ elle a dit que… elle a dit que…/

elle a dit que.../ elle a dit que.../ », alors l'opacité peut se dissoudre, et la lumière envahir les lieux où les comportements abusifs prolifèrent.

En 2017, les agresseurs ont continué à mentir, mais leurs défenseurs ont abandonné la partie. Ils ne pouvaient plus taire la vérité, et le barrage a cédé. Quand les femmes ont vu que les gens étaient plus nombreux à prendre leur parti que celui de leurs agresseurs, toutes les histoires qui avaient été retenues se sont déversées à flots, et les coupables ont été forcés de démissionner.

Lorsqu'un changement qui n'a que trop tardé arrive enfin, il se produit à toute allure. Mais pourquoi les agresseurs ont-ils dominé si longtemps ? Une partie de la réponse tient au fait que, lorsque les femmes hésitent à parler, elles ne savent pas si d'autres se tiendront à leurs côtés. Il faut souvent de nombreuses femmes qui font bloc pour en inciter d'autres à prendre la parole.

Avant de rencontrer Bill, je vivais une relation malsaine avec un type qui m'encourageait à certains égards tout en me brimant volontairement à d'autres occasions. Il ne voulait surtout pas que je lui fasse de l'ombre. Il ne me voyait pas comme une femme avec ses propres rêves, ses espoirs et ses dons. Il me voyait comme une personne qui pouvait jouer un rôle bien pratique dans sa vie ; il voulait donc que je me comporte d'une certaine manière, et quand je ne me conformais pas à ses attentes, il pouvait être extraordinairement injurieux. Je suis persuadée que c'est une des raisons pour lesquelles j'entre dans une telle colère aujourd'hui quand je vois des femmes se faire dénigrer ou être cantonnées à certains rôles. Je me vois en elles.

J'étais jeune quand j'ai commencé à fréquenter cet homme. Je n'avais aucune chance d'être moi-même ou de trouver ma voie à ce stade de ma vie. J'étais perturbée. Je me sentais affreusement mal, mais je ne comprenais pas pourquoi. Il y avait suffisamment de moments où il m'encourageait pour me donner envie de fermer les yeux sur ceux où il me traitait mal, et de chasser l'idée qu'il fallait me sortir de là. Quand j'y repense aujourd'hui, il me paraît évident que j'avais perdu une grande partie de mon assurance, et que ma voix avait été étouffée. Il m'a fallu des années pour constater l'ampleur des dégâts et retrouver ce que j'avais perdu.

Même après notre séparation, je n'avais toujours pas vraiment compris ce qui s'était passé, jusqu'à ce que je fasse l'expérience de relations saines. Mais je n'ai pleinement saisi l'emprise de cette relation abusive que des années plus tard, lors d'une collecte de fonds de la YMCA pour l'ouverture d'un refuge destiné aux femmes et aux familles. Une femme vêtue d'un élégant tailleur bleu est montée à la tribune pour raconter son histoire et, pour la première fois, j'ai songé : *Mon Dieu, c'est ça qui m'est arrivé !*

Je pense que les femmes qui ont subi des maltraitances peuvent rester silencieuses pendant un certain temps, mais qu'elles ne cessent jamais de guetter le moment où leur prise de parole aura un impact. En 2017, nous avons trouvé ce moment. Mais nous devons faire plus qu'identifier les auteurs de maltraitances ; il nous faut guérir cette culture malade qui protège les coupables.

Selon moi, toute culture éprouvant le besoin de repérer et d'exclure un groupe est une culture maltraitante. Elle sera toujours moins productive que les autres parce que, au lieu d'employer toute son énergie à élever les gens, elle en consacrera une partie à les écraser. C'est comme une maladie auto-immune, où le corps perçoit ses propres organes comme des menaces et entreprend de les attaquer. L'un des signes les plus courants d'une culture maltraitante est cette hiérarchie fallacieuse qui place les femmes en dessous des hommes. En réalité, c'est même parfois pire que ça, quand les femmes ne sont pas seulement considérées comme inférieures aux hommes, mais carrément traitées comme des objets.

Sur de nombreux lieux de travail partout dans le monde, on

fait sentir aux femmes qu'elles ne sont pas assez bien ou pas assez intelligentes. Les femmes sont moins bien payées que les hommes. Et quand elles ne sont pas blanches, l'écart est encore plus grand. Nous sommes moins au centre de l'attention que les hommes. Nous obtenons des augmentations et des promotions plus lentement qu'eux. Professionnellement, nous ne bénéficions pas d'autant de formations, de conseils et de partenariats qu'eux. Et nous nous retrouvons plus fréquemment isolées les unes des autres par rapport à eux. Ainsi, il peut falloir aux femmes un certain temps pour se rendre compte que le malaise qu'elles ressentent n'est pas leur faute, mais bien celle de cette culture malade.

Un autre indice d'une culture maltraitante se niche dans l'opinion selon laquelle les membres du groupe exclus « n'ont pas ce qu'il faut ». En d'autres termes, « si nous n'avons pas beaucoup d'ingénieures ici, c'est parce que les femmes ne sont pas douées pour ce métier ». Il est inimaginable pour moi que cette croyance soit si répandue alors que sa logique est si bancale. Les chances doivent être égales avant que l'on puisse déterminer si les aptitudes le sont. Et cette égalité des chances, les femmes ne l'ont jamais eue.

Quand les gens constatent les effets d'une éducation médiocre et mettent cela sur le compte de la nature, ils dissuadent les femmes de se former aux postes importants, ce qui renforce l'idée que cette disparité a une cause biologique. Les affirmations d'ordre biologique ont ceci de particulièrement insidieux qu'elles sabotent la progression des femmes et ôtent aux hommes toute responsabilité quant à leurs pratiques et à ce qui les motive. C'est ainsi que la discrimination sexuelle sème les « preuves » qui conduisent certaines personnes à mettre les effets de leurs propres préjugés sur le compte de la biologie. Et cela perpétue une culture à laquelle les femmes n'ont pas envie de se joindre.

Quand les hommes dictent les règles

Je suis frustrée que les femmes en soient toujours à affronter des cultures hostiles dans de nombreux domaines aujourd'hui, et cela m'irrite tout particulièrement en ce qui concerne le secteur de la technologie. Ces métiers sont si excitants ! Ils sont drôles, innovants, bien payés ; ils ont un impact grandissant sur notre avenir, et chaque année il y en a davantage. Mais cela va plus loin encore. L'industrie technologique est la plus puissante au monde. Elle invente la manière dont nous vivrons notre vie. Si les femmes ne sont pas dans la technologie, elles n'auront pas de pouvoir.

Le pourcentage de femmes diplômées en informatique est en chute libre depuis l'époque où j'ai quitté l'université. Quand je suis sortie de Duke en 1987, 35 % des diplômes d'informatique étaient remis à des femmes. Aujourd'hui, ce chiffre n'est plus que de 19 %. Il y a vraisemblablement plusieurs raisons à cette diminution. L'une d'elles est qu'au moment où les ordinateurs personnels ont pris place dans les foyers américains, ils étaient souvent vendus comme des supports de jeux vidéo pour les garçons. Ces derniers ont donc passé davantage de temps dessus, ce qui leur a permis de se familiariser avec l'informatique davantage que les filles. Quand l'industrie du jeu vidéo est apparue, de nombreux développeurs ont commencé à créer des jeux de guerre violents avec des explosifs et des armes automatiques, des jeux auxquels de nombreuses femmes n'avaient pas envie de jouer ; ainsi s'est créé un circuit fermé de jeux fabriqués par les hommes, pour les hommes.

Une autre cause probable de cette prépondérance masculine réside dans l'image du codeur informatique idéal, une image qu'on a construite très tôt : celle d'une personne asociale n'ayant aucun autre intérêt dans la vie. Cette vision était si répandue que certains employeurs s'appuyaient dessus dans leur processus de recrutement, identifiant les candidats qui présentaient un « désintérêt pour les gens » et n'aimaient pas les « activités impliquant des interactions personnelles nourries ». Beaucoup de femmes ont été ainsi écartées.

Enfin – et cela montre l'ampleur de la discrimination sexuelle dans notre culture quand il s'agit de juger l'aptitude de quelqu'un pour une tâche –, à l'époque où le génie logiciel était davantage perçu comme un travail de bureau, bien plus facile que le développement de systèmes matériels, les responsables embauchaient et formaient des femmes pour faire ce travail. Mais quand on a fini par comprendre que la conception de logiciels était beaucoup plus complexe qu'il n'y paraissait, au lieu de continuer à recruter des femmes, les dirigeants se sont mis à chercher des hommes pour les former à la programmation.

Alors que le nombre d'hommes augmentait dans le secteur, de moins en moins de femmes s'y sont dirigées. Ce qui a fait qu'il était encore plus difficile d'être une femme dans la technologie. Résultat, elles ont été *encore moins* nombreuses à opter pour ce domaine, et l'hégémonie masculine s'est installée.

Heureusement, quelques changements encourageants se sont produits. Les forces qui faisaient de l'informatique un *boys club** se tempèrent, et des personnes de ce secteur s'impliquent davantage pour lutter contre la discrimination de genre. Ces évolutions ont peut-être amorcé un changement de cap positif.

Un autre problème se pose quant au faible pourcentage de femmes dans le capital-risque : elles y sont encore moins nombreuses que dans l'informatique. Le capital-risque est une

---

* Soit littéralement un « club de garçons », dont la Ligue du LOL a été un des exemples les plus récemment mis en lumière. Pour mieux comprendre ce phénomène, on pourra lire notamment l'analyse publiée sur le site TerraFemina : « Boys club : décryptage du phénomène par la spécialiste Martine Delvaux ».
https://www.terrafemina.com/article/boys-club-decryptage-du-phenomene-par-la-specialiste-martine-delvaux_a348146/1. (*NdT.*)

source cruciale de financement pour les entrepreneurs qui viennent de démarrer leur activité et n'ont pas accès à des prêts bancaires. Les investisseurs leur fournissent le capital dont ils ont besoin pour se développer en échange d'intérêts dans leur entreprise. C'est ce qui peut faire la différence entre un échec et un succès considérable.

Les femmes ne représentent que 2 % des partenaires en capital-risque, et seulement 2 % de l'argent investi en capital-risque finance des entreprises créées par des femmes. (Le montant du capital-risque investi dans des firmes créées par des Afro-Américaines s'élève quant à lui à 0,2 % du total.) Personne ne peut croire à la logique économique de ce fonctionnement. Les femmes vont avoir des tas d'idées géniales de création d'entreprises auxquelles les hommes ne penseront jamais. Malheureusement, les décisions de financement ne sont pas prises en demandant : « Qui aura les idées commerciales les plus enthousiasmantes ? »

Lorsque l'on finance des start-up, il y a si peu de données sur ce qui fonctionne en matière d'investissements précoces que les investisseurs donnent de l'argent aux gens qu'ils connaissent ; des types qui sont allés à l'école avec eux et fréquentent les mêmes conférences. C'est toujours ce bon vieux *boys club* qui est à l'œuvre, sous sa forme modernisée. En 2018, un investisseur afro-américain du nom de Richard Kerby a réalisé un sondage auprès de mille cinq cents capital-risqueurs et a découvert que 40 % d'entre eux avaient fréquenté Stanford ou Harvard. Quand il existe une telle concentration de personnes issues d'un seul groupe, d'un seul secteur ou d'un seul ensemble d'écoles, le réflexe de financer les personnes de son propre réseau de pairs entraîne un phénomène d'homogénéité des entreprises. Lorsque l'on tente de trouver des financements en dehors de ce réseau, l'entreprise comme l'investisseur risquent d'avoir l'impression que ça ne « colle » pas.

C'est pour cette raison que j'investis désormais dans des

fonds de capital-risque, notamment Aspect Ventures, qui finance des entreprises dirigées par des femmes ou créées par des non-Blancs. Il ne s'agit pas de charité de ma part. Non seulement j'attends un bon retour sur investissement, mais en plus je l'attends avec optimisme, parce que les femmes vont voir des marchés que les hommes ne devineront pas, tout comme les femmes noires, hispaniques et asiatiques repéreront des marchés invisibles aux yeux d'entrepreneurs blancs. Je pense que, dans dix ans, nous serons affolés de constater que si peu d'argent était investi dans des marchés compris uniquement par les femmes et par les non-Blancs.

La mixité et la diversité sont essentielles à une société en bonne santé. Quand un groupe en marginalise d'autres et décide seul de ce qui sera entrepris et considéré comme prioritaire, ses décisions reflètent ses valeurs, son état d'esprit et ses angles morts.

Ce problème n'est pas nouveau. Il y a quelques années, j'ai lu *Sapiens. Une brève histoire de l'humanité* de Yuval Noah Harari. Ce livre retrace notamment l'histoire des révolutions cognitive, agricole et scientifique de l'humanité. J'ai été durablement marquée par la description que fait Harari du Code de Hammurabi, un ensemble de lois copiées sur des tablettes d'argile aux alentours de 1776 av. J.-C. et qui a influencé la pensée juridique pendant des siècles, si ce n'est des millénaires.

Harari écrit : « Suivant le code, les gens sont divisés en deux sexes et trois classes : les hommes libres, les roturiers et les esclaves. Les membres de chaque classe et de chaque sexe ont des valeurs différentes. La vie d'une femme de la catégorie intermédiaire vaut trente sicles d'argent, celle d'une esclave vingt, tandis que l'œil d'un homme de la catégorie intermédiaire en vaut soixante[*]. »

L'œil d'un homme de la catégorie intermédiaire valait le

---

[*] *Sapiens. Une brève histoire de l'humanité*, Éditions Albin Michel, p. 134. (*NdT*.)

double de la *vie* d'une femme de la même classe. Le code prescrivait des sanctions légères pour une personne libre qui avait commis un crime à l'encontre d'un esclave, et des peines sévères dans le cas contraire. Un homme marié avait le droit de coucher avec d'autres que son épouse, mais la réciproque n'était pas vraie.

Peut-on douter un seul instant de l'identité de ceux qui ont rédigé ce code ? C'était bien entendu l'œuvre des hommes « libres ». Le code présentait leurs opinions et reflétait leurs intérêts, sacrifiant le bien-être des personnes qu'ils considéraient comme leurs inférieurs. Si les sociétés sont prêtes à mettre les femmes sur un pied d'égalité avec les hommes, et à déclarer que les personnes ont toutes les mêmes droits quelles que soient leur race et leur religion, alors nous aurons besoin d'avoir des hommes, des femmes et des personnes de tous les groupes ethniques et religieux pour rédiger ensemble le nouveau code.

C'est pour moi l'argument clé en faveur de la diversité : c'est le meilleur moyen de défendre l'égalité. Si les gens de groupes divers ne prennent pas les décisions, alors les bénéfices et les charges de la société ne seront pas répartis équitablement, car les personnes dictant les règles s'assureront une plus grande part de bénéfices et de moindres charges. Si vous n'êtes pas impliqué, vous serez trahi. Votre vie ne vaudra pas plus de vingt sicles. Aucun groupe ne devrait être tenu de faire confiance à d'autres pour protéger ses intérêts ; chacun devrait pouvoir parler en son nom.

C'est pourquoi nous devons inclure tout le monde dans les décisions qui façonnent nos cultures, parce que même les meilleurs d'entre nous sont aveuglés par leurs propres intérêts. Si l'égalité vous tient à cœur, vous devez adhérer à la diversité – tout particulièrement maintenant, dans la mesure où les personnes travaillant dans la technologie sont en train de programmer nos ordinateurs et de concevoir l'intelligence artificielle. L'IA n'en est qu'à ses balbutiements. Nous ne connaissons pas encore tous les usages qui en seront faits, dans le domaine de la santé, sur les champs de bataille, pour la police, dans les entreprises… Mais l'impact sera immense, et nous devons nous assurer qu'il sera juste. Si nous voulons une société qui reflète des valeurs d'empathie, d'unité et de diversité, *il est fondamental de savoir qui écrira le code.*

Joy Buolamwini est une informaticienne afro-américaine qui se présente comme une « poétesse du code ». J'ai entendu parler de Joy quand ses recherches exposant les préjugés raciaux et sexistes dans la technologie ont commencé à être relayées par les médias. Alors qu'elle travaillait avec un robot social, il y a quelques années quand elle étudiait à l'université de Georgia Tech, elle a remarqué (en jouant à « coucou-caché » avec lui) que ce robot ne reconnaissait pas son visage dans certaines conditions d'éclairage. Elle a utilisé le visage de sa camarade de chambre pour terminer son projet et n'y a plus repensé, jusqu'à un voyage à Hong Kong où elle a visité une start-up qui travaillait avec des robots sociaux. Le robot qui était là reconnaissait les visages de tout le monde, sauf le sien, et son visage était le seul à être noir. Elle a alors compris que ce robot utilisait le même logiciel de reconnaissance faciale que le sien à Georgia Tech.

« Les biais algorithmiques peuvent diffuser des biais à très grande échelle », a expliqué Joy.

Quand elle est devenue chercheuse au MIT Media Lab, elle a testé les logiciels de reconnaissance faciale d'IBM, de Microsoft et de la société chinoise Megvii ; elle a découvert que le taux d'erreurs de reconnaissance d'hommes à la peau claire était inférieur à 1 %, tandis que, pour les femmes à peau foncée, il s'élevait à 35 %. Joy a fait part de ces résultats aux entreprises. Microsoft et IBM ont répondu qu'ils planchaient déjà sur l'amélioration de leurs logiciels d'analyse faciale. Megvii n'a pas donné suite.

Il suffit de prendre un instant pour réfléchir aux diverses significations du terme « reconnaître » et frémir à l'idée que ces logiciels mettent du temps à reconnaître les gens qui ne ressemblent pas aux programmeurs. Ces logiciels diront-ils un jour à un agent : « Nous ne "reconnaissons" pas cette personne ; elle ne peut pas monter dans l'avion/payer avec une carte de crédit/retirer son argent/entrer dans le pays » ? D'autres programmes reproduisant les biais des codeurs informatiques refuseront-ils à certaines personnes la possibilité d'obtenir un prêt ou d'acheter une maison ? Les logiciels développés par des Blancs suggéreront-ils à la police d'arrêter les Noirs de façon injustifiée ? La perspective de tels biais est terrifiante, mais il ne s'agit que de ceux que l'on peut prévoir. Qu'en est-il des logiciels biaisés d'une façon que nous ne soupçonnons pas ?

« L'IA ne peut pas être éthique si elle n'est pas inclusive », a commenté Joy.

Les Afro-Américaines ne représentent que 3 % de toutes les personnes travaillant dans le secteur des technologies ; les femmes hispaniques, 1 %. Les femmes constituent environ un quart des effectifs, et seulement 15 % des métiers techniques. Ces chiffres sont dangereusement, honteusement bas. C'est pour cela que je suis si véhémente au sujet des femmes, blanches ou non blanches, dans la technologie. Ce n'est pas seulement parce qu'il s'agit de la plus importante industrie du monde. Ce n'est pas non plus parce que l'économie va compter un demi-million de postes supplémentaires dans l'informatique lors des dix années à venir. Ni même parce que la créativité et la productivité sont favorisées dans les équipes où règne la diversité. C'est parce que les personnes qui occupent ces postes vont façonner notre manière de vivre, et que nous devons tous décider de cela ensemble.

Attention : je ne suis pas en train de dire que l'on devrait donner aux femmes des responsabilités qu'elles n'ont pas méritées. Ce que je dis, c'est que des femmes méritent ces responsabilités, et que l'on devrait les embaucher pour les leur confier.

Pratiquement tout ce que j'ai eu besoin de savoir sur la valeur des femmes dans la technologie, je le tiens d'un homme issu de ce milieu : mon père. Il était fermement convaincu de l'importance d'avoir des femmes en mathématiques et en sciences ; pas seulement d'un point de vue personnel pour ses propres filles, mais aussi professionnellement, dans sa carrière. Je vous ai raconté l'excitation d'aller assister à des lancements d'engins spatiaux en famille avec lui, mais les rencontres avec des femmes de son équipe sont des souvenirs d'enfance tout aussi mémorables pour moi. Après avoir travaillé sur le programme spatial Apollo, mon père a enchaîné avec le projet Skylab, puis la mission Apollo-Soyouz, la navette spatiale américaine et la Station spatiale internationale. Et pour chacun de ces programmes, il a très délibérément recruté des femmes ; chaque fois qu'il pouvait engager une mathématicienne ou une ingénieure, il nous faisait part de son enthousiasme. Il nous expliquait qu'il n'y avait pas beaucoup de femmes disponibles sur le marché, mais que son équipe était toujours plus performante quand elle comptait une femme dans ses rangs.

Mon père a commencé à percevoir la valeur ajoutée des femmes dans les années 1960 et 1970. Il y avait peu de données pour corroborer son analyse à l'époque, mais ce n'est plus le cas aujourd'hui : on en trouve pléthore, et les faits sont impressionnants. Par exemple, une étude universitaire de 2010 menée sur l'intelligence collective a prouvé que, dans un groupe de travail, l'intelligence est corrélée à trois facteurs : la sensibilité sociale moyenne des membres, la capacité du groupe à faire contribuer tout le monde, et la proportion de femmes dans le groupe. Les groupes qui comptaient au moins une femme ont dépassé les performances des groupes exclusivement masculins dans les tests d'intelligence collective, et cette intelligence collective était plus nettement corrélée à la mixité de genre qu'au QI individuel de chaque membre.

La mixité ne profite pas seulement aux femmes, mais aussi à tous ceux qui souhaitent obtenir des résultats.

Réclamer ce dont nous avons besoin

Comment donc créer une culture du travail qui donne toutes leurs chances aux femmes, qui favorise la diversité et ne tolère pas le harcèlement sexuel ? Il n'y a pas de solution unique, mais il me paraît crucial de réunir des amis et des collègues pour construire une communauté dotée d'une nouvelle culture, qui respecte les objectifs plus généraux des valeurs existantes, mais honore d'autres manières d'y parvenir.

Malheureusement, la création d'une telle culture se heurte à un obstacle de taille : les recherches suggèrent que les femmes doutent davantage d'elles-mêmes que les hommes, et qu'elles sous-estiment leurs compétences là où beaucoup d'hommes surestiment les leurs.

Les journalistes Katty Kay et Claire Shipman ont écrit un livre sur le sujet, intitulé *L'Art de la confiance en soi*[*]. Comme Kay l'expliquait dans un entretien : « Les femmes trouvent souvent plus difficile d'agir parce qu'elles sont plus frileuses face au risque, et parce que la peur de l'échec est énorme chez elles, plus que chez les hommes, semble-t-il. » Kay et Shipman citent par exemple l'examen des archives des ressources humaines chez Hewlett Packard : il en est ressorti que les femmes ne postulaient que lorsqu'elles estimaient avoir 100 % des qualifications demandées, tandis que les hommes se contentaient de n'avoir que 60 % de ces qualifications pour poser leur candidature.

Pour celles qui en souffrent, cette tendance à sous-estimer leurs capacités joue assurément un rôle de frein, et il est difficile de ne pas imaginer que c'est le résultat d'une culture

---

[*] Traduction de Laurence Le Charpentier, Guy Trédaniel Éditeur, 2017. (*NdT.*)

de domination masculine qui cherche à marginaliser les femmes. Ces tentatives sont souvent indirectes, et peuvent être subtiles et insidieuses ; on n'attaquera pas les femmes directement, mais on s'en prendra aux qualités et aux caractéristiques des femmes qui sont les plus susceptibles de défier les hommes.

Ce point de vue semble confirmé par un autre axe de recherche, qui suggère que la retenue des femmes provient non pas d'un manque d'assurance mais d'un calcul. Un article de 2018 paru dans le mensuel *The Atlantic* cite une étude affirmant que les femmes ayant confiance en elles n'ont acquis d'influence « que lorsqu'elles manifestaient [...] le désir de bénéficier aux autres ». Si les femmes affichaient de l'assurance sans montrer d'empathie ou d'altruisme, « le retour de bâton survenait à coup sûr, et elles subissaient des sanctions sociales et professionnelles pour ne pas s'être conformées aux normes de genre ». C'est la crainte de ce retour de bâton, selon une autre étude, qui empêche les femmes de s'affirmer.

Que ce soit par manque d'assurance ou par calcul qu'elles s'affirment moins, dans les deux cas, la domination masculine demeure une cause sous-jacente essentielle de cet état de fait. La société approuve les femmes qui ne demandent pas grand-chose, qui semblent douter d'elles-mêmes, ne recherchent pas le pouvoir, ne parlent pas trop fort et ont à cœur de faire plaisir.

Ces attentes liées au genre féminin ont eu un certain effet sur moi et sur beaucoup de femmes de mes connaissances, parce qu'elles cultivent des qualités qui mènent au perfectionnisme (cette tentative de compenser un sentiment d'infériorité par un comportement irréprochable). Je suis bien placée pour le savoir : le perfectionnisme a toujours été une de mes faiblesses. Brené Brown, qui a du génie pour exprimer de grandes vérités en peu de mots, saisit très bien le fonctionnement et l'état d'esprit des perfectionnistes dans son livre

Le Pouvoir de la vulnérabilité[*] : « Si j'ai l'air parfait et que je fais tout parfaitement, je pourrai éviter ou limiter les sentiments douloureux de honte, de jugement et de reproche. »

C'est le jeu, et j'y joue.

Mon perfectionnisme vient de l'impression que je ne sais pas assez de choses. Je ne suis pas assez intelligente. Pas assez dure à la tâche. Ce perfectionnisme atteint des sommets quand je dois participer à une réunion avec des gens qui ne sont pas d'accord avec moi, ou si je prononce un discours devant des experts qui connaissent mieux le sujet que moi – et c'est quelque chose qui m'arrive fréquemment ces temps-ci. Quand je commence à me sentir incompétente et que mon perfectionnisme prend le dessus, je commence souvent par réunir des faits. Je ne parle pas d'une préparation classique ; je parle de la collecte obsessionnelle de faits et de données motivée par l'idée que rien ne devrait échapper à ma connaissance. Et si je me raisonne en me disant que je ne devrais pas y passer autant de temps, alors une autre petite voix m'accuse d'être paresseuse. Et hop ! le piège s'est refermé.

En fin de compte, pour moi, le perfectionnisme revient à cacher qui je suis. Je me déguise pour que les gens que je désire impressionner ne repartent pas en songeant que je ne suis pas aussi intelligente ou intéressante qu'ils croyaient. Cela vient du besoin irrépressible de ne pas décevoir les autres. Résultat, je me prépare beaucoup trop. Et j'ai découvert qu'une chose curieuse se produit quand je suis trop préparée : je n'écoute pas aussi bien. Je fonce et je déroule ce que j'avais prévu de dire, que la situation s'y prête ou non. Je rate l'occasion d'improviser ou de bien réagir en cas de surprise. Je ne suis pas vraiment là. Je ne suis pas vraiment moi-même.

Je me souviens d'un événement à la fondation il y a quelques années, où j'ai été critiquée pour mon perfectionnisme.

---

[*] Traduction de Catherine Vaudrey, Guy Trédaniel Éditeur, 2014. (*NdT*.)

Notre P.-D.G. ultra-inventive Sue Desmond-Hellman est une scientifique, une docteure en médecine et une dirigeante créative qui aime nous bousculer Bill et moi – tout comme elle-même. Elle nous avait mis un jour sur la sellette en proposant un exercice inconfortable pour les dirigeants de la fondation, qui devait renforcer le lien entre eux et les employés. J'ai accepté de passer la première.

Je me suis assise sur une chaise face à une caméra (placée de sorte que tout le monde puisse regarder ensuite !), et on m'a donné une pile de cartes, face cachée, que je devais retourner une à une. Sur chaque carte était écrit ce qu'un ou une employé(e) de la fondation pensait de moi, sans souhaiter me le dire en face. J'étais censée lire la carte puis répondre à la caméra, pour que tout le monde puisse voir ma réaction. On ne cherchait pas à me ménager dans ces déclarations, surtout dans la dernière. J'ai retourné la carte, et il y était écrit : « Vous êtes comme cette p***** de Mary Poppins, quasiment parfaite à tous points de vue ! »

Comme mes enfants me l'ont dit ce soir-là au dîner : « Ouille ! »

Sur le coup, consciente d'être filmée, j'ai éclaté de rire. Sans doute un peu parce que j'étais nerveuse, un peu parce que c'était culotté, mais aussi parce que j'étais flattée que quelqu'un me croie si sereine et organisée. Tout en riant, j'ai répondu :

– Si vous saviez à quel point je ne suis pas parfaite. Je suis tellement désordonnée et négligente pour tant de choses dans ma vie. Mais j'essaie de me corriger et d'être au meilleur de moi-même au travail, pour aider les autres à faire de même. J'imagine que je pourrais être un peu plus exemplaire dans ma souplesse face à l'imperfection. C'est peut-être ça que je devrais montrer aux gens.

C'est ce que j'ai dit sur le moment. Quand j'y ai repensé après, j'ai compris que je n'étais peut-être pas au meilleur de moi-même quand je me présentais sous mon jour le plus lisse et sans accrocs. Peut-être que je suis meilleure quand je parle avec honnêteté de mes doutes et de mes angoisses, quand j'admets mes erreurs, quand j'avoue avoir le cafard. Alors les gens peuvent se sentir plus à l'aise avec leurs propres failles ; c'est une culture dans laquelle il est plus facile de vivre. C'est sûrement ce que cet employé voulait dire. Il faut que je continue de travailler avec Sue et les autres pour créer une culture à la fondation où nous pouvons être nous-mêmes et trouver notre voix. Et quand je dis « nous », ce n'est pas rhétorique. Je me compte dans ce « nous ». Si, dans ma propre organisation, je n'ai pas contribué à créer une culture où toutes les femmes et tous les hommes peuvent trouver leur voix, alors c'est que je n'ai pas encore trouvé la mienne. Je dois travailler davantage afin de donner l'exemple et d'être un modèle pour les autres, comme Patty puis Sue l'ont été pour moi. Je souhaite créer un environnement de travail où tout le monde puisse se présenter sous son jour le plus humain et le plus authentique ; où tout le monde respecte les bizarreries et les défauts inévitables de chacun, pour que toute l'énergie gaspillée à rechercher la « perfection » soit épargnée, et investie dans la créativité dont nous avons besoin pour notre travail. C'est une culture où nous nous libérons d'impossibles fardeaux pour tirer tout le monde vers le haut.

Un travail compatible avec la vie de famille

Un travail accueillant pour les femmes ne se contentera pas de pardonner leurs imperfections, mais satisfera en outre leurs besoins, et en particulier le besoin humain le plus profond : prendre soin les uns des autres.

Nous devons concevoir un monde professionnel qui soit compatible avec la vie de famille. Cela requiert le soutien du sommet, éventuellement avec une impulsion venant de la base. Les lois qui régissent aujourd'hui la vie des employés au travail ne font souvent pas grand cas de leur vie *en dehors* du travail. Cela peut faire de l'entreprise un endroit hostile, parce que votre famille se trouve opposée à votre métier dans un duel que l'une des deux parties doit perdre.

Aujourd'hui aux États-Unis, nous envoyons nos filles dans un univers professionnel conçu pour nos pères, c'est-à-dire organisé en partant du principe que les employés avaient des partenaires qui restaient au foyer pour prendre en charge le travail non rémunéré (c'est-à-dire les tâches domestiques et parentales). Même à l'époque, ce n'était pas vrai pour tout le monde. Aujourd'hui, ça ne l'est pratiquement plus pour personne, excepté pour un groupe particulier. Dans la société, les positions de pouvoir sont en effet souvent occupées par des hommes dont les épouses ne travaillent pas en dehors de la maison. Et ces hommes-là risquent de ne pas comprendre tout à fait la vie des gens qui travaillent pour eux.

En 2017, presque la moitié des employés américains était des femmes et, sur dix Américaines élevant des enfants de moins de dix-huit ans, sept travaillaient. Environ un tiers de ces femmes ayant des enfants à la maison étaient des mères célibataires.

Le principe dépassé selon lequel une épouse se trouve au foyer pour s'occuper de tout est particulièrement rude pour les parents isolés. Le problème n'est pas simplement person-nel : il est national et même mondial. Le nombre des seniors augmente (aux États-Unis comme partout), et la tâche de s'occuper de parents vieillissants incombe trop souvent aux femmes, ce qui aggrave le déséquilibre femmes-hommes déjà existant en matière de travail non rémunéré.

Quand les gens sont tiraillés entre les exigences de leur métier et celles de leur foyer, ce conflit peut les priver des joies de la vie de famille. Les employeurs doivent comprendre la réalité des devoirs familiaux, et les employés ont besoin de compréhension au travail quand une crise les frappe chez eux.

Quand je reviens sur l'époque où j'étais responsable chez

Microsoft, je pense à une foule de moments où j'aurais pu en faire davantage pour rendre la culture de l'entreprise plus douce à l'égard des familles. Mes compétences de direction sur ce sujet n'étaient pas formidables, aussi j'espère que vous m'excuserez de vous raconter une anecdote où j'ai fait ce qu'il fallait.

Il y aura bientôt trente ans de cela, un jour, un homme très talentueux qui travaillait dans mon équipe depuis une ou deux années a passé la tête par la porte de mon bureau et m'a demandé :

— Avez-vous une minute ?

— Bien sûr, ai-je répondu. Que se passe-t-il ?

— Je voulais vous prévenir : mon frère est très malade.

— Je suis vraiment désolée. Puis-je vous demander ce qu'il a ?

— Il a le sida.

Il lui avait fallu du cran pour me dire ça. Nous étions au début des années 1990, à une époque où il y avait beaucoup plus d'ignorance et de honte autour du sida. Je lui ai manifesté toute la compassion dont j'étais capable, mais j'étais mal à l'aise de ne pas pouvoir faire davantage. Il m'a parlé un peu de son frère, et puis il s'est levé et il a conclu :

— Merci de m'avoir laissé vous raconter ça.

Puis il a quitté mon bureau.

J'ai médité notre conversation pendant quelques jours, et j'ai fini par comprendre la raison pour laquelle il voulait me tenir au courant. Comme je l'ai dit, la culture chez Microsoft était particulièrement agressive à l'époque, il fallait être compétitif et tout donner. Beaucoup de gens ne prenaient pas de vacances, peu d'entre nous étaient mariés, et pratiquement personne n'avait d'enfants. Nous nous trouvions dans cette courte période du début de la vie adulte, où presque personne n'avait besoin de nous, si bien que rien ne venait se mettre en travers de notre vie professionnelle. Et ce jeune homme était tout particulièrement performant ; je crois donc qu'il s'inquiétait. Il se retrouvait pris entre sa famille et son travail, et il adorait les deux. Il espérait, je pense, qu'en m'informant de ce qui se passait, il ne se verrait pas reprocher un passage à vide au moment où la crise frapperait chez lui, parce qu'il était loyal envers son frère et qu'il souhaitait passer du temps avec lui.

Une semaine plus tard environ, je l'ai aperçu dans le couloir et je lui ai fait signe pour qu'il me rejoigne dans mon bureau.

– Qu'est-ce qu'il y a ? J'ai fait quelque chose ? a-t-il demandé.

– J'ai réfléchi, ai-je répondu. Ça va être vraiment important pour vous de vous concentrer sur nos dix plus gros revendeurs cette année.

C'était l'époque où les logiciels étaient vendus par des détaillants.

– Oh, bien sûr, je m'en occupe. Je vais vous montrer ma liste.

Il m'a montré son classement de tous les revendeurs. J'ai poursuivi :

– Je pense que vous devriez tout particulièrement vous concentrer sur Fry's Electronics.

– Oui, oui, ils sont dans les dix meilleurs. Je suis déjà dessus.

Comme il ne voyait pas où je voulais en venir, j'ai persévéré :

– Non, je crois que Fry's est vraiment important. Nous devons les bichonner. Chaque fois que vous aurez besoin de passer les voir, allez-y. Inutile de me prévenir. Allez-y, c'est tout.

Fry's était à peu près dans le milieu de son classement, et se maintenait à cette position depuis un moment, aussi mon insistance a-t-elle quelque peu déboussolé mon interlocuteur. Puis il a compris, et ses yeux se sont emplis de larmes. Il a hoché la tête :

– D'accord, je vais faire ça. Merci.

Et il est ressorti.

Nous n'en avons plus jamais reparlé. Ce n'était pas la peine. Nous savions tous deux ce qui se passait. Nous avions mitonné notre propre petite culture. Fry's Electronics se trouvait dans la baie de San Francisco, où vivait son frère également. Je voulais lui faire savoir qu'il pouvait s'y rendre à tout moment avec l'approbation de l'entreprise. Bien avant que cela porte un nom, lui et moi avions improvisé une sorte de congé pour motif familial et médical.

Ce type de congé indemnisé permet aux gens de prendre soin de leur famille et d'eux-mêmes en cas de besoin. Nous avions dû bricoler ainsi parce que Microsoft n'avait pas de politique sur ces questions à l'époque, et les États-Unis non plus. Aujourd'hui, l'entreprise en a une, mais le pays n'en a toujours pas. Permettez-moi d'insister sur un point que j'ai abordé dans le chapitre VII, en espérant que d'autres insisteront également. Les États-Unis sont l'un des huit derniers pays au monde à ne pas financer de congé maternité indemnisé (avec la Papouasie-Nouvelle-Guinée, le Suriname et une poignée d'autres nations insulaires). C'est la preuve flagrante que les États-Unis sont loin derrière le reste du monde dans la prise en compte des besoins des familles.

Je milite pour des congés familiaux et médicaux indemnisés parce que les avantages sont énormes et pérennes. Malheureusement, nous n'avons pas de données sur tous les aspects positifs de ces congés indemnisés pour les familles, mais nous pouvons quantifier certains de leurs bénéfices. Le congé parental est corrélé avec une moindre mortalité néonatale et infantile, un taux d'allaitement plus élevé et moins de dépressions *post-partum*. Il offre un rôle plus concret aux jeunes pères pour qu'ils puissent mettre la main à la pâte. Les mères ont bien plus de chances de rester actives professionnellement et de s'assurer de plus hauts revenus si elles ont la possibilité de prendre un congé indemnisé quand elles ont un bébé. Et quand les pères prennent un congé, la redistribution des tâches ménagères et parentales reste effective même après leur retour au travail.

Le manque de congé indemnisé aux États-Unis est symptomatique d'une culture professionnelle également aux prises avec le harcèlement sexuel, le sexisme et une indifférence générale à la vie de famille. Tous ces problèmes sont aggravés par une réalité : il y a moins de femmes que d'hommes aux postes de pouvoir. Une culture patriarcale est plus susceptible de mettre l'accent sur les coûts du congé maternité tout en minimisant ses bénéfices sur le long terme. Les lieux de travail qui respectent les obligations de la vie de famille en tirent des bénéfices énormes, qui se répercutent sous forme de bénéfices économiques et sociaux. Malheureusement, ces bénéfices ne sont pas calculés. C'est parce que les femmes, trop peu nombreuses aux postes de pouvoir, doivent abandonner l'élaboration de la culture à des hommes qui ne prennent pas aussi bien qu'elles la mesure des besoins familiaux.

Il s'agit d'un défi immense pour nous. Il est particulièrement difficile pour les femmes de réclamer de l'argent, du pouvoir, des promotions ou même davantage de temps pour leur famille. Il est plus simple pour elles de faire comme si elles n'avaient pas besoin de tout cela. Mais les cultures professionnelles qui ne correspondent pas à leurs besoins persistent même lorsque ces besoins plongent les femmes dans l'embarras. Il faut que cela change. Si nous souhaitons un jour être nous-mêmes, nous devons lutter collectivement pour réclamer ce dont nous avons besoin dans une culture qui nous le refuse. C'est le seul moyen de créer une société qui correspondra aux besoins de chaque personne de la vie active.

Nous sommes prompts à critiquer les injustices liées au genre quand nous les voyons ailleurs dans le monde. Mais nous devons aussi être capables de les percevoir là où la plupart d'entre nous les ressentent, et là où nous pouvons agir, à savoir sur notre lieu de travail.

– 9 –

Accepter d'avoir le cœur brisé

L'union fait la force

Plus tôt dans ce livre, je vous ai parlé du détour que j'avais fait par la Suède pour voir Hans Rosling une dernière fois. Dans ce dernier chapitre, je vais vous raconter ce qu'il m'a dit.

Nous étions en 2016, et Hans souffrait d'un cancer. Il ne lui restait plus très longtemps à vivre, et il travaillait sur un livre que son fils et sa bru termineraient après sa mort. Je me suis rendue chez lui et sa femme Agneta, dans le sud de la Suède, et ils m'ont invitée à prendre le petit déjeuner avec eux dans leur cuisine. Hans et moi savions que c'était la dernière fois que nous nous verrions.

Il avait préparé une leçon pour moi, comme il le faisait toujours. C'est une leçon qu'il m'avait déjà donnée, mais si l'on ne se répète pas à la fin de sa vie, c'est qu'on n'a pas encore mis le doigt sur ce qui est vrai. Hans savait ce qui était vrai, et il voulait me transmettre une dernière fois la leçon qu'il avait retenue de l'existence.

Il a pris une feuille de papier qu'il a posée sur la table entre nos assiettes, et il a déclaré :

— Melinda, si tu dois ne te rappeler qu'une chose de ce que je t'ai dit, souviens-toi que tu dois aller vers les personnes qui se trouvent aux marges de la société.

Avec un stylo, il a dessiné deux routes perpendiculaires qui se croisaient au milieu de la feuille. Puis il a ajouté une rivière qui traversait l'intersection des routes, et il a expliqué :

– Si l'on vit près d'un croisement ou près d'une rivière, alors tout ira bien. Mais si l'on vit dans les marges (avec son stylo, il a pointé les quatre coins de la feuille), on tombera dans l'oubli. Melinda, tu ne peux pas laisser le monde oublier ces personnes.

Il était au bord des larmes. C'était la passion et l'obsession de sa vie, et il me demandait de reprendre le flambeau.

La carte que Hans a dessinée ce jour-là montrait la géographie de la pauvreté. Les plus démunis vivent très loin des itinéraires de voyage et de commerce qui relient les gens entre eux. Mais Hans confirmerait aussi l'existence d'une géographie sociale de la pauvreté. Des gens peuvent vivre au beau milieu d'une grande ville et être tout de même isolés du courant de la vie. Ces gens vivent eux aussi en marge de la société. Je voudrais vous parler de femmes très marginalisées : des groupes de travailleuses du sexe en Inde qui ont prouvé que, en s'organisant, les femmes peuvent s'élancer au-dessus de tous les obstacles décrits dans ce livre. Elles peuvent détourner le cours de la rivière.

En 2001, alors que Jenn avait quatre ans et Rory un an, j'ai effectué mon premier voyage en Asie pour le compte de la fondation. Rory était trop jeune pour poser des questions, mais Jenn voulait tout savoir.

– Maman va s'absenter une semaine, ai-je expliqué.

Puis je me suis tue, ne sachant trop quoi dire sur la pauvreté et les maladies à une enfant de quatre ans. Après avoir réfléchi un moment, j'ai tout de même évoqué une partie du voyage : j'allais rendre visite à des enfants qui n'avaient pas de maison et ne recevaient pas de médicaments lorsqu'ils tombaient malades.

– Comment ça, ils n'ont pas de maison ? a insisté Jenn.

J'ai fait de mon mieux pour lui donner une réponse qui ne la bouleverserait pas trop, puis je suis allée préparer ma valise.

Quelques minutes plus tard, Jenn a débarqué en courant, les bras chargés d'un tas de couvertures.

— Qu'est-ce que c'est que tout ça ? ai-je demandé.

— Ce sont mes couvertures spéciales. J'ai pensé que tu pourrais les apporter aux enfants, s'ils n'en ont pas.

Je l'ai remerciée avec chaleur, et nous avons toutes deux plié les couvertures pour les mettre dans ma valise. Durant ce voyage, chaque fois que j'ai téléphoné à la maison, Jenn me demandait :

— Ça y est, tu as vu les enfants ? Est-ce qu'ils aiment mes couvertures ? Est-ce que tu vas les laisser là-bas ?

Je les ai effectivement laissées là-bas, mais je suis revenue de ce voyage avec des bagages plus remplis qu'à l'aller ; j'avais notamment gagné en humilité. En Thaïlande, j'ai rencontré une femme qui a ébranlé mon univers. Titulaire d'un doctorat obtenu à l'université Johns-Hopkins, elle était spécialiste de l'épidémie de VIH. Elle m'avait accompagnée plusieurs jours pour faire la tournée des villages et m'avait expliqué ce qui pouvait être fait pour ralentir la propagation du virus. C'était alors l'urgence sanitaire prioritaire dans le monde, et les responsables de la santé prédisaient des flambées terrifiantes, notamment dix millions de nouveaux cas d'infection rien qu'en Inde. À l'époque, je débutais sur les questions de santé mondiale, et je n'en étais qu'à me renseigner sur les problématiques en cours. Bill et moi savions que nous devions faire quelque chose face au sida, mais nous ignorions quoi. Ce voyage était censé nous aider à nous orienter.

Le dernier jour, j'étais sur un bateau qui traversait une rivière près des frontières birmane et laotienne, et ma nouvelle camarade m'a dit :

— Maintenant que vous avez passé quelques jours ici, dites-moi : si vous étiez une femme née dans ce pays, que feriez-vous pour garder vos enfants en vie ? Jusqu'où iriez-vous ?

Sa question m'a prise de court ; j'ai réfléchi une minute pour essayer de me projeter dans cette vie : Alors, voyons voir ; je trouverais un travail. Ah, mais je n'ai pas d'éducation. Je ne sais même pas lire. Bon, j'apprendrais à lire toute seule.

Mais avec quels livres ? Et, de toute façon, je ne trouverais pas de travail, puisqu'il n'y en a pas ici. Je suis dans une région reculée. J'essayais de trouver une réponse, quand elle m'a interrompue dans mes réflexions :

— Vous savez ce que je ferais ?

— Non. Quoi donc ?

— Eh bien, ça fait deux ans que je vis ici. Je connais les options. Je me prostituerais. C'est la seule façon que j'aurais de rapporter de quoi manger.

C'était une déclaration choquante. Mais arrivée à la fin de ce voyage, après avoir réfléchi un moment, j'ai été frappée par l'idée que prétendre le contraire aurait été encore plus choquant. Affirmer « oh, je ne ferais *jamais* une chose pareille ! » revient à dire que l'on laisserait mourir ses enfants. Que l'on ne ferait pas tout ce qu'on peut pour les aider à vivre. Et puis on dit autre chose, aussi. On dit : « Je suis au-dessus de ces gens-là. » Cette femme avait travaillé auprès de prostituées lors d'autres crises sanitaires, aussi dans sa question couvait une certaine colère, implicite mais puissante : « Comment pouvez-vous vous associer à elles si vous vous croyez au-dessus d'elles ? »

Deux ans après ce voyage, notre fondation a lancé en Inde un programme de prévention du VIH qui s'appuyait sur l'initiative de travailleuses du sexe. Le programme avait été baptisé « Avahan », un terme sanskrit qui signifie « appel à l'action ». C'était un gros pari, pas seulement parce que tant de vies étaient en jeu, mais aussi parce que nous ne savions pas vraiment ce que nous faisions. Personne ne le savait. Le monde n'avait jamais rien vu de tel : un pays de plus d'un milliard d'habitants affrontant une épidémie mortelle, dont la mise en échec devrait impliquer un partenariat d'ampleur avec le groupe le plus méprisé d'une société profondément marquée par son système de castes. En temps normal, nous aurions lancé un programme plus modeste avant de le développer, mais nous n'avions pas le temps ; il fallait lui donner une grande envergure dès le départ. Ce projet est devenu l'un des plus gros programmes de prévention du VIH au monde, avec l'objectif de juguler l'épidémie sur tout le territoire indien.

Il fallait absolument que les travailleuses du sexe jouent un rôle central dans ce projet, parce que leur activité était l'une des voies critiques de propagation de la maladie. Si une personne séropositive infectait une prostituée, elle pouvait ensuite répandre le virus auprès de centaines de clients. Ces clients étaient souvent des camionneurs qui à leur tour contamineraient leurs épouses ; elles-mêmes risquaient alors de transmettre la maladie à leurs enfants au cours de la grossesse, de la naissance ou de l'allaitement. En revanche, si les prostituées étaient en mesure de négocier l'utilisation du préservatif avec leurs clients, leur risque d'être contaminées chuterait, de même que la probabilité qu'elles transmettent le virus à leur tour. Telle était la stratégie : faire diminuer le taux de rapports non protégés entre les travailleuses du sexe et leurs clients. Nous nous heurtions tout de même à une difficulté qui peut venir à bout même des meilleures stratégies : comment convaincre les gens d'abandonner un comportement pour en adopter un autre ? C'est là qu'Avahan s'est transformé en l'une des histoires les plus surprenantes et les plus motivantes que j'aie jamais entendues. C'est aussi l'une des plus importantes leçons de ma vie.

En janvier 2004, alors qu'Avahan existait depuis moins d'un an, j'ai fait un deuxième voyage en Inde. J'étais avec mes plus proches amies, toutes membres de notre groupe de spiritualité. Nous souhaitions visiter des sites religieux, ainsi que des lieux de prière et de méditation. Nous voulions aussi nous renseigner sur les services disponibles pour les pauvres, et donner un bref coup de main si nous le pouvions.

Un matin à Calcutta, nous nous sommes levées avant l'aube pour traverser la ville à pied jusqu'à la maison mère des Missionnaires de la charité, où mère Teresa avait commencé son œuvre. Là-bas se trouve une chapelle où les nonnes se retrouvent chaque matin pour prier, aussi nous avons décidé (bien que n'étant pas toutes catholiques) de nous y rendre pour assister à la messe. En chemin, nous avons dû enjamber des personnes sans abri qui dormaient sur le trottoir. C'était moralement déchirant. Ces personnes, mère Teresa se serait arrêtée pour les aider.

Dans la chapelle, nous avons rencontré des gens de tous les pays qui étaient venus faire du bénévolat pour la journée dans l'un des foyers de mère Teresa. Après la messe, nous avons marché jusqu'à l'orphelinat, que l'on nous a fait visiter. Mes amies y sont restées pour aider le personnel, et je suis partie de mon côté retrouver un groupe de travailleuses du sexe pour parler de prévention du VIH.

Ou du moins c'est ce que je croyais. Les femmes que j'ai rencontrées voulaient évoquer le stigmate, et me raconter combien leur vie était dure. Et puis, elles désiraient me parler de leurs enfants. Une femme prénommée Gita m'a expliqué que son fils, qui allait bientôt entrer au lycée, était en bonne voie pour suivre des études supérieures. Et quand elle a évoqué sa fille, elle a serré le poing avec émotion en disant qu'elle se débrouillait bien à l'école et ne deviendrait pas une travailleuse du sexe. Gita et beaucoup d'autres femmes de ce groupe ont été très claires sur le fait qu'elles se prostituaient pour nourrir leur famille. Elles n'avaient pas pu trouver d'autres manières de s'en sortir, mais elles étaient déterminées à faire en sorte que leurs filles ne soient pas contraintes de prendre la même décision.

En dehors de nos conversations, ce qui m'a le plus frappée chez Gita et les autres, c'est leur soif de contact, combien elles désiraient toucher et être touchées. Dans la communauté, personne ne touche une travailleuse du sexe, sauf pour coucher avec elle. Peu importe leur caste d'origine, les prostituées sont intouchables. Pour elles, être touchées revient à être acceptées. Ainsi, quand nous nous donnions l'accolade, elles se cramponnaient à moi. Je l'ai vécu de très nombreuses fois au cours de mes rencontres avec des travailleurs et des travailleuses du sexe, indépendamment de leur genre. Nous discutons, nous prenons une photo, puis nous nous donnons l'accolade – et elles ne lâchent pas. Si je me tourne pour saluer quelqu'un d'autre, elles s'accrochent à mon chemisier ou gardent une main sur mon épaule. Au début, j'étais un peu mal à l'aise ; mais au bout d'un moment j'ai pris le pli. Si elles souhaitent que l'on s'étreigne un peu plus longtemps, ça me va.

J'ai donc donné beaucoup d'accolades, et j'ai écouté des histoires ; d'âpres récits de viols et de violences, et des confidences pleines d'espoir à propos des enfants. Alors que notre rencontre touchait à sa fin, les femmes ont voulu faire un portrait de groupe. Nous nous sommes prises par les bras et nous nous sommes photographiées ensemble (l'image serait publiée dans le journal du lendemain). C'était un moment très émouvant, et j'étais déjà sacrément remuée. C'est alors que quelques femmes ont entonné l'hymne des droits civiques *We Shall Overcome* (« Nous triompherons ») en anglais avec l'accent bengali, et que je me suis mise à pleurer. J'ai essayé de ne rien laisser paraître parce que j'ignorais comment elles interpréteraient ces larmes. Pour moi, le contraste entre leur détermination et la dureté de leur situation était aussi inspirant que déchirant.

Ces femmes étaient nos partenaires. Elles étaient la première ligne de défense face au sida en Inde, et nous n'avions toujours pas pleinement appréhendé la brutalité de leur vie. Elles faisaient face à une violence permanente de la part de leurs amants, de leurs clients (qui étaient eux-mêmes pauvres et marginalisés) ainsi que de la police, qui les harcelait, les arrêtait, les volait et les violait.

Cette brutalité inhérente à leur vie fut une révélation même pour nos employés locaux. Il y eut un cas où des membres de notre équipe avaient rencontré quatre ou cinq prostituées dans un restaurant, pour discuter autour d'un thé. Plus tard ce jour-là, les prostituées avaient été arrêtées, parce qu'elles s'étaient réunies dans un lieu public.

Peu de temps après, un employé du programme Avahan a roulé jusqu'à la côte près du golfe du Bengale, là où les camionneurs s'arrêtent, afin de s'informer sur la vie des prostituées qui travaillaient là. Il a passé quelques heures avec ces femmes, assis sur une natte, buvant du thé et les interrogeant sur le programme pour savoir ce qui était utile et ce qui manquait encore. Quand l'entrevue s'est terminée, alors que tout le monde se disait au revoir, l'une des prostituées s'est mise à pleurer. Inquiet d'avoir pu être indélicat, notre employé s'est enquis auprès d'une autre femme :

— J'ai fait quelque chose de mal ?

— Non, ce n'est rien…

Comme il a insisté pour qu'elle lui réponde, elle lui a expliqué :

— Elle pleure parce que vous, qui êtes un homme respectable, vous êtes venu à sa rencontre et vous lui avez parlé poliment au lieu de la payer pour coucher avec elle. Elle s'est sentie très honorée que quelqu'un vienne simplement prendre un thé en sa compagnie.

Une autre histoire nous a été rapportée par l'une de nos partenaires, une femme très dévouée qui faisait de son mieux pour améliorer les conditions de vie des travailleuses du sexe dans son quartier. Elle nous a raconté qu'elle s'était un jour trouvée au chevet d'une prostituée en train de mourir du sida, qui lui avait demandé :

— S'il vous plaît, pourriez-vous réaliser mon dernier souhait ?

— Je ferai tout ce que je pourrai.

— Puis-je vous appeler *Aai* ?

Aai signifie « mère » en marathi. C'était son unique souhait, d'appeler « mère » cette femme aimante qui la veillait sur son lit de mort. Voilà combien leur vie est dure.

Comment l'émancipation commence

Nous n'avions pas pris la réalité de la vie des prostituées en compte quand nous avons conçu le programme Avahan. Nous ne pensions pas que c'était nécessaire. Nous souhaitions qu'elles insistent auprès de leurs clients pour qu'ils utilisent des préservatifs, qu'elles se fassent soigner en cas de MST et qu'elles réalisent un dépistage du VIH. Nous pensions qu'il suffisait de leur exposer les bénéfices de ces pratiques, et de leur demander de les adopter. Mais cela ne fonctionnait pas, et nous ne parvenions pas à comprendre pourquoi. Nous n'avions pas imaginé une seconde qu'il pouvait y avoir quelque chose de plus important à leurs yeux que la prévention du VIH.

— Nous n'avons pas besoin de votre aide pour les préservatifs, ont-elles dit, presque en riant. Nous, on peut vous donner des leçons sur les préservatifs. C'est pour prévenir les violences que nous avons besoin d'aide.

— Mais ce n'est pas pour ça qu'on est là, ont répondu nos membres.

— Eh bien, dans ce cas, vous n'avez rien d'intéressant à nous dire, parce que c'est ça qu'il nous faut.

Notre équipe a donc débattu de la conduite à tenir :

— Soit on arrête tout, soit on repense notre approche.

— Non, c'est une dérive de la mission ; on n'a aucune expertise dans ce domaine, et on ne devrait pas s'en mêler.

Finalement, l'équipe a organisé une nouvelle réunion avec les prostituées, les écoutant avec attention parler de leurs vies. Elles ont insisté sur deux points : tout d'abord, elles ont répété que la prévention des violences était leur préoccupation première, et la plus urgente ; ensuite, que c'était la peur de la violence qui les empêchait d'utiliser des préservatifs.

Les clients frappaient les femmes si elles insistaient pour qu'ils mettent un préservatif. La police les frappait si elle les trouvait en *possession* de préservatifs, parce que c'était la preuve qu'elles étaient des travailleuses du sexe. Alors, pour éviter d'être frappées, elles ne prenaient pas de préservatifs avec elles. Nous avons fini par comprendre le lien entre la prévention des violences et la prévention du VIH. Les prostituées ne pouvaient tenir compte de la menace mortelle mais lointaine du sida que si elles avaient les moyens de répondre à la menace immédiate des coups, des vols et des viols.

C'est ainsi qu'au lieu de déplorer que cela dépassait le cadre de notre mandat, nous avons changé notre fusil d'épaule :

— Nous voulons vous aider à vous protéger des violences. Comment peut-on s'y prendre ?

— Aujourd'hui ou demain, ont-elles répondu, l'une de nous va se faire violer ou frapper par la police. Ça arrive tout le temps. Si nous pouvons être une dizaine à accourir chaque fois que ça se produit, la police arrêtera de faire ça.

Notre équipe et les prostituées ont donc mis un système au point. Si une femme se fait agresser par la police, elle compose un numéro à trois chiffres qui fait sonner un téléphone central, et douze ou quinze femmes débarquent au poste de police en criant. Elles sont en outre accompagnées d'un ou une avocate bénévole, ainsi que d'un ou une journaliste. Si une bande de femmes surgit en hurlant :

— Faites-la sortir tout de suite ou bien on en parlera demain dans les journaux !

Alors la police reculera. Elle dira :

— On ne savait pas. On s'excuse.

C'était l'idée, et les prostituées l'ont mise à exécution. Elles ont mis sur pied une liaison par numérotation abrégée, et quand le signal se déclenchait, elles accouraient au poste. Le plan a fonctionné à merveille. Une prostituée a raconté qu'elle avait été battue et violée par la police un an plus tôt. Après la mise en place de ce système, quand elle est retournée au même poste, le policier lui a proposé une chaise et une tasse de thé. Quand elles ont appris l'existence de ce programme, les prostituées de la ville voisine sont venues voir l'équipe :

— Nous voulons participer à ce programme de prévention des violences, pas au truc du VIH.

Et rapidement, le programme a fleuri dans tout le pays.

Pourquoi cette approche était-elle si efficace ? Ashok Alexander, qui était alors le responsable de notre antenne indienne, l'a dit sans ambages :

— Les hommes tyranniques ont peur des femmes en groupe.

Nous pensions gérer un programme de prévention du VIH, mais nous avions rencontré en chemin une stratégie bien plus efficace et qu'on pouvait répliquer : la puissance de femmes qui s'étaient rassemblées pour se donner de l'écho et défendre leurs droits. Nous avions commencé à financer l'émancipation des femmes.

L'émancipation commence par le regroupement ; peu importe la modestie de l'endroit où il a lieu. Pour Avahan, tout a commencé dans des centres communautaires, bien souvent de petites structures d'une seule pièce construites en parpaings, où les femmes pouvaient se retrouver pour parler. Souvenez-vous, ces femmes n'avaient pas d'endroit où se rassembler. Si elles choisissaient un lieu public, la police débarquait pour les mettre en prison. De sorte qu'au moment où notre équipe a repensé le programme pour cibler la prévention des violences, elle a commencé par louer un espace, et a invité les femmes à y venir pour discuter. Ces centres communautaires sont devenus le lieu où elles pouvaient bénéficier d'un certain nombre de services : elles pouvaient y récupérer des préservatifs, se retrouver entre elles, faire une sieste. Elles n'avaient pas le droit d'y passer la nuit, mais, en journée, nombre d'entre elles venaient s'allonger sur le sol pour dormir tandis que leurs enfants cavalaient alentour. Dans certains centres, l'équipe a aménagé un salon de beauté ou un espace de jeux de société. Ces centres sont devenus l'endroit où tout arrivait. Et l'idée est venue des femmes elles-mêmes.

L'ouverture du premier centre d'accueil a été « la plus belle chose que j'aie jamais vue », s'est souvenu l'un des premiers membres de l'équipe Avahan. Cinq femmes sont entrées avec méfiance, craignant qu'on ne les drogue pour leur voler leurs reins. C'est ce que disait la rumeur. Au lieu de quoi, on les a accueillies simplement :

— Venez prendre deux ou trois tasses de chai, discutez entre vous, et puis vous repartirez.

C'est ainsi que l'émancipation a commencé chez Avahan : quand on a invité les personnes les plus marginalisées, exclues par toute la société, à venir papoter en buvant un thé pour se serrer les coudes.

Bill et moi avions connaissance du tournant qu'avait pris le programme de prévention en direction des violences, mais nous étions dans le flou au sujet des centres d'accueil, et cela me fait encore rire aujourd'hui. Ashok venait nous faire des rapports à Seattle, mais nous n'avons pas eu le fin mot de l'histoire avant de nous rendre nous-mêmes en Inde, en 2005. Ashok nous préparait à la visite, nous expliquant ce que nous allions voir, et il s'est mis à parler des centres communautaires, ces minuscules espaces où les prostituées pouvaient se retrouver pour échanger. Après la réunion de préparation, je me rappelle avoir demandé à Bill :

— Tu savais qu'on finançait des centres communautaires, toi ?

— Non, mais toi *non plus* tu ne le savais pas ?

Nous avions confié l'argent à Ashok, et c'est un homme d'affaires brillant qui a mis au point une stratégie à laquelle il s'est tenu. Il a fait tout ce qu'il avait annoncé, en plus de quelques autres actions dont il n'avait jamais parlé. Et c'est une grande chance qu'il ait procédé ainsi ; car en vérité, bien que ce soit gênant de l'admettre, s'il nous avait suggéré cette idée de centres communautaires à la fondation, je pense que nous aurions refusé. Cela nous aurait paru trop éloigné de notre mission, qui consistait à travailler sur des innovations et à nous appuyer sur d'autres pour les diffuser. En aidant à distribuer des préservatifs, nous nous écartions déjà beaucoup de notre image d'innovateurs qui confiaient d'ordinaire ce type de tâches à d'autres ; mais des centres communautaires, où l'on cultivait l'autonomisation dans une optique de prévention des violences ? Ça, ç'aurait été trop radical pour nous ; du moins jusqu'à notre voyage en Inde, quand nous avons mesuré la valeur de cette initiative.

Lors de cette visite, Bill et moi avons rencontré un groupe de prostituées. Il y a une photo de cet événement accrochée en bonne place dans les bureaux de la fondation, où l'on nous voit tous les deux assis en tailleur dans le cercle des participants. Au début de la rencontre, j'ai demandé à l'une des femmes de nous raconter son histoire. Elle nous a parlé de sa vie, puis une autre femme nous a expliqué comment elle était entrée dans la prostitution. Ensuite, une troisième nous a fait part d'un récit qui a plongé l'assemblée dans un grand silence, entrecoupé seulement par le bruit des sanglots. Cette femme nous a raconté qu'elle avait eu une fille, que le père n'était pas présent, et qu'elle s'était tournée vers la prostitution parce qu'elle n'avait pas d'autre source de revenus envisageable. Elle faisait tous les sacrifices possibles pour offrir une vie meilleure à sa fille, qui avait beaucoup d'amis et se débrouillait bien à l'école. Cette femme s'inquiétait malgré tout en permanence, à mesure que sa fille grandissait, que cette dernière découvre comment sa mère gagnait sa vie. Un jour, exactement comme elle l'avait toujours redouté, un camarade de classe avait révélé le pot aux roses à toute l'école, et les amis de la jeune fille s'étaient mis à se moquer d'elle, violemment, continuellement et le plus cruellement possible. Quelques jours plus tard, cette mère était rentrée chez elle et avait trouvé sa fille morte, pendue au bout d'une corde.

J'ai jeté un œil à Bill. Il était en larmes. Je pleurais aussi, comme tout le monde dans la pièce – en particulier les femmes dont les blessures s'étaient rouvertes à l'évocation de cette histoire. Elles souffraient terriblement, mais étaient aussi pleines d'empathie, ce qui atténuait leur isolement.

En se rassemblant et en partageant leurs récits, elles avaient gagné un sentiment d'appartenance, et ce sentiment d'appartenance leur avait rendu de l'amour-propre. Cet amour-propre leur avait à son tour donné le courage de se réunir pour faire valoir leurs droits. Elles n'étaient plus refoulées à l'extérieur de la société ; elles avaient les deux pieds dedans. Elles avaient une famille et un foyer. Et, lentement, elles ont commencé à dissiper les illusions que la société impose aux dépossédés : sous prétexte qu'on les prive de leurs droits, l'illusion qu'ils n'en ont pas. Et sous prétexte que personne ne les écoute, l'illusion qu'ils ne disent pas la vérité.

Brené Brown dit que la définition authentique du courage, c'est d'être soi et de le montrer. Et je pense que l'une des façons les plus pures d'être soi face au monde, c'est de demander ce que nous voulons, particulièrement quand personne ne souhaite que nous l'obtenions. C'est un courage qui me laisse muette d'admiration. En se soutenant mutuellement, les femmes d'Avahan ont trouvé ce courage.

L'impact d'Avahan est allé bien au-delà des réussites de ce premier groupe d'entraide, et cette histoire ne parle pas seulement de l'émancipation et de l'inclusion d'un groupe de laissées-pour-compte. Elle raconte aussi ce que ces laissées-pour-compte ont fait pour leur pays. Je vous donnerai deux exemples.

Tout d'abord, il y a bien des années (à peu près à l'époque où Bill et moi avons fait ce voyage en Inde), alors que nous étudiions diverses approches pour lutter contre le sida, nous avons été très enthousiasmés par une nouvelle éventualité : il semblait que les médicaments efficaces pour traiter le sida pouvaient aussi fonctionner pour le prévenir. Nous avons contribué au financement d'essais cliniques, qui ont donné lieu à des découvertes spectaculaires : les médicaments préventifs par voie orale pouvaient diminuer de plus de 90 % le risque de contamination par le VIH. Les plus grands espoirs de la communauté de lutte contre le sida se réalisaient ; puis ils furent brisés.

En effet, cette approche nécessitait que des gens en bonne

santé avalent des cachets quotidiennement, et les groupes à risque n'en faisaient rien. Il est aussi difficile que frustrant de chercher à convaincre des gens d'adopter un nouveau comportement lié à leur santé, même si son efficacité est probante. Ces personnes doivent être impliquées, informées et très motivées. Tragiquement, nul n'avait les moyens de les persuader de prendre ces médicaments : ni les activistes, ni les donateurs, ni les gouvernements, ni les personnels de santé. Seuls deux groupes, dans le monde, firent exception : les hommes blancs homosexuels aux États-Unis, et... les travailleuses du sexe en Inde.

Une étude a montré que 94 % des prostituées indiennes prenaient ces médicaments avec sérieux et régularité. Un tel niveau d'observance est inédit en matière de santé mondiale ; cette étude l'attribue aux réseaux solides créés par les femmes d'Avahan.

Voilà pour le premier exemple. Passons au second : en 2011, la revue scientifique britannique *The Lancet* a publié un article montrant que le niveau d'activité d'Avahan était corrélé à une plus faible prévalence du VIH dans nombre d'États d'Inde parmi les plus peuplés. Dans les années qui ont suivi, de nombreuses sources ont attesté que l'insistance des prostituées à utiliser des préservatifs avec leurs clients a empêché l'épidémie de se propager plus largement dans la population. Ces femmes encapacitées sont devenues d'indispensables partenaires du plan national qui a sauvé des millions de vies.

Dans un pays où personne ne voulait les toucher, ces femmes se sont touchées entre elles et, dans cette petite société où elles étaient acceptées, elles ont commencé à découvrir et à recouvrer leur dignité. Avec cette dignité leur est venue la volonté de réclamer leurs droits et, en affirmant ces droits, elles se sont révélées capables de protéger leurs vies et de sauver leur pays d'une catastrophe.

Melinda Gates

Faire émerger nos voix

Plus de dix ans après qu'Avahan m'a conduite sur le chemin de l'émancipation féminine, je me suis retrouvée à New York pour animer un débat sur les mouvements sociaux de femmes. L'une de mes invitées était l'incroyable Leymah Gbowee, qui a obtenu en 2011 le prix Nobel de la paix avec Ellen Johnson Sirleaf et Tawakkol Karman. Leymah a été distinguée, avec Ellen, pour avoir lancé un mouvement pacifiste de femmes qui a contribué à mettre un terme à la guerre civile libérienne.

Parfois, quand je suis au milieu d'un travail (et même quand je crois savoir ce que je fais), je sens que je ne discerne pas tout à fait intimement les forces en jeu sur le moment. Et puis, parfois des années plus tard, je regarde en arrière et je me dis : *Aaah ! Je vois.* C'est ce que Leymah m'a offert ce jour-là : un éclairage non seulement sur son mouvement pacifiste, mais aussi sur la manière dont ses principes permettaient d'expliquer (entre autres) le succès d'Avahan.

Leymah nous a raconté qu'elle avait dix-sept ans quand la première guerre civile a éclaté dans son pays. Après la fin de cette première guerre, et avant que la seconde débute, elle s'est formée au militantisme pacifiste et aux thérapies posttraumatiques, et en est arrivée à la conviction que, « si des changements devaient advenir dans la société, ils ne pourraient passer que par les mères ».

Elle a été invitée au Ghana pour participer au tout premier rassemblement du programme WIPNET, Women In Peacebuilding NETwork (« Réseau des femmes artisanes de la paix »), qui réunissait des femmes de pratiquement tous les pays d'Afrique de l'Ouest. Leymah a été nommée coordinatrice de l'initiative des femmes libériennes, et après le début de la seconde guerre civile, elle s'est mise à travailler jour et nuit pour la paix. Un soir, après s'être une fois de

plus endormie dans son bureau, elle a rêvé qu'on lui disait :
« Rassemble les femmes et prie pour la paix. »

Elle a fait le tour des mosquées le vendredi, des marchés
le samedi et des églises le dimanche afin de mobiliser les
femmes pour la paix. Elle a réuni des milliers de musulmanes
et de chrétiennes, a organisé des manifestations et des sit-in,
refusant les ordres de dispersion, et a finalement été invitée
à plaider en faveur de la paix auprès du Président libérien
Charles Taylor, tandis que des milliers de femmes manifestaient devant la résidence présidentielle. C'est ainsi qu'elle a
arraché à Taylor la promesse de pourparlers de paix avec les
rebelles à Accra, la capitale du Ghana.

Pour maintenir la pression, Leymah et des milliers d'autres
femmes sont allées manifester à Accra, devant l'hôtel où
avaient lieu les pourparlers. Alors que les négociations pié-
tinaient, Leymah a fait entrer les femmes par dizaines dans
l'hôtel, jusqu'à ce qu'elles soient deux cents, assises devant
l'entrée de la salle de réunion. Elles ont signifié au médiateur
que les hommes ne seraient pas autorisés à sortir tant qu'ils
n'auraient pas conclu d'accords de paix.

Le médiateur, l'ancien Président nigérian Abdulsalami
Abubakar, a apporté son soutien aux femmes et leur a permis de maintenir leur pression en restant juste devant la
salle de réunion. Les activistes ont été saluées pour avoir
transformé l'atmosphère des pourparlers, qui sont passés
« du cirque à la gravité » ; en l'espace de quelques semaines,
les parties sont parvenues à un accord et la guerre a officiellement pris fin.

Deux ans plus tard, Ellen Johnson Sirleaf était élue présidente du Liberia, devenant la première femme à la tête d'un
État africain.

Bien des années plus tard à New York, j'ai demandé à
Leymah qui était assise face à moi pourquoi son mouvement
était si efficace. Elle a répondu :

— Nous les femmes, nous sommes celles qui élèvent et

éduquent la société. Et c'est à nous qu'il revenait de la changer.

En 2003, a-t-elle continué, le Liberia avait vu passer plus de quatorze factions dissidentes et conclu plus de treize accords de paix. Nous nous sommes dit : « Les hommes répètent sans arrêt la même chose. Nous devons ramener un peu de raison dans ce processus. Au lieu de monter une faction armée de femmes, lançons un mouvement pacifiste de femmes. »

Puis elle nous a raconté une histoire stupéfiante sur les implications de cette décision :

— Il y avait une femme musulmane qui avait perdu sa fille à cause de la guerre. Elle appartenait à notre mouvement. Elle était en train de nourrir un combattant qui avait été blessé par balles, quand il l'a reconnue et a dit : « Aidez-moi à m'asseoir. » Elle l'a redressé, et il lui a demandé : « Où est votre fille ? » Elle a répondu : « Oh, elle est morte. » « Je sais », a-t-il répliqué. « Mais... Comment le savez-vous ? » « Parce que c'est moi qui l'ai tuée. » Quand elle est revenue au bureau en pleurs, nous lui avons demandé si elle avait arrêté de nourrir le combattant. Et elle a répondu : « Non. N'est-ce pas justement ce que signifie la paix ? Et puis à cet instant, je savais que j'allais retourner auprès de mes sœurs et que nous pourrions pleurer ensemble. »

Comment ce mouvement de femmes a-t-il réussi à ramener la paix là où les factions belligérantes des hommes ont échoué ? Tout est dit dans l'histoire de Leymah. Quand les femmes étaient blessées, elles étaient capables d'absorber leur douleur sans la transmettre. Mais quand les hommes étaient blessés, ils avaient besoin de faire payer quelqu'un. C'est ce qui nourrissait le cycle de la guerre.

Attention : je ne suis pas en train de dire que seules les femmes ont le pouvoir d'instaurer la paix, et que seuls les hommes sont responsables de la guerre. *Absolument pas*. Ce que je dis, c'est que, dans ce cas précis, les femmes ont été capables de surmonter leur douleur, et pas les hommes

— *jusqu'au moment où ils ont été influencés par les femmes !* Quand les femmes ont eu fait entendre leur voix, les hommes ont trouvé le pouvoir de faire la paix. Chacun a trouvé les caractéristiques traditionnelles de l'autre en soi-même. Les hommes ont été en mesure de faire ce que les femmes avaient fait en acceptant de ne pas riposter, et les femmes ont pu faire ce que les hommes avaient fait en clamant leur opinion sur la façon dont la société devrait être dirigée. C'est la réunion de ces deux caractéristiques qui a apporté la paix.

De nombreux mouvements sociaux couronnés de succès ont été portés par la même combinaison : un fort activisme, et la capacité à encaisser la douleur sans la propager en retour. Quiconque peut associer ces deux caractéristiques fera émerger une voix douée de force morale.

Comme l'amie de Leymah qui est revenue pleurer avec ses sœurs, toutes les femmes qui ont accepté leur peine sans la transmettre n'ont pas seulement partagé leur chagrin : elles ont fait émerger leur voix, une voix qui avait été enfouie sous ce chagrin. Si nous parvenons à faire face à notre douleur, nous devenons capables de faire entendre notre voix. Et c'est tellement plus facile de le faire ensemble.

Quand les femmes sont prises au piège des maltraitances et isolées des autres femmes, elles ne peuvent pas contrer la violence parce qu'elles n'ont pas de voix. Mais quand elles se rassemblent, s'incluent mutuellement, se confient leurs histoires et partagent leur peine, elles trouvent leur voix et se donnent de l'écho entre elles. Elles créent une nouvelle culture – pas celle qui leur a été imposée, mais celle qu'elles construisent avec leurs propres valeurs.

La première fois que j'ai soupçonné un lien entre le fait d'embrasser sa douleur et celui de faire émerger sa voix, j'ai songé : *C'est impossible. Si pour pouvoir faire entendre sa voix, il fallait vraiment accepter sa douleur, alors pourquoi les gens qui en sont incapables ont-ils une si grosse voix ?* Et puis j'ai compris : il y a une grande différence entre une grosse voix et une voix forte. La grosse voix d'un homme qui n'a pas de vie intérieure et reste étranger à sa douleur n'est jamais la voix de la justice ; c'est la voix de l'intérêt personnel, de la domination ou de la vengeance. Les voix fortes d'hommes qui ont parlé au nom de la liberté et de la dignité viennent de personnes comme Gandhi, King ou Mandela, qui ont maîtrisé leur douleur, ont renoncé à la vengeance et ont prêché le pardon.

On a un jour demandé à Nelson Mandela s'il était toujours en colère contre ses geôliers après avoir été libéré de prison. Il a répondu qu'il était resté en colère un moment, puis qu'il s'était rendu compte que, s'il restait en colère, il serait toujours prisonnier ; or il voulait être libre.

Quand je pense aux hommes qui violentent les femmes et les filles, je n'ai pas envie de les pardonner. J'ai l'impression que ce serait les laisser s'en tirer à bon compte. Et je n'ai pas envie de les laisser impunis de quoi que ce soit. Je soutiens pleinement toutes les démarches possibles qui protègent les innocents, y compris l'arrestation des coupables et leur présentation devant la justice. Mais justice n'est pas synonyme de vengeance.

Desmond Tutu, qui en présidant la Commission de la vérité et de la réconciliation en Afrique du Sud a préservé le pays d'une explosion vengeresse dans l'ère post-apartheid, propose cette voie quant à la vengeance : « Quand je suis blessé, quand je souffre, quand je suis en colère contre quelqu'un à cause de ce qu'il m'a fait, je sais que la seule manière d'en finir avec ces sentiments est de les accueillir. »

L'activiste catholique Dorothy Day, qui a recouru à l'action non violente pour aider les pauvres et les sans-abri, a dit que le plus grand défi était d'« organiser une révolution du cœur ». La leçon que j'ai apprise auprès des femmes des mouvements sociaux partout dans le monde, c'est que pour organiser une révolution du cœur, il faut accepter d'avoir le cœur brisé. Cela implique de s'immerger dans la souffrance qui gît sous la colère. C'est le sens que je donne à « Ne résistez pas au mal » (Mt, V, 39). Je n'entends pas que cela signifie : « Faites de la place au mal dans le monde. » Pour moi, cela veut dire : « Ne résistez pas au sentiment que vous éprouvez ; acceptez la souffrance. » Si l'on n'accepte pas la souffrance, elle peut se transformer en haine. C'est ce que la vie du Christ signifie pour moi. Les grands prêtres voulaient le briser. Ils ont fait tout ce qu'ils ont pu pour lui faire du mal et l'humilier. Et ils ont échoué. Sa capacité à absorber la douleur était au-delà de leur capacité à la lui infliger, de sorte qu'il pouvait répondre à leur haine avec amour.

Pour moi, c'est le modèle de tous les mouvements sociaux non violents, qu'ils soient fondés sur la religion ou non. L'approche la plus radicale de la résistance est l'acceptation ; mais l'acceptation ne signifie pas que l'on souscrive au monde tel qu'il est. Elle signifie que nous acceptons notre douleur telle qu'elle est. Si nous refusons de le faire, alors nous cherchons seulement à nous sentir mieux. Et, lorsque notre motivation cachée est de nous sentir mieux, il n'y a pas de limite aux dommages que nous pouvons causer au nom de la justice. Les grands leaders n'associent jamais une demande de justice à un appel à la vengeance. Ceux qui peuvent maîtriser leur douleur ont rayé leurs intérêts personnels de leur programme, de sorte que leur voix retentit d'une puissance morale. Ce n'est plus leur vérité qu'ils énoncent, mais *la* vérité.

Le pouvoir de laisser son cœur se briser n'est pas seulement une qualité à admirer chez les autres. Nous devons tous permettre à nos cœurs de s'ouvrir ainsi ; c'est le prix pour être présent à quelqu'un qui souffre. Il y a plus de dix ans, je me trouvais en Afrique du Sud avec un Américain, un docteur en médecine très respecté. Nous sommes allés dans un *township* près de Johannesburg pour rendre visite à un homme qui était en train de mourir du sida, chez lui. Notre hôte était fatigué et souffrait manifestement, mais il nous racontait tout de même dignement son histoire, jusqu'au moment où le médecin qui m'accompagnait s'est levé pour partir. Il a essayé de se justifier, mais je savais pourquoi il s'en allait, et je crains que l'homme mourant ne l'ait compris, lui aussi. S'étant principalement spécialisé dans la recherche, ce médecin ne supportait pas de voir la réalité tragique de la vie de cet homme. Et si l'on n'est pas capable de supporter la souffrance de son voisin, alors, d'une manière ou d'une autre, on repoussera cette personne jusqu'aux marges.

Toutes les sociétés considèrent que les marginaux sont le problème. Mais c'est faux ; le problème, c'est ce besoin de marginaliser certaines personnes. Notre plus grand défi *et* notre plus grande promesse seront de surmonter ce besoin. Il faudra pour cela du courage et de la perspicacité, parce que les gens que nous poussons vers les marges sont ceux qui déclenchent en nous les sentiments que nous redoutons.

Isoler l'autre pour apaiser nos peurs est un besoin profond inscrit en chacun de nous. Comment le transformer ?

Nous ne faisons qu'un

S'il y a une expérience commune à toute l'humanité, c'est celle de l'exclusion, que nous avons tous vécue à un moment de nos vies ; ne serait-ce même qu'enfants, dans la cour de récréation. Et aucun de nous n'a apprécié. Nous y avons au moins goûté juste assez pour que cela nous terrifie. Malgré cette expérience pourtant, nous sommes nombreux à n'avoir aucune idée de ce que ça fait d'être complètement exclus.

C'est pourquoi j'ai été si bouleversée par un passage du livre préféré de ma mère, *Life of the Beloved*, d'Henri Nouwen. Nouwen était un prêtre catholique doté de l'esprit d'un génie et du cœur d'un saint. Il a enseigné à l'université Notre-Dame, ainsi qu'à Yale et à Harvard, mais il a vécu les dernières années de sa vie dans un foyer pour personnes handicapées, où ses activités consistaient entre autres à aider des membres gravement handicapés à se préparer le matin.

Dans *Life of the Beloved*, Nouwen écrit : « Dans ma propre communauté, où vivent beaucoup de femmes et d'hommes lourdement handicapés, la plus grande source de souffrance n'est pas le handicap lui-même, mais les sentiments afférents : le sentiment d'être inutile, bon à rien, de ne pas être apprécié, d'être délaissé. Il est beaucoup plus facile d'accepter l'incapacité à parler, à marcher ou à se nourrir soi-même que d'accepter l'incapacité à être important pour quelqu'un. En tant qu'humains, nous sommes capables d'endurer des privations considérables avec une grande ténacité ; mais lorsque nous sentons que nous n'avons plus rien à offrir à personne, nous perdons rapidement goût à la vie. »

Nous désirons tous avoir quelque chose à offrir. C'est ainsi que nous trouvons notre place. C'est ainsi que nous nous sentons inclus. De sorte que, si nous voulons inclure tout le monde, alors nous devons aider chacun à développer ses talents et à utiliser ses dons pour le bien de la communauté. C'est ce que l'inclusion signifie : chacun apporte sa contribution. Et si certains ont besoin d'aide pour devenir des contributeurs, alors nous devons la leur apporter, parce qu'ils sont les membres à part entière d'une communauté qui soutient tout le monde.

Quand les femmes s'unissent

Chaque problématique de cet ouvrage est une porte que les femmes doivent franchir, ou un mur que nous devons démolir pour devenir des contributrices à part entière ; le droit de décider si et quand on souhaite avoir des enfants, de se marier ou non, d'entreprendre, de poser sa candidature pour entrer à l'université, de maîtriser ses revenus, de disposer de son temps, de chercher à atteindre ses objectifs et de gravir les échelons professionnels – quelle que soit cette profession. Pour le salut des femmes piégées par la pauvreté et pour les autres, issues de toutes les couches de la société, qui sont exclues ou intimidées par des hommes puissants, les femmes doivent se réunir. Elles doivent se parler et s'organiser, afin de mener la démolition de ces murs et d'ouvrir les portes à tout le monde.

J'ai fait partie de groupes de femmes toute ma vie, bien que parfois je ne l'aie reconnu qu'après coup. Mon lycée de filles était un grand groupe féminin. Lors de mes études supérieures, j'ai recherché la compagnie des femmes que j'admirais, particulièrement quand nous étions peu nombreuses. En tant qu'adulte, j'ai entretenu des liens avec des femmes dans tous les domaines de ma vie : professionnelle, personnelle, spirituelle. J'ai toujours entretenu des amitiés importantes avec beaucoup d'hommes, qui ont été indispensables à mon bonheur. Mais c'est vers mes amies que je reviens, surtout en groupe, quand je suis confrontée à mes peurs et que j'ai besoin d'amitié pour m'aider à les surmonter. Elles m'ont accompagnée dans tous les passages délicats de la vie dont je suis sortie grandie. Je pense que les groupes de femmes sont essentiels à titre individuel, mais aussi plus généralement pour la société, parce que le progrès dépend de l'inclusion, et l'inclusion commence par les femmes.

Je ne dis pas que nous devrions inclure les femmes et les filles *plutôt que* les hommes et les garçons, mais autant qu'eux, et pour eux. La question n'est pas de mettre les femmes au centre et de laisser les autres de côté, mais de les mettre au centre pour que *tout le monde* s'y trouve.

Il faut que les femmes quittent les marges et prennent leur place. Pas au-dessus ni en dessous des hommes, mais à leurs côtés, au cœur de la société, pour faire entendre leurs voix et prendre les décisions qu'elles sont habilitées à prendre.

Il y aura beaucoup de résistance, mais le progrès durable ne viendra pas d'un bras de fer. Il viendra d'un attrait moral. À mesure que nous dévoilerons le sexisme, de plus en plus de femmes et d'hommes percevront des préjugés qu'ils ne soupçonnaient pas et lutteront contre. C'est ainsi que nous changerons les normes qui masquent les préjugés invisibles à nos yeux. Il faut d'abord pouvoir les voir avant d'y mettre un terme.

Il n'est pas évident de transformer une culture bâtie sur l'exclusion. C'est difficile de coopérer avec des gens qui désirent dominer. Mais nous n'avons pas le choix. Nous ne pouvons tout simplement pas faire des inclus les nouveaux exclus et appeler ça un changement. Nous devons inclure tout le monde, même ceux qui veulent nous exclure. C'est la seule manière de bâtir le monde dans lequel nous désirons vivre. D'autres se sont servis de leur pouvoir pour pousser des gens dehors. Nous, nous devons utiliser le nôtre pour les inviter dedans. Nous ne pouvons pas nous contenter d'ajouter une faction belligérante supplémentaire. Nous devons mettre fin aux factions. Il n'y a que de cette manière que nous deviendrons entiers.

Épilogue

Je dis depuis le début de ce livre que l'égalité peut encapaciter les femmes, et que les femmes encapacitées changeront le monde. Mais finalement (car nous touchons à la fin) je dois avouer que, pour moi, l'égalité n'est qu'une étape ; ce n'est pas la ligne d'arrivée.

Le but suprême pour l'humanité n'est pas l'égalité, mais le lien. Les gens peuvent être égaux mais rester isolés malgré tout, n'éprouvant pas ces liens qui les rattachent aux autres. L'égalité sans liens créés entre humains passe à côté de l'essentiel. Lorsque les gens sont reliés entre eux, ils sentent les fils de leur existence tissés avec celle des autres. Tu es une partie de moi, je suis une partie de toi. Je ne peux pas être heureuse si tu es triste. Je ne peux pas gagner si tu perds. Si l'un de nous souffre, nous souffrons ensemble. Le lien rend poreuses les frontières entre les êtres humains, et ce qui jaillit à travers ces frontières, c'est l'amour.

Avec l'amour, nous ne faisons plus qu'un.

L'amour supprime ce désir de pousser l'autre dehors. C'est l'objectif. L'objectif n'est pas que tous les humains soient égaux. L'objectif est que tous les humains soient connectés. Que tous trouvent leur place. Que tous soient aimés.

L'amour est ce qui nous exalte.

En nous unissant, nous nous élevons. Et dans le monde que nous construisons ensemble, tout le monde s'élève. Personne n'est exploité en raison de sa pauvreté, ni exclu en raison de sa faiblesse. Il n'y a pas de stigmate, pas de honte et pas de marque d'infériorité sous prétexte que l'on est malade, ou vieux, ou pas de la « bonne » ethnie ; ou encore parce qu'on pratique la « mauvaise » religion, ou parce que l'on est une fille ou une femme. Il n'y a pas de mauvaise ethnie, pas de mauvaise religion, pas de mauvais genre. Nous sommes débarrassés de nos frontières factices. Nous pouvons aimer sans limites. Nous nous voyons dans les autres. Nous nous voyons *comme* les autres.

Le voilà, le moment de l'envol.

Si jamais je me crois différente ou supérieure, si j'essaie de m'élever en écrasant les autres, si je crois que les gens sont en route vers une destination que j'ai déjà atteinte, qu'ils accomplissent un travail dont je suis déjà venue à bout, qu'ils s'essaient à des choses que j'ai réussies ; bref, si j'ai le moindre sentiment d'être au-dessus des autres au lieu d'essayer de m'élever avec eux, alors je me suis séparée d'eux. Et je me prive de ce moment d'envol.

Je vous ai parlé plus haut d'Anna, qui avec sa famille nous avait accueillies chez elle, Jenn et moi, en Tanzanie. Elle m'avait fait une telle impression que j'ai sa photo accrochée sur un mur chez moi, où je la vois tous les jours. Je vous ai raconté une bonne partie de ce qui me liait à elle, mais j'ai passé un détail sous silence pour pouvoir vous le livrer maintenant.

Alors que je la suivais dans sa journée de corvées en m'efforçant de l'aider, ou du moins de ne pas jouer la mouche du coche, Anna et moi avons parlé de nos vies ; puis elle s'est confiée, comme le font souvent les femmes, et m'a raconté une crise survenue dans son couple.

Quand Anna et Sanare se sont mariés, Anna a quitté sa région pour venir s'installer dans celle de Sanare, qui avait un climat beaucoup plus sec et demandait davantage de travail, dans les champs et pour aller chercher l'eau. Anna devait parcourir dix-neuf kilomètres pour aller au puits (et autant pour rentrer à la ferme). Elle s'était adaptée à cette charge de travail supplémentaire, mais, après la naissance de leur premier enfant, c'est devenu tout simplement trop dur. Alors, elle a fait ses bagages, elle a pris son fils et elle s'est assise sur le perron pour attendre le retour de Sanare. Quand il est rentré des champs, il a trouvé Anna prête à partir. Elle lui a dit qu'elle rentrait chez sa mère, parce que la vie était trop difficile ici. Le cœur brisé, Sanare lui a demandé ce qu'il pouvait faire pour qu'elle reste.

— Va chercher l'eau toi-même pour que je puisse m'occuper de notre fils, a dit Anna.

Alors Sanare a rompu avec la tradition massaï et il est allé chercher l'eau au puits. Au bout d'un moment, il a acheté une bicyclette pour faire le trajet. Les autres hommes se sont moqués de lui parce qu'il faisait le travail d'une femme. Ils disaient que Sanare avait été ensorcelé par son épouse. Mais Sanare a été fort et n'a pas cédé. Il savait qu'en se chargeant de cette corvée, il permettait à son fils d'être en meilleure santé et à sa femme d'être plus heureuse, et cela lui suffisait.

Au bout d'un moment, certains hommes ont décidé d'imiter Sanare et, assez rapidement, quand ils se sont lassés de faire trente-huit kilomètres à vélo tous les jours, ils ont réuni la communauté afin de construire des zones de captage des eaux de pluie près du village. En écoutant l'histoire d'Anna, mon cœur s'est empli d'amour face au courage dont elle et Sanare avaient fait preuve chacun à leur tour pour tenir tête aux traditions. Anna avait pris une position en sachant que cela pouvait détruire son mariage ou bien le renforcer ; à cette pensée, j'ai éprouvé un lien ineffable avec elle. Nous étions en communion, en pleine séance improvisée de notre tout petit groupe de femmes ; et tout à coup, j'ai compris avec un certain embarras que la riche Américaine venue pour aider avait elle-même des problèmes d'égalité de genre à affronter, et des changements à faire dans sa propre culture. Je n'étais pas en train d'aider Anna ; je l'écoutais, et elle m'inspirait. Nous étions deux femmes issues de mondes différents qui s'étaient rejointes aux marges, et faisaient advenir un moment d'envol.

Remerciements

Quand j'ai commencé à travailler sur ce livre, je savais que je voulais partager les histoires des femmes que j'avais rencontrées, et ce que j'avais appris d'elles. Je n'avais pas mesuré alors combien j'allais apprendre et grandir grâce au processus d'écriture lui-même. Cette expérience m'inspire une gratitude infinie.

À Charlotte Guyman, Mary Lehman, Emmy Neilson et Killian Noe : vous êtes la définition même de l'amitié pour moi. Merci de m'avoir encouragée à écrire ce livre, d'avoir lu et commenté les brouillons, et de m'avoir enseigné le pouvoir de la sororité.

Aux femmes de mon groupe spirituel, merci d'avoir nourri ma spiritualité et de m'avoir aidée à approfondir ma foi. Je vous dois une reconnaissance infinie à toutes.

À mes nombreux professeurs de par le monde, et particulièrement à celles (et ceux) qui m'ont accueillie chez elles et dans leur communauté, m'ont raconté leurs rêves et m'ont fait découvrir leur vie : merci du fond du cœur. Je suis par-dessus tout reconnaissante envers Anna et Sanare, Chrissy et Gawanani et leurs enfants qui, non contents de nous inviter chez eux, nous ont même accueillis plusieurs jours, mes enfants et moi. Je n'ai jamais appris autant que durant ces séjours.

Il y a un certain nombre d'hommes et de femmes que j'ai eu la chance de rencontrer dans ma vie, et qui m'ont enseigné des vérités qui me dureront éternellement : mes professeurs à l'Académie ursuline, surtout Susan Bauer et Monica Cochran ; mes professeurs de foi et d'action, notamment frère Richard Rohr et sœur Sudha Varghese ; mais aussi mes guides et mes modèles pour faire changer le monde, tout particulièrement Hans Rosling, Bill Foege,

Jimmy et Rosalynn Carter, Paul Farmer, Molly Melching, Patty Stonesifer et Tom Tierney. Je leur voue une reconnaissance éternelle.

Je n'aurais absolument pas pu faire le millième de ce travail sans le soutien fabuleux des nounous qui au fil des années en ont plus fait pour ma famille que je ne saurais l'exprimer, gardant mes enfants et apaisant mes craintes quand j'étais à la fondation, sur la route ou loin de la maison. Je n'ai pas les mots pour exprimer l'étendue de ma gratitude.

Sue Desmond-Hellmann, Mark Suzman, Josh Lozman, Gary Darmstadt et Larry Cohen ont été des collègues remarquables à bien des égards. Je leur suis reconnaissante de ce qu'ils ont fait ; je les remercie d'avoir lu des brouillons de ce livre et de m'avoir offert leur point de vue.

Je souhaite remercier Leslie Koch d'avoir conduit ce projet depuis l'origine, George Gavrilis et Ellie Schaack pour leurs recherches et leur assistance, et Julie Tate pour avoir contrôlé les informations du manuscrit.

Mon irremplaçable ami et collègue John Sage m'a convaincue que c'était une bonne idée d'écrire ce livre, que oui, je *pouvais* trouver le temps de le faire, et que d'autres auraient sûrement envie d'écouter les leçons que j'ai apprises auprès des femmes et des hommes que j'ai rencontrés dans mon travail. Ma gratitude pour la vision et les conseils de John est infinie.

Warren Buffett a été un ami généreux à tous points de vue, croyant fermement dans la cause des femmes et m'offrant des encouragements continuels alors que je prenais la décision de m'engager comme porte-parole. Il est le conseiller de toute une vie, et je ne pourrai jamais l'en remercier assez.

Je dois énormément à toute mon équipe de Pivotal Ventures, notamment à Haven Ley, Ray Mass, Catherine St Laurent, Courtney Wade et Windy Wilkins pour avoir lu ce livre et m'avoir aidée à l'améliorer. Merci aussi à Clare Krupin, qui m'a accompagnée au cours de tant de voyages pour m'aider à saisir l'histoire des femmes que nous avons rencontrées.

Remerciements

Paola Quinones, Megan Marx, Michele Boyer, Abby Page, Amy Johnston et Melissa Castro m'ont offert une assistance logistique sans failles, de même que Carol Stults, Joseph Janowiak, Kelly Gilbert et Sheila Allen.

L'équipe entière de Flatiron a été fabuleusement enthousiaste et encourageante tout au long de l'aventure ; tout particulièrement Bob Miller, Amy Einhorn, Nancy Trypuc, Marlene Bittner, Amelia Possanza, Cristina Gilbert, Keith Hayes, Alan Bradshaw et Whitney Frick.

Mon éditeur chez Flatiron, l'incomparable Will Schwalbe, a été une lumière pour moi lors de cette expérience. Will m'a apporté non seulement ses conseils, mais aussi sa sagesse, partageant le savoir de toute une vie sous forme de courtes vérités qui m'ont aidée à me frayer un chemin à travers les passages difficiles. Ses idées et ses corrections ont fait de ce travail une joie.

Je suis plus que reconnaissante envers Tom Rosshirt. Je n'aurais pas pu écrire ce livre sans lui. Tout du long, Tom m'a mise au défi de me concentrer sur ce que je voulais accomplir et m'a aidée de multiples façons. C'est un partenaire d'écriture brillant et un ami profondément intuitif.

Enfin, je tiens à remercier ma famille, qui m'a non seulement encouragée à écrire ce livre, mais m'a aussi inspiré l'amour et les valeurs qui m'ont en premier lieu poussée à me lancer dans ce travail. Mes parents, qui m'ont donné une enfance baignée des valeurs profondes de foi et d'amour ; ma sœur Susan et mes frères, Raymond et Steven, qui partagent tout avec moi, surtout l'amour et les rires ; mes enfants, Jenn, Rory et Phoebe, qui me poussent à grandir ; et mon mari et partenaire, Bill, dont le succès et la générosité nous ont menés à ce travail. Pour les encouragements qu'il m'a prodigués tout au long de l'écriture de ce livre, j'ai une gratitude indicible.

Guide des organisations
que vous pouvez soutenir

J'ai listé ci-dessous certaines des organisations évoquées au fil de cet ouvrage. Si leur programme vous inspire, vous pouvez vous rendre sur leur site Internet et découvrir comment utiliser votre voix pour faire progresser leur travail.

Bangladesh Rural Advancement Committee – www.brac.net
La mission du BRAC consiste à donner aux gens et aux communautés des moyens d'action face à la pauvreté, l'illettrisme, la maladie et l'injustice sociale.

CARE www.carefrance.org/care/qui-sommes-nous/
Les femmes sont vitales pour les initiatives de CARE, qui se fondent sur la communauté pour améliorer l'éducation, l'accès à des soins de santé de qualité ainsi que pour étendre les opportunités économiques pour tous.

Family Planning 2020 – www.familyplanning2020.org/fr
FP2020 travaille avec des gouvernements, des organismes multilatéraux, des donateurs, des acteurs de la société civile et du secteur privé ainsi qu'avec la communauté de recherche et de développement pour permettre à 120 millions de femmes et de filles supplémentaires d'accéder à une contraception d'ici à 2020.

Filles, pas épouses (Girls Not Brides) – www.fillespas-epouses.org
Filles, Pas Épouses est un partenariat mondial de près de 1 000 organisations de la société civile dans 95 pays. Elles

sont déterminées à mettre fin au mariage des enfants et à permettre aux filles de réaliser pleinement leur potentiel.

Kakenya Center for Excellence – www.kakenyasdream.org
Le rêve de Kakenya (Kakenya's Dream) utilise l'éducation des filles comme levier pour les encapaciter et transformer les communautés rurales.

Malala Fund – www.malala.org
La fondation Malala œuvre pour un monde où toutes les filles pourront apprendre et diriger.

Mouvement #MeToo – https://metoomvmt.org
Le mouvement #MeToo soutient les survivantes de violences sexuelles ainsi que leurs alliés.

Population Council – www.popcouncil.org
Le Population Council dirige des recherches et des programmes pour répondre à des problèmes critiques de santé et de développement dans plus de 50 pays.

PRADAN – www.pradan.net
PRADAN travaille dans les régions d'Inde les plus pauvres pour aider les communautés vulnérables à s'organiser en collectifs qui aident les gens, et notamment les femmes, à avoir une vie décente et à soutenir leurs familles.

Saksham – www.community.org.in/story
Le Community Empowerment Lab (« Laboratoire d'émancipation des communautés ») est un organisme de recherche et d'innovation en matière de santé mondiale qui s'ancre dans les communautés. Il est basé en Inde, dans l'Uttar Pradesh, et s'est développé à partir du projet Saksham décrit dans le chapitre II.

Save the Children – www.savethechildren.ch/fr/

Save the Children (« Sauver les enfants ») travaille dans le monde entier pour encourager des avancées dans la façon dont le monde traite les enfants, ainsi que pour réaliser des changements immédiats et durables dans leurs vies.

Tostan – www.tostan.org/fr/

Tostan est une organisation basée en Afrique. Tostan travaille directement avec les communautés rurales qui prennent en main leur propre développement.

Pour plus d'informations sur la fondation Bill-et-Melinda-Gate : www.gatesfoundation.org/fr/.

Pour en savoir plus sur la façon dont nous pouvons travailler tous ensemble afin de permettre aux femmes de s'élever partout dans le monde, rendez-vous sur www.momentoflift.com.

Melinda fera don à des associations caritatives de toutes les sommes reçues pour la vente de ce livre.

Table des matières

Composition et mise en pages
Nord Compo à Villeneuve-d'Ascq

MARQUIS

Québec, Canada

Imprimé au Canada
Dépôt légal : mai 2019
ISBN : 978-2-7499-3998-8
LAF : 2752